HS365
进出口商品归类
每日一练

主编 彭旭桂
  钱淑英

中国海关出版社有限公司
中国·北京

图书在版编目（CIP）数据

HS365：进出口商品归类每日一练/彭旭桂，钱淑英主编.
—北京：中国海关出版社有限公司，2021.12
ISBN 978－7－5175－0542－6

Ⅰ.①H… Ⅱ.①彭… ②钱… Ⅲ.①进出口商品—分类—中国
Ⅳ.①F752.6

中国版本图书馆CIP数据核字（2021）第258440号

HS365：进出口商品归类每日一练
HS365：JINCHUKOU SHANGPIN GUILEI MEIRI YILIAN

作　　者：	彭旭桂　钱淑英
责任编辑：	景小卫
出版发行：	中国海关出版社有限公司
社　　址：	北京市朝阳区东四环南路甲1号　　邮政编码：100023
网　　址：	www.hgcbs.com.cn
编 辑 部：	01065194242－7527（电话）
发 行 部：	01065194221/4238/4246/5127/7543（电话）
社办书店：	01065195616（电话）
	https://weidian.com/? userid＝319526934（网址）
印　　刷：	北京鑫益晖印刷有限公司　　经　销：新华书店
开　　本：	710mm×1000mm　1/16
印　　张：	20　　　　　　　　　　字　数：320千字
版　　次：	2021年12月第1版
印　　次：	2021年12月第1次印刷
书　　号：	ISBN 978－7－5175－0542－6
定　　价：	58.00元

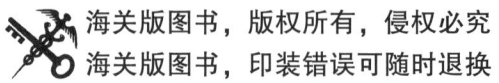

海关版图书，版权所有，侵权必究
海关版图书，印装错误可随时退换

WRITERS
编写组

主编：彭旭桂　钱淑英

编者：徐善锋　袁宝桦　吴小明
　　　苏婷婷　梁雪梅

PREFACE
前言

商品归类最为重要的底层逻辑是合规，能否找到进出口货物最为合适的商品编码，取决于对归类风险的认知、对法规的理解及对规则的运用。商品归类学习是基于归类规则的学习，商品千变万化，归类争议的必然性与不确定性是客观存在的。因此，商品归类学习重在学习如何全面地理解商品与归类规则，这就需要长期的沉淀与积累。

本书基于作者所在团队"金关之星®HS365"活动中的每日一练，共365题，为方便读者学习，共分为52周，题型全部为单选题，题目和答案解析均依据2022年版《协调制度》重新进行修订、编写。本书参考了大量归类决定与行政裁定、归类预裁定、归类书籍、归类专业文章等，每一道题都精心设计，案例选取偏向实战，题干描述精简，选项体现不同的归类思路。

另外，基于"金关之星®HS365"每日一练的答题数据，本书还对每个题目的难易度用星标进行了区分，并在答案详解处设计了正确率图表，供读者了解题型难易度。同时，本书在部分题目解析的基础上，增加了案例和启发，对知识点做了进一步总结与拓展。最后，本书还精心设计了编者寄语，将编者各自的归类经验分享给读者，希望能对读者有一定的启发。

总之，本书是众多归类实战经验的总结，旨在启发学习者以形成正确的归类思路，具有一定的参考价值。我们能够完成本书，需要感谢朗新一诺（苏州）信息科技有限公司的大力支持。

本书内容仅供归类学习参考，商品归类有关规则仍以相关法律法规及规定为准。由于编者水平有限，书中难免存在不足和疏漏之处，欢迎广大读者批评指正。

本书编写组
2021年11月

CONTENTS
目录

- 01　**认识归类**　　1
- 02　**归类练习**　　9
- 03　**答案详解**　　109
- 04　**编者寄语**　　305

01

认识归类

2021年9月6日，海关总署署务会议审议通过《中华人民共和国海关进出口货物商品归类管理规定》（以下简称《商品归类管理规定》），自2021年11月1日起施行。

《商品归类管理规定》第二条规定："商品归类，是指在《商品名称及编码协调制度公约》商品分类目录体系下，以《中华人民共和国进出口税则》为基础，按照《进出口税则商品及品目注释》《中华人民共和国进出口税则本国子目注释》以及海关总署发布的关于商品归类的行政裁定、商品归类决定的规定，确定进出口货物商品编码的行为。进出口货物相关的国家标准、行业标准等可以作为商品归类的参考。"

图1-1进一步明确了商品归类的定义。

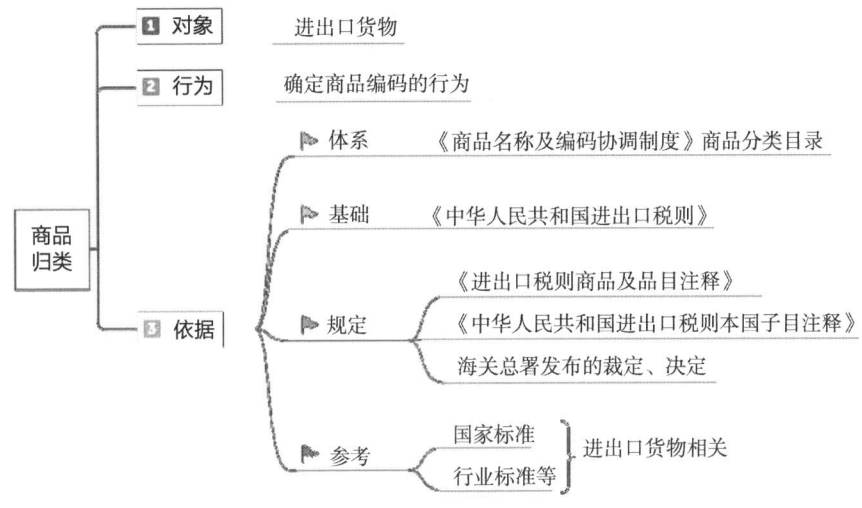

图1-1 商品归类思维导图

该定义阐述了商品归类是确定进出口货物商品编码的行为，同时明确了商品编码确定的依据。《商品归类管理规定》明确，商品编码是指《中华人民共和国进出口税则》（以下简称《税则》）商品分类目录中的编码。同一商品编码项下其他商品编号的确定，按照相关规定办理。以中华绒螯蟹为例，其商品编码为0306.3391，在实际通关中，其商品编号需要确认到第10位，因此，对于中华绒螯蟹第9、10位编号的确定，需要按相关规定办理。要注意的是，在归类时，8位商品编码的确定与其相应第9、10位商品编号的确定，规定可能不一样（见图1-2）。

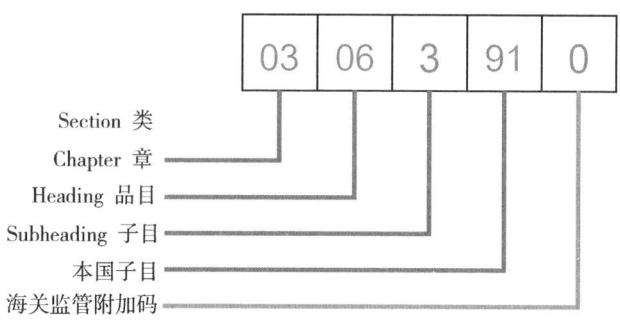

图1-2 中华绒螯蟹的归类

对于商品归类初学者而言,可能并不能很快地理解定义,这需要一个过程,理解得越早,对学习归类越有益。

《商品归类管理规定》是针对进出口商品的规定,有着特定的适用场景和特定的适用规则。例如,国内贸易的商品,一般无须确定其商品编码;出国购买的个人自用物品,一般也无须确定其商品编码。

对于商品归类学习者来说,生活场景中遇到的物品,只要符合归类规则,皆可作为归类分析的对象。这是训练归类思路非常重要的方式。例如,在《商品名称及编码协调制度》(以下简称《协调制度》)中,鲜甜玉米是蔬菜(品目07.09),而玉米是谷物(品目10.05);红牛能量饮料属于加味、加糖或其他甜物质的水(子目2202.10);斑马(品目01.06)不能归入马(品目01.01)。

《协调制度》中的有些分类,虽然看上去匪夷所思,但还是能反映出事物的本质。例如,保健品,一般是按食品及饮料归入第四类,如营养品、糖尿病食品、强化食品、保健食品、滋补饮料及矿泉水,但不包括供静脉摄入用的滋养品;药酒,一般归入药(品目30.04),而并非酒。

归类学习是一个长期的过程,要有基本认知,更要进行实战,将归类知识应用于通关申报。由于商品归类编码涉及海关征税与监管,因此,除了归类正确之外,还需要了解申报不实的风险。

本章将从归类是什么、归类学什么、归类怎么学3个方面阐述,从实战的角度,分享如何开启归类的学习。

一、归类是什么?

1. 翻译

简单来说,归类就是把进出口商品"翻译"成代码,海关通过代码对进出口商品实施相应的监管,并借助"目录"通过"规则"来实现。

怎么翻译成代码？这就好比一门外语，一般人虽然不精通外语，但通过单词直译，或者通过软件自动翻译，也能理解大部分的内容。归类也类似，通过品名以及对商品某些特征的理解，再依据《协调制度》或通过大数据检索，也能搜索到相应的编码。但归类的问题在于，生活中的商品千变万化，很多新商品一出现，就有归类争议。例如，无人机到底是飞行器，还是"会飞的照相机"？该怎么归类？这在2022年版《协调制度》中才予以确定，通过新增品目解决了各种争议。这就是规则的运用。

另外，对商品的基本信息了解不全面，便很容易遗漏影响确定编码的关键因素。例如，巧克力味的代餐粉，巧克力几乎可以忽略不计，成分表里都没体现，但其实还是含了一点点可可，最终归入品目18.06（其他含可可食品），而不归入品目21.06（其他品目未列名的食品）。因为，品目18.06包括各种含有任何比例可可的糖食（包括巧克力果仁糖食）、甜可可粉、巧克力粉、巧克力酱及所有含可可食品（第十八章总注释规定不包括的除外）。

2. 沟通

归类是人与人、人与计算机沟通的过程，关务与技术人员沟通商品信息，关务通过网络检索归类信息。这里需要介绍一下乔哈里视窗理论，该理论由乔瑟夫（Joseph）和哈里（Harry）在20世纪50年代提出，是一种关于沟通的技巧和理论。乔哈里视窗理论将人际沟通的信息比作一个窗子，它被分为4个区域（见图1-3），人的有效沟通就是这4个区域的有机融合。

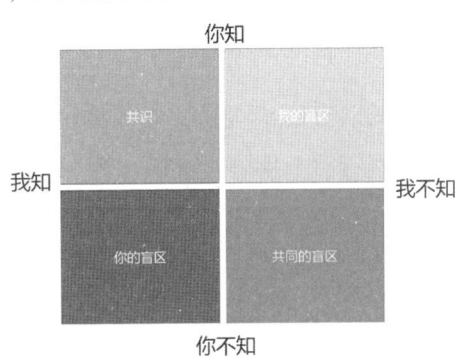

图1-3 乔哈里视窗理论

在商品归类中，获取有效商品信息是最关键的，也是最困难的。因为关务和技术人员之间，对于商品存在一定的信息差。例如，如果问技术人员，钢板弹簧是不是汽车专用零件？技术人员当然回答是。但技术人员可能并不了解归类中专用零件、通用零件的定义，这就是技术人员存在的认知盲区。很多时候，商品归类错误，就是商品关键信息获取错误所致。因此，在归类时，更需要关务和技术人员达成共识，清除盲区（见图1-4）。

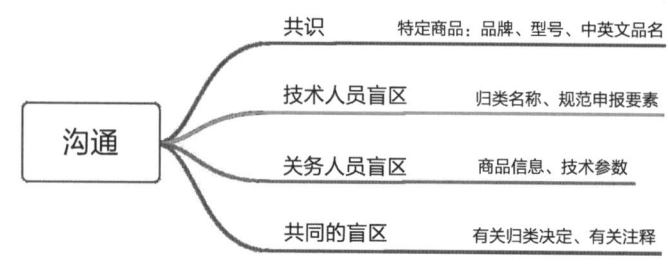

图1-4 关务和技术人员的沟通

3. 规则

商品归类是确定进出口货物商品编码的行为，这是在特定的规则下进行的，因此要了解商品的客观信息，也就是商品的本质信息。例如，设计为商业用的咖啡机，但如果买来就放家里用，归类时，仍要以设计用途为准，而不能根据实际用途来确定其商品编码。

再如，具有杀伤力的武警用的弩（钢铁制），看上去应该归入第九十三章的武器，但该章总注释已经明确，本章不包括弩、弓和箭以及玩具武器（第九十五章）。这就是规则。归类的过程，就是规则运用的过程。归类时，不能以个人常识来代替归类的规则。

在新发布的《商品归类管理规定》中，必要时，进出口货物相关的国家标准、行业标准等也可以作为商品归类的参考。

4. 风险

在归类时，不同的商品分析和表述，会导致不一样的归类结果，这显然存在着风险。归类风险，包括经济风险、累积风险、信用风险、刑事风险等。归类错误，会因商品编号对应的税率有无税差、监管条件有无涉证，而导致不同的结果。

二、归类学什么？

在商品归类过程中，我们经常会感觉到知识匮乏。很多时候，一类商品就代表着一个领域，一门学科，而归类需要面对的是不同领域的商品。因此，对于归类人员来说，首先要学会怎么样快速、全面地认知一个商品。

1. 运用工具

作为归类人员，首先要学会查阅专业书籍、检索专业网站，很多资料、文献的查阅，需要用到布尔运算，即特定关键词的复合搜索，这需要不断地实践才行。

例如，商品名称为霍尔传感器，我们可以打开美国海关网站（https://

rulings. cbp. gov/），通过检索关键词"Hall"来查找美国海关归类决定；商品为浮法玻璃，我们可以通过检索厂商名称"Corning"来查找美国海关归类决定。

2. 归类思路

归类思路的养成，是一个循序渐进的过程，也是一个不断修正、调整的过程。在平时练习归类时，就要有意识地培养自己的归类思路，注意要先确认品目（规则一到规则四），再比较子目（规则六），一步步推进，才能少走弯路。

例如，洗发沐浴二合一产品，洗发产品归入品目33.05，沐浴产品归入品目34.01，二合一产品该怎么归类呢？乍一看，根据第六类注释二，似乎品目33.05优先于品目34.01。实际上，该产品本身就含有两种功能，品目33.05只是体现产品的部分特征，不能用部分特征去概括整个产品。这种情况，就要用到归类总规则，应根据归类总规则三（三），按从后归类原则，将其归入品目34.01。

3. 总结归纳

所谓总结归纳，实际上就是学会独立思考，养成自己的一套归类方法。

对于归类中的特殊商品，如化学品、生物制品等，有时理解起来是非常困难的，归类时需要借助特定名词、CAS号等，参考相关归类指南、归类决定、预裁定等信息，认真归纳总结，去伪存真，然后得出自己对商品的理解。在梳理这些信息时，要时刻保持怀疑、质疑的态度，归入一个编码容易，但要验证一个编码是否正确，却非常不容易。

就拿本书来说，如果每天彻底搞懂一道题，理清思路，长久坚持并积累下来，必然会有非常明显的进步。学习归类最快的方法，就是不断实战、分析和总结，三者缺一不可，只实战而不分析和总结，是很难成长起来的。

三、归类怎么学？

1. 初学者

建议初学者参加中国报关协会组织的进出口商品归类专业能力水平评价考试，具体可关注协会官网（http：//www.chinacba.org/）。

从考试内容看，该评价考试内容分为机电产品类和非机电产品类两个类别。机电产品类涉及的范围为《税则》第八十四至九十三章；非机电产品类涉及的范围为《税则》第一至八十三章和第九十四至九十七章。该考试主要测评参评人员应当具备的对商品归类基本原则和方法的掌握，运用归类规则对一般进出口商品的正确归类能力，以及对机电产品类或非机电产品类的疑难归类问题的分析能力。

初学者在准备考试的过程中，能够进行系统的学习，但也切忌题海战术，要根据自己擅长的方向，有针对性地进行训练，方能事半功倍。

2. 在职者

对于已经从事一段时间归类工作的关务人员，如果没有从归类规则、依据分析上进行过系统的学习，更需要先跳出自己固有的思维圈，参加系统的归类学习。很多企业的关务，连基本规则都没认真学过，就直接上手归类，这无疑是在"埋雷"，需要重视起来。

如何跳出自己固有的思维圈，最简单的方式，就是对自己公司的归类数据做一次"归类体检"，了解真实的归类状态，即一个商品的编码是如何确定的？是否可以追溯？归类时，谁提供信息？谁转换信息？谁做归类初审？谁做归类复核？出现争议时应该如何解决？因此，归类是一个企业多部门人员共同协作的结果。

归类的底层逻辑是合规，必要时，还可以寻求第三方协助。

3. 专职者

对于归类专职人员，要做到以下几点：

（1）熟悉《协调制度》，明白其存在的价值。

（2）知道归类争议存在的必然性，但归类底层逻辑中正，不偏不倚，分析思路全面，认知保持灰度，结论黑白分明。

（3）最终得出的结论，是基于对商品全面的分析而得出的合理推断。

（4）如遇海关质疑，要有充分的依据进行解释说明，或申请海关预裁定。

02

归类练习

第一周

第 001 天 ★★★★★
装有驾驶室的轿车底盘,应归入品目(   )。
A. 87.03   B. 87.06   C. 87.07   D. 87.08

第 002 天 ★☆☆☆☆
电动按摩椅,应归入品目(   )。

A. 94.03   B. 94.02   C. 94.01   D. 90.19

第 003 天 ★★★★☆
即煮鸡肉饭,包括未煮熟的原料:大米(250g),鸡肉(150g)和西兰花(100g),应归入品目(   )。

A. 07.04   B. 16.02   C. 19.04   D. 21.06

第 004 天 ★★☆☆☆
"网红"咸蛋黄炸鱼皮,应归入品目(   )。

A. 03.05   B. 16.02   C. 16.04   D. 21.06

第 005 天 ★★★☆☆
果味啤酒,为麦芽啤酒,添加了菠萝汁发酵,酒精含量为4.5%,瓶装,应归入品目(   )。
A. 22.01   B. 22.02   C. 22.03   D. 22.06

第006天 ★★★☆☆

添加有机溶剂的改性乙醇，含量：乙醇（95%），甲基异丁基酮（4%），煤油（1%），用于表面的完美脱脂和清洁，应归入品目（　　）。

A. 22.07　　　　B. 29.05　　　　C. 33.02　　　　D. 36.06

第007天 ★★★★★

钢铁链，应归入子目（　　）。

A. 7315.81　　　B. 7315.82　　　C. 7315.89　　　D. 7315.12

第二周

第008天 ★★★★☆

即食鸭汤，冷冻熟食，包括鸭肉（35%）和浓缩汤（65%），应归入品目（　　）。

A. 16.02　　　　B. 21.03　　　　C. 21.04　　　　D. 21.06

第009天 ★☆☆☆☆

智能行李箱，箱体：聚碳酸酯；拉杆：铝合金；内里：桃皮绒。具有手机解锁、智能自测重、距离报警功能。该商品应归入品目（　　）。

A. 39.26　　　　　B. 42.02　　　　　C. 84.23　　　　　D. 85.17

第010天 ★★★★☆

发动机放油螺塞，钢铁制，应归入品目(　　)。

A. 73.18　　　　　B. 83.09　　　　　C. 84.09　　　　　D. 87.08

第011天 ★★★★★

拉削工具，合金钢制，应归入子目(　　)。

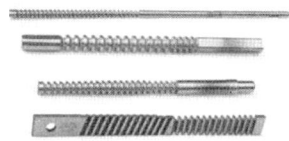

A. 8207.60　　　　B. 8207.70　　　　C. 8207.80　　　　D. 8207.90

第012天 ★★★★★

螺丝批组套，由若干螺丝刀头和螺丝塑胶手柄组成，包装于塑料盒内，应归入子目(　　)。

A. 8205.40　　　　B. 8205.90　　　　C. 8206.00　　　　D. 8207.90

第013天 ★★★★★

用于Cosplay的剑道具，剑身和剑头都不开刃，应归入品目(　　)。

A. 93.04　　　　　B. 90.23　　　　　C. 93.07　　　　　D. 95.06

第014天 ★★★★★

双履带式全地形智能式踏板车，200cc发动机驱动，汽油型，最高时速可达48km/h,可在沙滩、草地、山路、旅游场所等多种复杂路面行驶,应归入品目(　　)。

A. 87.03　　　　B. 87.05　　　　C. 87.10　　　　D. 87.11

第三周

第015天 ★★★☆☆
用于制造半导体器件的工业电烤箱,应归入品目(　　)。

A. 84.17　　　　B. 84.19　　　　C. 84.86　　　　D. 85.14

第016天 ★★★★☆
家用钢铁制梯子,应归入品目(　　)。

A. 73.08　　　　B. 73.26　　　　C. 83.02　　　　D. 94.03

第017天 ★★★★☆
五香卤鸡蛋,应归入品目(　　)。

| A. 04.07 | B. 04.08 | C. 04.10 | D. 21.06 |

第018天 ★★★★☆

圆珠笔的笔尖钢珠，误差不超过0.003mm，应归入品目（   ）。

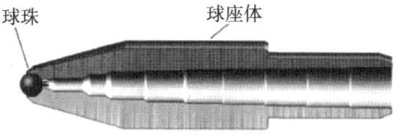

| A. 73.26 | B. 83.02 | C. 84.82 | D. 96.08 |

第019天 ★★★★★

卡簧，弹簧钢制，应归入子目（   ）。

| A. 7318.21 | B. 7318.24 | C. 7320.20 | D. 7320.90 |

第020天 ★★★★★

板簧，用于汽车悬挂系统，应归入子目（   ）。

| A. 7320.10 | B. 7320.20 | C. 7320.90 | D. 8708.80 |

第021天 ★★★★★

马口铁盒，尺寸18cm×10cm×10cm，应归入子目（   ）。

| A. 7310.21 | B. 7310.29 | C. 7323.99 | D. 7326.90 |

第四周

第022天 ★★★★★
带呼吸阀口罩,应归入品目(   )。

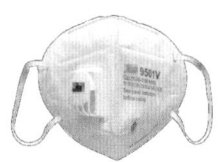

A. 63.07　　　　B. 84.81　　　　C. 90.18　　　　D. 90.20

第023天 ★★★★★
彩色加厚静电贴,应归入品目(   )。

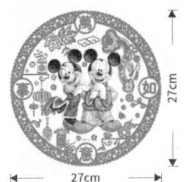

A. 39.19　　　　B. 49.08　　　　C. 49.11　　　　D. 95.05

第024天 ★★★★★
纸红包,应归入品目(   )。

A. 48.17　　　　B. 48.19　　　　C. 49.11　　　　D. 95.05

第025天 ★★☆☆☆
已煮熟汤圆,应归入品目(   )。

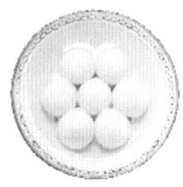

A. 16.02　　　　B. 19.02　　　　C. 19.05　　　　D. 21.06

第026天 ★★★★★
无乳糖牛奶，含生牛乳99.99%，乳糖酶0.01%，应归入品目(　　)。
A. 04.01　　　　B. 04.04　　　　C. 21.06　　　　D. 22.02

第027天 ★★★★★
可可椰子水饮料，应归入品目(　　)。
A. 20.09　　　　B. 21.06　　　　C. 22.01　　　　D. 22.02

第028天 ★★★★☆
速溶咖啡，应归入子目(　　)。
A. 0901.21　　　B. 0901.22　　　C. 2101.11　　　D. 2101.12

第五周

第029天 ★★★★★
一次性使用医用丁腈检查手套，每袋50副，灭菌型，应归入税号(　　)。

A. 3926.2011　　B. 3926.2019　　C. 4015.1200　　D. 4015.1900

第030天 ★★★☆☆
无骨雨刷，由雨刮胶条、高弹性钢片（内部）、雨刮臂接口、导流板组成，应归入品目(　　)。

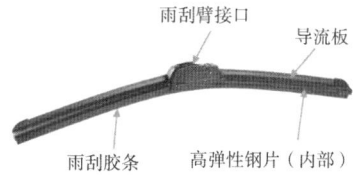

A. 40.16　　　　B. 84.87　　　　C. 85.12　　　　D. 96.03

第031天 ★★★★★
混凝土泵车，应归入品目(　　)。

| A. 84.25 | B. 84.26 | C. 87.04 | D. 87.05 |

第032天 ★★★★★

医用防护面罩,有机玻璃制得,应用于医院、实验室、化工厂、家用等场所,应归入品目(   )。

| A. 39.26 | B. 65.06 | C. 70.20 | D. 90.04 |

第033天 ★★☆☆☆

医用隔离鞋套,塑料制,每包400只,应归入税号(   )。

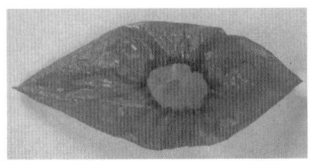

| A. 3926.2090 | B. 3926.9090 | C. 4202.9200 | D. 6406.9099 |

第034天 ★★☆☆☆

双黄连口服液,应归入税号(   )。

| A. 2106.9090 | B. 2202.9900 | C. 3004.9059 | D. 3004.9090 |

第035天 ★★★★★

红外线测温仪,测温范围为-30℃~650℃,应归入税号(   )。

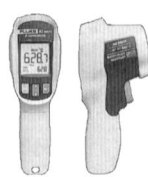

| A. 9025.1100 | B. 9025.1910 | C. 9025.1990 | D. 9025.8000 |

第六周

第036天 ★★★★★
乳胶床垫,由20%~40%的天然乳胶加入化学发泡剂制得,应归入税号( )。

A. 9404.1000   B. 9404.2100   C. 9404.2900   D. 9404.9090

第037天 ★★★☆☆
心脏瓣膜,由猪天然主动脉瓣膜、聚酯布、镍钛合金定位件和支架制成,用于治疗心脏瓣膜疾病或缺损的心脏植介入,应归入税号( )。

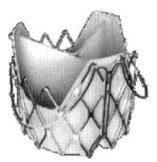

A. 3001.9090   B. 9018.9099   C. 9021.3900   D. 9021.9090

第038天 ★★★★☆
车门滑轮,专用于商务车,安装在中门的上下门沿上,使车门能够顺畅地推拉打开和关闭,应归入税号( )。

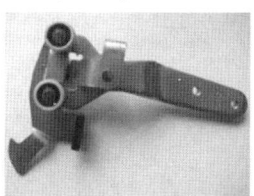

A. 7326.9019   B. 8302.3000   C. 8483.4090   D. 8708.2990

第039天 ★★★☆☆
彩色回形针,钢芯基材,镀镍工艺,塑料护套,应归入税号( )。

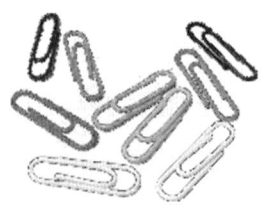

A. 3926.9090　　　B. 7319.4090　　　C. 7326.9090　　　D. 8305.9000

第040天 ★★★☆

净水器用滤芯棉，由聚丙烯纤维（100%聚丙烯）采用熔喷工艺生产而成，应归入税号(　　)。

A. 5601.2290　　　B. 5911.4000　　　C. 5911.9000　　　D. 8421.9990

第041天 ★★★★★

白醋，由粮食发酵酒精与无菌饮用水混合，采用醋化器液态深层发酵，醋酸含量20%，水含量80%，215升/桶，应归入税号(　　)。

A. 2103.9090　　　B. 2209.0000　　　C. 2915.2119　　　D. 2915.2190

第042天 ★★★☆

儿童自行车，应归入品目(　　)。

A. 87.12　　　B. 87.15　　　C. 87.16　　　D. 95.03

第七周

第043天 ★★★★★

万圣节巫婆拖把，扫把头为干草，柄为塑料制，应归入品目(　　)。

A. 14.04　　　　B. 95.03　　　　C. 95.05　　　　D. 96.03

第044天 ★★★★★

舌苔清洁刷头，PP与TPE塑胶制，与电动牙刷配合使用，应归入税号（　　）。

A. 3926.9090　　B. 8509.9000　　C. 9603.2900　　D. 9603.5091

第045天 ★★★★★

礼盒装夹心黑巧克力，应归入子目（　　）。

A. 1806.20　　B. 1806.31　　C. 1806.32　　D. 1806.90

第046天 ★★★☆☆

用于梳理马匹的木刷，应归入税号（　　）。

A. 9603.2900　　B. 9603.9090　　C. 9615.1900　　D. 9615.9000

第047天 ★★★★★

LED灯泡，由一个玻璃外壳、多个发光二极管、螺旋灯头构成，应归入子目（　　）。

A. 8539.5　　B. 8543.7　　C. 9405.4　　D. 9405.9

第048天 ★★★★★

番茄汁浓缩液，无菌包装到密闭瓶中（210g），通过洗涤、粉碎、筛选、离心和浓缩，产生49%的可溶性番茄固体和51%的水，应归入税号（　　）。

A. 2002.9011　　B. 2009.5000　　C. 2009.8920　　D. 2202.9900

第049天 ★★★★★

电动滚筒，由直流电机、齿轮箱、滚珠轴承和驱动轮组成，直流电机电压24V，输出功率60W，用于辊式运输机，应归入税号(　　)。

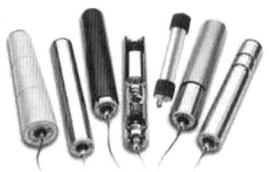

A. 8420.9100　　B. 8431.3900　　C. 8483.4090　　D. 8501.3100

第八周

第050天 ★★★☆☆

饮用蒸馏水，应归入税号(　　)。

A. 2201.9090　　B. 2209.0000　　C. 2853.9010　　D. 2853.9090

第051天 ★★★★★

雪种，又称HFC-134a（1,1,1,2-四氟乙烷），纯度99.96%，其余为蒸发残留物。其又名冷媒，为汽车空调制冷剂，应归入品目(　　)。

A. 29.03　　B. 29.04　　C. 38.15　　D. 38.24

第052天 ★★☆☆☆

吊秤，最大称重为300kg，应归入税号(　　)。

A. 8423.3090　　B. 8423.8290　　C. 8423.8930　　D. 8423.8990

第053天 ★★★★★

小脚轮，连接杆、轮轴为金属材质，其余为塑料制，轮子直径3.9cm，具有通用性,该商品应归入品目(　　)。

A. 39.26　　　　B. 73.26　　　　C. 83.02　　　　D. 87.16

第054天 ★★★★☆
空白海运提单,无碳复写纸制,六联单,该商品应归入税号(　　)。
A. 4816.2000　　B. 4820.4000　　C. 4901.9000　　D. 4911.1010

第055天 ★★★★★
咖喱粉,配料:芫荽、辣椒、姜黄、葫芦巴、枯茗、小茴香、八角、姜、蒜、食用盐、小豆蔻、肉桂、丁香,350g/瓶,应归入税号(　　)。
A. 0910.9100　　B. 0910.9900　　C. 2103.9090　　D. 2106.9090

第056天 ★★★☆☆
牙刷柄(不含牙刷头),由聚丙烯(PP)和热塑性弹性体(TPE)制成,应归入税号(　　)。

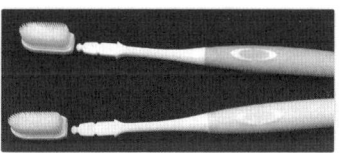

A. 3924.2000　　B. 3926.9010　　C. 3926.9090　　D. 9603.9090

第九周

第057天 ★★★★★
裤架,材质:钢铁(非不锈钢,表面电镀)、实木,应归入税号(　　)。

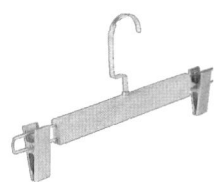

A. 4421.1000　　B. 7323.9900　　C. 7326.2090　　D. 7326.9090

第058天 ★★★★☆
气弹簧,用于升降椅,可以调节座椅的高低,应归入子目(　　)。

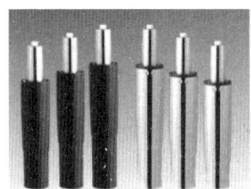

A. 8412.31　　　B. 8414.10　　　C. 8479.89　　　D. 9403.99

第059天 ★★★★☆
病人提升机,应归入税号(　　)。

A. 8427.9000　　B. 8428.9090　　C. 9018.9099　　D. 9019.1090

第060天 ★★★★★
搭火线,车辆电瓶专用打火线,适于用12V和220A电池,应归入税号(　　)。

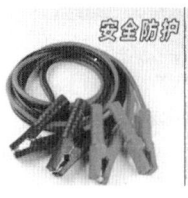

A. 8544.3090　　B. 8544.4221　　C. 8544.4219　　D. 8544.3020

第061天 ★★★★★
玫瑰茄,配料:洛神花,干制,50g/罐,应归入税号(　　)。

A. 0902.1010　　B. 1211.9099　　C. 1212.9999　　D. 2106.9090

第062天 ★★★★★
带接头电线(电压12V),用于汽车燃油泵,应归入税号(　　)。

A. 8544.3020　　　　B. 8544.3090　　　　C. 8544.4211　　　　D. 8544.4219

第063天 ★★★★★

叉车电缆，用于连接叉车启动电池和启动马达，电压12V，材料组成：电缆（铜线+塑料绝缘纸+黑色橡胶护套层）+接头（铜）+波纹管（塑料），应归入税号（　　）。

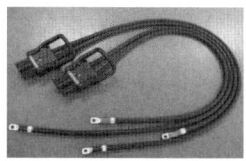

A. 8544.3020　　　　B. 8544.3090　　　　C. 8544.4211　　　　D. 8544.4219

第十周

第064天 ★★★☆☆

磨损报警线，由单根导线与接头构成，电压12V，用于汽车刹车片磨损报警系统，应归入税号（　　）。

A. 8544.3020　　　　B. 8544.4211　　　　C. 8544.4219　　　　D. 8708.9999

第065天 ★★★☆☆

打印头连接线，由导电线芯平铺后整条外覆绝缘层而构成，电压≤60V，应归入税号（　　）。

A. 8544.4211　　　B. 8544.4219　　　C. 8544.4911　　　D. 8544.4919

第066天 ★★★★

智能插座，由插座、开关、电路板等构成；功能：定时充电、定时开关；可以通过天猫精灵语言控制，通过手机 App 连接控制，应归入税号（　　）。

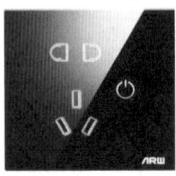

A. 8517.6910　　　B. 8536.6900　　　C. 8537.1090　　　D. 8543.7099

第067天 ★★☆☆☆

钛钢制双蛇杖项链，应归入税号（　　）。

A. 7117.1900　　　B. 7326.9090　　　C. 8108.9090　　　D. 8308.9000

第068天 ★★☆☆

睫毛膏，由装有膏状制品的圆柱形塑料容器和内置刷子的塑料盖组成，属于涂抹于睫毛的化妆品，该商品应归入税号（　　）。

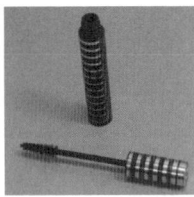

A. 3304.2000　　　B. 3304.9900　　　C. 3307.9000　　　D. 9603.3090

第069天 ★☆☆☆☆

针织束腰带，应归入品目（　　）。

A. 61.08　　　　　B. 61.14　　　　　C. 61.17　　　　　D. 62.12

第070天 ★★★★☆

鸡蛋盒，塑料制，一边相连，另外三边可打开，应归入税号（　　）。

A. 3923.1000　　B. 3923.9000　　C. 3924.1000　　D. 3926.9090

第十一周

第071天 ★★☆☆☆

纽扣电池，也叫锂锰电池，是以锂为负极的原电池，应归入税号（　　）。

A. 8506.1011　　B. 8506.1019　　C. 8506.5000　　D. 8506.8000

第072天 ★★★★★

空调室内机，应归入税号（　　）。

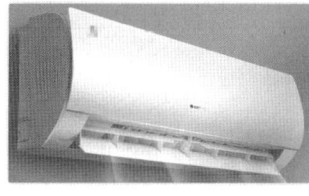

A. 8415.1010　　B. 8415.1021　　C. 8415.9010　　D. 8415.9090

第073天 ★★☆☆☆

汽车空调系统用铝制弯管，用于将增压器与冷凝器连接，以使制冷剂循环，应归入品目（　　）。

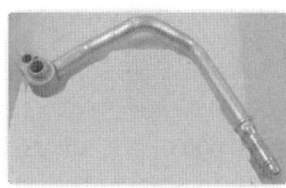

A. 76.08　　B. 83.07　　C. 84.15　　D. 87.08

第074天 ★★★★☆

微波炉，设计为商业用途，输出功率900W，内腔容量25L，外形尺寸

511mm×432mm×311mm，应归入税号（　　）。

A. 8419.8100　　B. 8514.1090　　C. 8514.2000　　D. 8516.5000

第075天 ★★★☆☆
PVC跳绳，绳长3.2m，应归入税号（　　）。

A. 9503.0089　　B. 9506.9119　　C. 9506.9190　　D. 9506.9900

第076天 ★★★★☆
羽毛球，应归入税号（　　）。

A. 9506.5900　　B. 9506.9119　　C. 9506.9190　　D. 9506.9900

第077天 ★★★★★
打印机碳粉，黑色墨粉，由黏结树脂、炭黑、荷电控制剂、外添加剂等成分组成，应归入税号（　　）。

A. 3215.1900　　B. 3215.9090　　C. 3707.9090　　D. 3824.9999

第十二周

第078天 ★★★☆☆

iPod touch,主要用于音视频播放,以通用计算机操作系统为基础,可以上网、随意编程,重量0.12kg,应归入子目(　　)。

A. 8471.30　　B. 8517.13　　C. 8521.90　　D. 8543.70

第079天 ★★★★☆

高频吸波胶片,300mm×300mm×1mm,自黏,氯丁二烯橡胶占30%~35%、纯铁粉占65%~70%,混合热压制得,用于屏蔽箱及各种无线通信产品的电磁波过滤,铁粉起主要作用,进口后直接使用,应归入税号(　　)。

A. 4005.9100　　B. 3824.9999　　C. 7205.2900　　D. 7326.9019

第080天 ★★★★★

套筒轴承带法兰,塑料制,主要用于自动售货机、汽车工业、摩托车和踏板车,应归入税号(　　)。

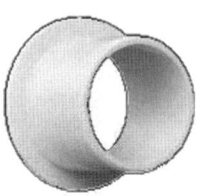

A. 3926.9010　　B. 8482.8000　　C. 8483.3000　　D. 8487.9000

第081天 ★★★★★

连接器外壳,塑料制,对电路起绝缘、密封、固定、耐温、耐湿、耐烟雾、减缓震动和冲击等保护作用,是用于保护电路电气装置的插头零件,工作电压12V~24V,应归入税号(　　)。

A. 3926.9010　　　B. 8536.9011　　　C. 8538.9000　　　D. 8547.2000

第082天 ★★★☆☆
B超用人体润滑油，应归入品目（　　）。
A. 27.10　　　B. 30.06　　　C. 34.03　　　D. 38.24

第083天 ★★★☆☆
台式电脑用网卡，应归入品目（　　）。

A. 84.71　　　B. 84.73　　　C. 85.17　　　D. 85.34

第084天 ★★☆☆☆
抽油烟机照明用的玻璃盖，经切割、磨边处理，未镶框且未经光学加工，应归入品目（　　）。

A. 70.06　　　B. 84.14　　　C. 90.01　　　D. 94.05

第十三周

第085天 ★★★★★
发动机油尺管，材料ABS，应归入品目（　　）。

A. 39.17　　　　B. 84.09　　　　C. 90.17　　　　D. 90.26

第086天 ★★★★☆
汽车发动机用机油尺，应归入税号(　　)。

A. 9017.3000　　B. 9017.8000　　C. 9026.1000　　D. 9026.9000

第087天 ★★☆☆
滚筒刷支架，由钢铁制支架及塑料把手组成，应归入税号(　　)。

A. 3926.9090　　B. 7326.2090　　C. 7326.9090　　D. 9603.4020

第088天 ★★★★★
钻孔夹具，钢铁制，产品用螺钉固定在木制工件上，用于精确导向手持钻头，应归入品目(　　)。

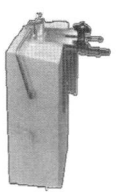

A. 73.26　　　　B. 82.05　　　　C. 84.66　　　　D. 84.67

第089天 ★★★★☆
割草机，具有内置的电动机、防护罩、叶片、螺纹线圈、电池等，应归入品目(　　)。

A. 84.33　　　　B. 84.67　　　　C. 84.79　　　　D. 85.43

第090天 ★★★☆☆

按重量计含以下比例纤维的机织物：40%的合成纤维短纤，35%的精梳羊毛，25%的精梳兔毛，应归入品目(　　)。

A. 51.11　　　　B. 51.12　　　　C. 55.15　　　　D. 55.16

第091天 ★★★★★

粗纺山羊绒混纺纱线，产品支数：2股26支（2/26Nm），原料成分：30%羊绒，70%羊毛，单件重量为1kg（左右）/塔，应归入税号(　　)。

A. 5106.2000　　B. 5107.2000　　C. 5108.1090　　D. 5109.1090

第十四周

第092天 ★★★★★

人造草坪，以聚丙烯为基底，以聚丙烯人造草（表观宽度5mm以下）为叶片通过簇绒加工制成，主要用于铺设足球场，应归入品目(　　)。

A. 39.18　　　　B. 39.26　　　　C. 57.03　　　　D. 57.05

第093天 ★★☆☆

袋式除尘器用过滤袋，尼龙织物制得，长约23cm，顶端直径约10cm，开口端带有钢制的缝入环，应归入税号(　　)。

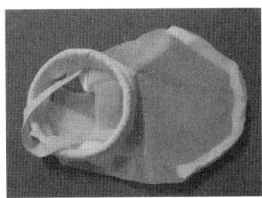

A. 5911.4000　　B. 5911.9000　　C. 8421.9190　　D. 8421.9990

第094天 ★★☆☆☆

婴儿防雨外套，用于身高不超过86cm的幼儿，由100%聚酯(合成纤维)的平纹机织物制成，涂有聚氨酯，应归入品目(　　)。

A. 39.26　　　　B. 61.11　　　　C. 62.09　　　　D. 62.10

第095天 ★★★★★

PVC涂层男式羽绒服，由两层夹一层鸭绒的化纤机织物经绗缝制成，应归入税号(　　)。

A. 6201.4011　　B. 6201.4091　　C. 6210.2000　　D. 6210.4000

第096天 ★★★☆

纯棉短袖针织长T恤衫，应归入品目(　　)。

A. 61.04　　　　B. 61.06　　　　C. 61.07　　　　D. 61.09

第097天 ★★★★★

自恢复保险丝（PPTC），特性是在正常电流情况下呈现低电阻，约数 mΩ 到数 Ω 之间。在过电流故障下，电阻急剧升高，从而保护后端电路，应归入品目(　　)。

A. 85.33　　　　B. 85.36　　　　C. 85.41　　　　D. 85.42

第098天 ★★★★★

固态继电器，由红外线发光二极管（半导体电子器件）、光伏探测器（半导体光敏器件）、双向可控硅（功率半导体器件）组成，实现继电器功能，空调用，额定电压6V，型号 PR3BMF51NSLF，应归入品目(　　)。

A. 85.36　　　　B. 85.41　　　　C. 85.42　　　　D. 85.48

第十五周

第099天 ★★★★★

晶体振荡器（TCXO），由金属上盖、石英晶体、陶瓷基座和IC芯片组成，产品主要用于交通工具的导航仪，也可用于手机上，应归入品目(　　)。

A. 85.29　　　　B. 85.41　　　　C. 85.42　　　　D. 85.48

第100天 ★★★★★

接近传感器,利用位移感测器对接近物体"感知"的敏感特性达到控制开关通断的目的,主要应用于航空航天技术、工业生产、测量、控制技术及安全防盗方面,应归入品目(　　)。

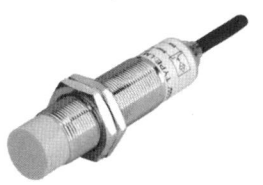

A. 85.36　　　　B. 85.48　　　　C. 90.31　　　　D. 90.32

第101天 ★★★★☆

安全气囊传感器,主要由外壳、基板、加速度传感器及电路组成,传感器内装有半导体压力式加速度传感器,应归入品目(　　)。

A. 85.43　　　　B. 87.08　　　　C. 90.29　　　　D. 90.31

第102天 ★★★★★

光电开关,又称漫反射光电传感器,发射镜头发出光线,通过被检测物体自身反射的光线传入同一侧的接收镜头,来判断物体存在与否,从而输出信号给其他控制设备执行控制指令,应归入品目(　　)。

A. 85.36　　　　B. 85.37　　　　C. 85.43　　　　D. 90.31

第103天 ★★★★★

机油压力报警传感器,由浮子、金属片等组成,用于机油压力的检测。当机油量多时,压力正常,两个金属片是分开的;当压力不足时,两个金属片结合,导通电路。该商品应归入品目(　　)。

A. 85.36　　　　B. 87.08　　　　C. 90.26　　　　D. 90.32

第104天 ★★★☆☆

启动电机，电压12V，用于柴油机，应归入品目(　　)。

A. 84.09　　　　B. 85.01　　　　C. 85.11　　　　D. 87.08

第105天 ★★★★★

电动推杆，由直流电动机、齿轮传动装置和滚珠丝杠构成，广泛用于工业举升、农业机械、工程车辆改装、汽车制造厂自动升降装置等场合，应归入品目(　　)。

A. 84.12　　　　B. 84.79　　　　C. 84.83　　　　D. 85.01

第十六周

第106天 ★★★★★

吸尘器电机，主要由电机、风机构成，利用电动机带动叶片高速旋转，在密封的壳体内产生空气负压，吸取尘屑，应归入品目(　　)。

A. 84.14　　　B. 84.21　　　C. 85.01　　　D. 85.09

第107天 ★☆☆☆☆

三螺杆泵，由泵体、螺杆和马达构成，当主动螺杆转动时，带动与其啮合的从动螺杆一起转动，吸入腔一端的螺杆啮合空间容积逐渐增大，压力降低。该商品适用于输送各种无腐蚀性油类及类似油和润滑性液体，应归入品目(　　)。

A. 84.13　　　B. 84.79　　　C. 84.83　　　D. 85.01

第108天 ★★★★★

回转马达，主要由柱塞液压马达和行星齿轮减速机两部分组成，行星齿轮减速机具有固定的传动比，用于连接挖掘机下部车架和上部回转体，应归入品目(　　)。

A. 84.12　　　B. 84.31　　　C. 84.83　　　D. 85.01

第109天 ★★★★★

阀门电动执行器，由带有涡轮的直流电动机、限位开关、调节器等组成，用于0~90°控制的球阀和蝶阀，应归入品目(　　)。

A. 84.81　　　B. 84.83　　　C. 85.01　　　D. 85.37

第110天 ★★☆☆☆

风扇齿轮箱，由齿轮、拉杆、固定件等组成，安装在电风扇马达上，带动风扇左右摆头，应归入品目(　　)。

A. 39.26　　　　B. 84.14　　　　C. 84.83　　　　D. 85.03

第111天 ★★★★☆

智能马桶盖，具有座圈加热、暖风干燥、按摩清洗、冷热SPA等功能，应归入税号(　　)。

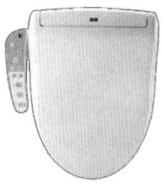

A. 8424.8999　　B. 8516.7990　　C. 8543.7099　　D. 9019.1010

第112天 ★★★★☆

智能狗碗，304不锈钢内胆，树脂外壳，称重范围1~2000g，应归入税号(　　)。

A. 3924.9000　　B. 7323.9300　　C. 8423.1000　　D. 8543.7099

第十七周

第113天 ★★★★★

智能垃圾桶，ABS材质，感应开盖，可USB充电，应归入税号(　　)。

A. 3924.9000　　　B. 3925.1000　　　C. 3926.9090　　　D. 8543.7099

第114天 ★★★☆☆

智能手表，通过蓝牙连接手机，可实现时间显示、来电显示、心率监测、睡眠监测等多个功能，应归入税号(　　)。

A. 8517.1300　　　B. 8517.6299　　　C. 8543.7099　　　D. 9102.1200

第115天 ★★★★★

智能吸尘器，又称扫地机器人，连接 Wi-Fi 自动运行，主要完成清扫、吸尘、擦地工作，尘盒容量0.43L，转速20000r/min，应归入税号(　　)。

A. 8508.1100　　　B. 8508.1900　　　C. 8508.6000　　　D. 8509.8090

第116天 ★★★★☆

智能音箱，由单个外壳组成，包含两个扬声器及 Wi-Fi 和蓝牙连接组件，应归入税号(　　)。

A. 8517.6299　　　B. 8518.2200　　　C. 8519.8990　　　D. 8537.1090

第117天 ★★★★★

智能汽车钥匙，无机械钥匙结构，具有应激被动发射无线电信号进行身份识别或无线遥控实现开闭门和启动等功能，应归入税号(　　)。

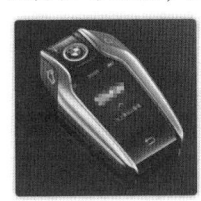

A. 8301.7000　　　B. 8526.9110　　　C. 8537.1090　　　D. 8543.7099

第118天 ★★★★☆

三角警示牌，由硬质塑料三角牌、贱金属支架构成，应归入税号（　　）。

A. 3926.9090　　　B. 8310.0000　　　C. 8531.8090　　　D. 9405.6900

第119天 ★★★★★

三角警示牌，由硬质塑料三角牌、贱金属支架构成，内置LED爆闪灯，应归入税号（　　）。

A. 3926.9090　　　B. 8512.2090　　　C. 8531.8090　　　D. 9405.6900

第十八周

第120天 ★★★☆☆

狗用安全灯，由塑料外壳、LED（发光二极管）灯组成，纽扣电池可供电。灯的双重功能是闪烁或稳定亮起，并通过扭转塑料外壳来接合，可以夹在狗的项圈或皮带上，应归入税号（　　）。

A. 8531.8090　　　B. 8539.5000　　　C. 8543.7099　　　D. 9405.4190

第121天 ★★★★★

警示指示灯，LED（发光二极管）灯长亮，主要应用于机械制造、信号系统等，应归入子目(　　)。

A. 8531.80　　　B. 8539.50　　　C. 9405.42　　　D. 9405.61

第122天 ★★★☆☆

双目放大镜，像眼镜一样取戴方便，可用于医疗手术、微小与精细作业、缝纫、刺绣、书写、阅读等，应归入品目(　　)。

A. 90.11　　　B. 90.12　　　C. 90.13　　　D. 90.18

第123天 ★★★★☆

三目生物显微镜，由显微镜主机、光源、物镜、聚焦镜、三目镜筒、载物台等组成，其中两目用于观察，一目为显微照相预留接口，用于连接CCD（显微照相装置），应归入税号(　　)。

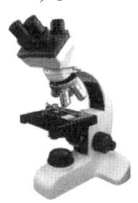

A. 9011.1000　　　B. 9011.2000　　　C. 9011.8000　　　D. 9012.1000

第124天 ★★★☆☆

夹片太阳镜，夹在其他眼镜框架的前部使用，应归入税号(　　)。

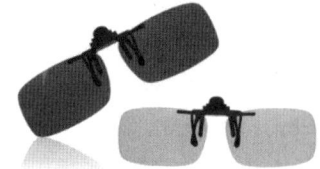

A. 9001.9090　　　B. 9002.2090　　　C. 9003.9000　　　D. 9004.1000

第125天 ★★★★★

儿童望远镜，应归入税号(　　)。

A. 9005.1000　　　B. 9005.8090　　　C. 9503.0060　　　D. 9503.0089

第126天 ★★★★★

无水芒硝，散粒状白色粉末，含量≥99.2%，是天然盐湖结晶的芒硝（十水硫酸钠）表面，在露天环境下天然形成无水芒硝（无水硫酸钠），该产品包装前需先过筛（孔径0.65mm），应归入税号(　　　)。

A. 2530.9099　　　B. 2830.1090　　　C. 2832.1000　　　D. 2833.1100

第十九周

第127天 ★★★★☆

无水芒硝，散粒状白色粉末，含量≥98.5%，是在露天环境下，由自然脱水而形成的芒硝（十水硫酸钠）和无水芒硝（无水硫酸钠）的混合物，经收集后送到工厂，经过熔融（除水）、离心过滤、干燥等工序制得，应归入税号(　　　)。

A. 2530.9099　　　B. 2833.1100　　　C. 2833.4000　　　D. 3824.9999

第128天 ★★★★★

聚乙烯颗粒，含80%线型低密度聚乙烯和20%天然硅石，比重为0.92。将两种原料混合、熔融后挤出，冷却后裁切成颗粒，制得该产品，报验状态为25kg/包，应归入税号(　　　)。

A. 3824.9999　　　　B. 3901.1000　　　　C. 3901.4020　　　　D. 3901.9090

第129天 ★★★★★

微晶石蜡，白色颗粒，含固体石蜡98%，含聚乙烯蜡2%，主要在轮胎生产中用作防老剂，应归入税号（　　）。

A. 2712.9010　　　　B. 3404.9000　　　　C. 3812.3910　　　　D. 3824.9999

第130天 ★★★★★

洗衣球，直径约10cm，由两个多孔塑料外壳连接而成，内含两块磁石和四种陶瓷粒（珠），在家用洗衣机中利用物理方法清洗衣物，应归入品目（　　）。

A. 39.26　　　　　　B. 34.02　　　　　　C. 69.12　　　　　　D. 85.05

第131天 ★★★★★

用于喷墨设备的陶瓷墨水，含有25%~50%（按重量计）无机颜料（如钴铝尖晶石、锌铬尖晶石、镍钛锑合金），这些无机颜料悬浮在有机溶剂（按重量计含40%~70%）中。该产品用于陶瓷工业，通过数码喷墨机施于陶瓷表面，通过陶瓷烧制形成上色或遮光，应归入税号（　　）。

A. 3207.1000　　　　B. 3215.1900　　　　C. 3215.9090　　　　D. 3707.1000

第*132*天 ★★★★★

读卡器，连接电脑，多系统兼容，支持 SD/TF/CF/MS 卡同时读取，应归入税号(　　)。

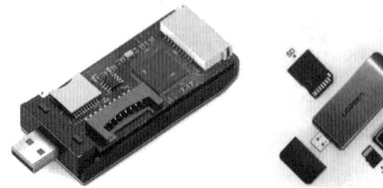

A. 8471.8000　　　B. 8471.9000　　　C. 8536.9090　　　D. 8543.7099

第*133*天 ★★★★★

DVI 转 HDMI 适配器，应归入税号(　　)。

A. 8471.8000　　　B. 8536.9090　　　C. 8543.7099　　　D. 8544.4211

第二十周

第*134*天 ★★★★★

苹果手机 SD 卡读卡器，即插即用，应归入税号(　　)。

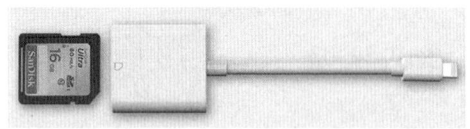

A. 8471.8000　　　B. 8517.7030　　　C. 8536.9090　　　D. 8543.7099

第*135*天 ★★★★★

USB-C 转 HDMI 适配器，HDMI 连接器由覆盖连接器的塑料外壳和 PCBA 组成，该 PCBA 将信号从 USB-C 格式数字转换为 HDMI 格式。该商品应归入子目(　　)。

A. 8471.80　　　　B. 8517.79　　　　C. 8543.70　　　　D. 8544.42

第136天 ★★★★☆

双显示屏通用 USB 3.0 扩展坞，可以通过单个 USB 3.0 连接轻松地将 Windows™，Mac™ 和 Chrome™ 笔记本电脑连接至双显示器和某些受欢迎的连接端口。该商品应归入税号(　　)。

A. 8471.8000　　B. 8471.9000　　C. 8473.3090　　D. 8543.7099

第137天 ★★★★☆

扩展坞，平板电脑的扩展部件，包括键盘、XY 坐标输入装置、USB 扩展接口，用于实现内部转换数据输入，应归入子目(　　)。

A. 8471.60　　　　B. 8471.80　　　　C. 8471.90　　　　D. 8473.30

第138天 ★★★☆☆

凝胶甲醇，85%甲醇加入15%增稠剂，经搅拌后形成半固态的配制燃料，用于火锅燃料，净重200g，应归入税号(　　)。

A. 2905.1100　　B. 3933.9900　　C. 3606.9090　　D. 3824.9999

第139天 ★★☆☆☆

指甲夹套件，不锈钢制，由指甲钳、剪刀、带螺丝刀头的指甲锉、小刀构成，附带钥匙圈，应归入税号(　　)。

A. 8213.0000　　　B. 8214.2000　　　C. 8215.2000　　　D. 9605.0000

第140天 ★☆☆☆☆

电动指甲刀,修剪磨一次完成,毛重310g,充电电压5V,应归入税号(　　)。

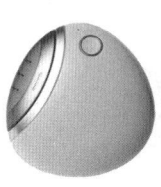 

A. 8214.2000　　　B. 8467.2990　　　C. 8509.8090　　　D. 8543.7099

第二十一周

第141天 ★★☆☆☆

家用电动磨刀机,毛重1kg,可开刃,左右分别为粗砂轮、精砂轮,中间为精磨石,配有可互换的附件,应归入税号(　　)。

A. 8460.3900　　　B. 8460.9010　　　C. 8467.2910　　　D. 8509.8090

第142天 ★★★★☆

LED智能半盔,ABS材质,带双镜、尾灯、通风、防雾,可充电,主要为摩托车驾驶员防护用,应归入税号(　　)。

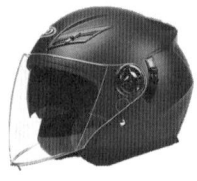

A. 6506.1000　　　B. 6506.9100　　　C. 6506.9990　　　D. 8543.7099

第143天 ★★★★★

AR消防员头盔,由盔壳、呼吸面罩、360°护颈、无线通信装置、热成像摄像装置等构成,应归入品目(　　)。

A. 65.06　　　　B. 85.17　　　　C. 85.43　　　　D. 90.20

第144天 ★★★★★

不锈钢丝，含1.2%的碳、12%的铬和10%的镍，其他为铁，冷成型，直径为1mm，应归入品目(　　)。

A. 72.21　　　　B. 72.22　　　　C. 72.23　　　　D. 72.29

第145天 ★★★★★

黑色PET涂层镀锌非合金钢丝，冷成型加工制得，应归入品目(　　)。

A. 7217.2000　　B. 7217.3090　　C. 7217.9000　　D. 7212.4000

第146天 ★★★★☆

热轧不锈钢卷板，宽750mm、厚4mm，未经过包覆、镀层、涂层、退火或酸洗，C：≤0.08%，Si：≤1.0%，Mn：≤2.0%，Cr：18.0%～20.0%，Ni：8.0%～10.5%，S：≤0.03%，P：≤0.035%，应归入税号(　　)。

A. 7219.1319　　B. 7219.2300　　C. 7220.1200　　D. 7225.3000

第147天 ★★★☆☆

浴室墙砖，长30cm，宽30cm，厚0.8cm，由大约71%的天然白云石与塑料黏合剂均匀团聚而成，应归入品目(　　)。

A. 68.02 B. 68.08 C. 68.10 D. 68.15

第二十二周

第148天 ★★★★★

驯犬用飞盘，硅胶制，与传统的"飞盘状"玩具相同，可作为娱乐性投掷或抛取式玩具使用，应归入子目（　　）。

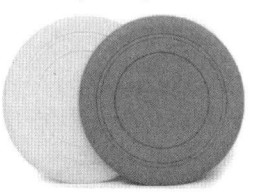

A. 3924.90 B. 3926.90 C. 9503.00 D. 9506.99

第149天 ★★★★★

镀18克拉金的锌手镯，该手镯镶有3颗直径5mm的玻璃宝石，10颗直径7mm的人造塑料宝石和2颗1.5mm的半贵重宝石立方氧化锆（CZ），应归入子目（　　）。

A. 7113.19 B. 7116.20 C. 7117.19 D. 7117.90

第150天 ★★★★★

男式针织两纽扣Polo衫，半开襟，有衣领，该商品由100%棉制成，各方向每厘米8针，应归入子目（　　）。

A. 6105.10 B. 6105.90 C. 6109.10 D. 6110.20

第151天 ★★★★★

塞尺，又称厚薄规，主要用于检查两结合面之间的缝隙，应归入税号（　　）。

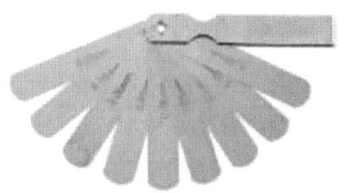

A. 8205.5900   B. 9017.3000   C. 9017.8000   D. 9031.8090

第152天 ★★★★★
微针滚轮，利用微针滚轮上许多微小的针头，刺激皮肤，用于祛皱、美白、修复，手柄、滚筒为塑料，针头为钢铁，应归入税号(   )。

A. 3926.9090   B. 7326.9090   C. 8205.5900   D. 9019.1010

第153天 ★★★★★
齿轮毛坯，45#钢在模具中锻造而成，进口后用于加工齿轮，应归入品目(   )。

A. 72.07   B. 73.25   C. 73.26   D. 84.83

第154天 ★★★★★
曲轴锻坯，45#钢在模具中锻造而成，初步成型，进口后用于加工曲轴，应归入品目(   )。

A. 72.07   B. 73.25   C. 73.26   D. 84.83

第二十三周

第155天 ★★★☆☆
锻造扳手半成品，钢铁制，未经进一步加工，应归入品目(   )。

A. 72.07　　　　B. 73.25　　　　C. 73.26　　　　D. 82.04

第156天 ★★★★★

摇臂轴毛坯，用于制造发动机进排气系统中的轴。进口前工艺：管材→绞口→高温软化→酸洗、被膜处理→拉伸→加热→矫正→切断→涡流探伤→出厂。进口后工艺：钻孔→回火→打磨→软氮化→压碗形塞→制成摇臂轴。安装气门摇臂后，摇臂围绕摇臂轴转动，其应归入品目(　　)。

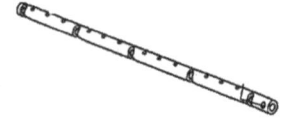

A. 73.06　　　　B. 84.09　　　　C. 84.83　　　　D. 87.08

第157天 ★☆☆☆☆

五菱地摊车，1.8L自然吸气发动机，总质量2350kg，最大功率125马力，汽油型，应归入税号(　　)。

A. 8704.2100　　B. 8704.2230　　C. 8704.3100　　D. 8704.3230

第158天 ★★★★★

电梯导轨毛坯，碳钢制，倒T型，长5012mm×宽89mm×高64mm，需热轧、校直、锯断为标准尺寸，还需经过刷漆、顶面及侧面刨削、两端分别开阴榫槽和阳榫、背面铣台阶、两端各开4个孔等加工，应归入品目(　　)。

A. 72.07　　　　B. 72.16　　　　C. 73.26　　　　D. 84.31

第159天 ★★★★★

直升机发动机后安装节毛坯，材质为不锈钢，仅经过锻造加工，使用时再切割为精确尺寸，不具有条、杆的基本特征，应归入品目(　　)。

A. 72.07 B. 72.18 C. 84.09 D. 88.03

第160天 ★★★☆☆

猫砂，固体的二氧化硅（硅胶），无色晶体，纯度>98%，无添加剂，应归入税号(　　)。

A. 2811.2210 B. 3824.9999 C. 3910.0000 D. 3926.9090

第161天 ★★★★★

聚硅氧烷树脂溶液，环氧树脂约5%~15%、聚硅氧烷约40%~55%、乙苯约20%、二甲苯约20%，颜料、溶剂混合按配方生产高性能涂料。该商品应归入税号(　　)。

A. 3208.1000 B. 3208.9090 C. 3824.9999 D. 3910.0000

第二十四周

第162天 ★★★★★

初级形状的聚硅氧烷，聚二甲基硅氧烷醇44%~50%（硅油类）、十二烷基苯磺酸三乙醇胺盐3%~10%（乳化剂）、十三烷醇聚醚-10 1%~8%（乳化剂）、卡松CG10ppm（防腐剂）、水40%~46%，用作洗发水原料，使头发柔软顺滑。该商品应归入税号(　　)。

A. 3208.9090 B. 3402.9000 C. 3824.9999 D. 3910.0000

第163天 ★★★★★

儿童娱乐造型沙，由二氧化硅、聚异丁烯、聚丁烯、凡士林和二甲基聚硅氧烷制成。该商品应归入品目(　　)。

A. 26.01 　　　B. 34.07 　　　C. 38.24 　　　D. 95.03

第164天 ★★★★★

电子清洁剂,主要成分包括二氟乙烷和四氟乙烷,用于清除灰尘难以进入的地方,以及清洁精致的设备,适用于打印机、键盘、传真机和办公设备。该商品应归入子目(　　)。

A. 3824.8 　　B. 3824.9 　　C. 3827.5 　　D. 3827.6

第165天 ★★★★★

鱼竿架,由不锈钢主体、橡胶和硅胶材质附件制得,用于钓箱、钓椅、插地,应归入品目(　　)。

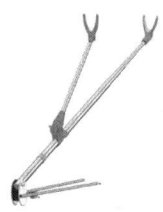

A. 73.26 　　B. 83.02 　　C. 95.07 　　D. 96.20

第166天 ★★★☆☆

导热胶片,由硅树脂(20%~30%)、氮化硼或氧化铝(65%~75%)、玻璃纤维(5%,起增强作用)混合经特殊工艺制得,使用时裁切成小片,用于电子元器件导热、散热,应归入品目(　　)。

A. 35.06 　　B. 38.24 　　C. 39.10 　　D. 39.26

第167天 ★★★☆☆

修正带,由塑料分配器和带芯(PET基带表面涂有白色颜料)组成,零售包装,带芯可更换,应归入子目(　　)。

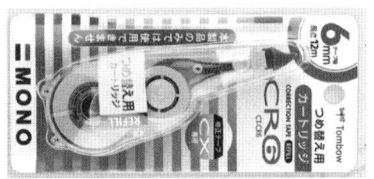

A. 3824.99　　　　B. 3919.90　　　　C. 3926.10　　　　D. 4811.41

第168天 ★★★★★

修正带，由塑料分配器和带芯（PET基带表面涂有白色颜料）组成，零售包装，带芯可更换，归入品目38.24，运用总规则为(　　)。

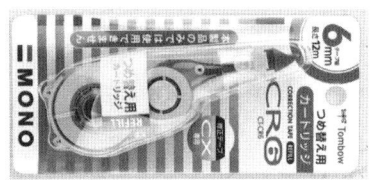

A. 规则一
B. 规则一、五（一）
C. 规则一、五（一）、五（二）
D. 规则一、三（二）、五（一）、五（二）

第二十五周

第169天 ★★★★★

修正带分配器（未安装修正带），由塑料上、下盖，压嘴，大、小齿轮等组成，应归入税号(　　)。

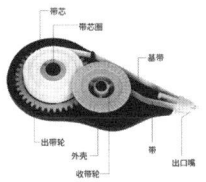

A. 3923.4000　　　B. 3926.1000　　　C. 4202.9200　　　D. 8483.4090

第170天 ★★★☆☆

修正带用出带轮，塑料制，应归入子目(　　)。

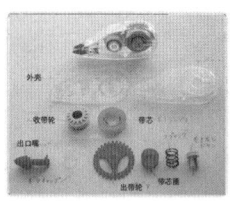

A. 3923.40　　　　B. 3923.90　　　　C. 3926.90　　　　D. 8483.90

第171天 ★★★★★

抬头显示器，安装在汽车仪表板上，连接到OBD接口后，在车辆的挡风玻璃上投射诸如速度、警告、导航和油温之类的数据，应归入税号（　　）。

 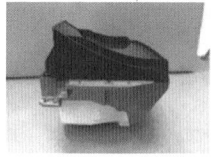 

A. 8512.2090　　　B. 8528.5990　　　C. 8531.2000　　　D. 8708.2990

第172天 ★★★★★

三文鱼中段，去皮、去骨，400g，0~4℃冷藏，应归入子目（　　）。

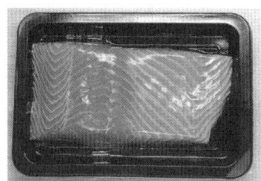 

A. 0304.39　　　　B. 0304.41　　　　C. 0304.42　　　　D. 0304.52

第173天 ★★★★☆

挂脖风扇，由7羽扇叶、导流风罩、无刷电机、LED灯芯、锂电池、主板、外壳等构成，挂脖、桌面两用，该风扇叶片运转时，发光二极管以变化的模式闪烁，重量380g，额定功率4W，锂电池9600mAh，应归入税号（　　）。

A. 8414.5130　　　B. 8414.5191　　　C. 8414.5199　　　D. 8414.5990

第174天 ★★★★★

复印纸，$70g/m^2$，210mm×297mm，灰分超过8%，每包500张，原料包括漂白针叶浆、漂白阔叶浆、添加滑石粉、品蓝、增白剂等，并适当施胶、抄造、分切制得，应归入税号（　　）。

A. 4802.5600　　　B. 4802.6200　　　C. 4810.1400　　　D. 4811.9000

第175天 ★★★★★

电解电容器纸，成卷，未涂布，宽6.5mm，20g/m²，厚度50μm，含马尼拉麻55%、灌木纤维45%，湿式抄造法制得，螺旋式裁切，用于铝电解电容器中吸附电解液及隔离正负极铝箔，应归入税号(　　)。

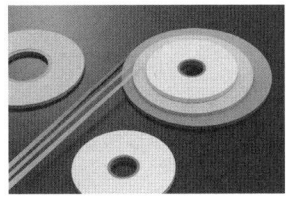

A. 4805.9110　　　B. 4811.9000　　　C. 4823.9090　　　D. 5911.9000

第二十六周

第176天 ★★★★★

心电图记录纸，热敏纸制，经印刷、涂布制得，规格63mm×30m，应归入税号(　　)。

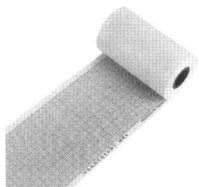

A. 4810.9900　　　B. 4811.9000　　　C. 4816.9010　　　D. 4823.4000

第177天 ★★★★★

三聚氰胺树脂浸渍纸，在纸张的两面浸渍三聚氰胺树脂制得，具有硬质特征的片材，一面具有木质图案，用于黏附至胶合板等表面，应归入税号(　　)。

A. 3920.9300　　　B. 3921.9090　　　C. 4811.5999　　　D. 4814.2000

第178天 ★★★★☆

激光镀铝纸，透明PET胶膜经压印涂层、激光版压印成型、真空蒸镀铝加工后再与纸张贴合而成，PET厚度0.012mm，铝箔厚度0.008mm，纸张50g/m²，用于礼品包装，应归入税号(　　)。

A. 3920.6200　　　B. 3921.9090　　　C. 4811.5991　　　D. 7607.2000

第179天 ★★★★★

防霉纸，低密度聚乙烯50%~80%，无机盐0.5%~5.0%，黏土、碳酸钙2%~10%，其他无机盐1%~10%，用于形成包装内的抗菌环境，抑制霉菌滋生、繁殖，从而达到防霉目的，8cm×16cm，2500张/卷，应归入税号(　　)。

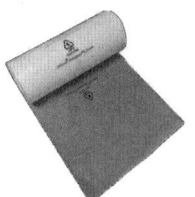

A. 3920.1090　　　B. 3808.9210　　　C. 3808.9400　　　D. 4823.9090

第180天 ★★★★★

电池隔膜纸，人造纤维40%，木浆纤维40%，聚乙烯醇纤维20%，工艺：水中分解纤维→屏蔽→形成网片→干燥→卷绕→检查及修正缺点→切割→检查→包装，主要用作电池隔离正负极，防止短路，应归入品目(　　)。

A. 39.20　　　　B. 48.23　　　　C. 56.03　　　　D. 59.11

第181天 ★★★★★

便携式燃油加热器，包括带有燃烧器的燃烧室、电动风扇、油箱、机油泵和机油滤清器，主要材质为钢铁，用于加热较大的房间或区域，应归入税号(　　)。

A. 7322.9000　　B. 8416.1000　　C. 8417.8090　　D. 8419.8990

第182天 ★★★★★

弹力绳逗猫棒，由羽毛、弹力绳、塑料杆构成，应归入税号(　　)。

A. 3926.9090　　B. 6307.9000　　C. 6701.0000　　D. 9503.0089

第二十七周

第183天 ★★★★☆

汽车点烟器，利用电热丝加热点燃香烟，应归入税号(　　)。

A. 8516.8000　　B. 8543.7099　　C. 8708.9999　　D. 9613.8000

第184天 ★★☆☆☆

红外线遥控器，应归入品目(　　)。

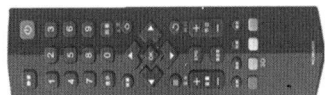

A. 85.17　　　　　B. 85.26　　　　　C. 85.29　　　　　D. 85.43

第185天 ★★★★★

自动遥控驻车锁，应归入税号(　　)。

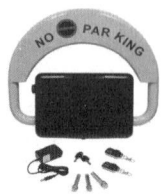

A. 7326.9090　　　B. 8301.5000　　　C. 8479.8999　　　D. 8608.0090

第186天 ★★☆☆☆

硫化橡胶制密封圈，用于汽车发动机机油泵密封，应归入税号(　　)。

A. 4016.9310　　　B. 4016.9390　　　C. 4016.9990　　　D. 8431.4999

第187天 ★★★★★

用钥匙开启的搭扣锁，贱金属制，应归入税号(　　)。

A. 8301.1000　　　B. 8301.2090　　　C. 8301.3000　　　D. 8301.4000

第188天 ★★★☆☆

精制牛肉末豆豉油辣椒，配料：菜籽油、豆豉、辣椒、味精、食用盐等，210g，应归入税号(　　)。

A. 0910.9900　　　B. 1602.5090　　　C. 2103.9090　　　D. 2106.9090

第189天 ★★★☆☆

红油腐乳，配料：菜籽油、大豆、水、白酒、味精、食用盐、辣椒、香辛料，应归入税号(　　)。

A. 0910.9900　　　B. 2005.9999　　　C. 2103.9090　　　D. 2106.9090

第二十八周

第190天 ★★★★☆

无糖豆浆，用72%的水和28%的黄豆制得，含蛋白质13%、脂肪5%、碳水化合物3%。饮用时将冷冻的豆浆倒入3300mL热水中煮开，改小火煮三分钟后即可，应归入税号(　　)。

A. 2106.1000　　B. 2106.9090　　C. 2201.9090　　D. 2202.9900

第191天 ★★★★★

茄汁黄豆罐头，开罐即可直接食用，原材料：干黄豆、水、番茄酱、食盐、白砂糖，应归入税号(　　)。

A. 1212.9999　　B. 2005.9991　　C. 2008.1999　　D. 2103.2000

第192天 ★★★★★

自热火锅，包含红薯粉丝60g，底料70g，冻干肥牛片14g，冻干鸭胸片8g，冻干牛肚片2g，什锦蔬菜16g，发热包1个，餐具包1个，专用餐盒1个，应归入税号(　　)。

A. 1602.5010　　B. 1902.3020　　C. 2005.9991　　D. 2106.9090

第193天 ★★★★☆

冻南美白虾，应归入税号(　　)。

A. 0306.1619　　B. 0306.1629　　C. 0306.1719　　D. 0306.1729

第194天 ★★★★★

泰国薄荷鼻通棒,由薄荷醇、冰片、薄荷油、桉树油、樟脑油、薰衣草油、乙醇等配制的无色透明液体,可闻,可涂抹,用途:缓解鼻塞、提神醒脑、缓解晕车症状等,应归入税号( )。

A. 3004.9054　　　B. 3004.9059　　　C. 3004.9090　　　D. 3307.9000

第195天 ★★★★★

合成油,含100%氢化聚-1-癸烯,无色透明液体,用于调和润滑油,CAS号68037-01-4,采用减压蒸馏法制得,该商品在压力转换为1013mbar下温度300℃时,以体积计馏出量0~5%,应归入品目( )。

A. 27.10　　　　　B. 39.01　　　　　C. 39.02　　　　　D. 34.03

第196天 ★★★☆☆

减压阀,用于油缸的油液进口压力控制,当油缸进口压力大于减压阀设定压力时,减压到设定压力并维持稳定,应归入税号( )。

A. 8481.1000　　　B. 8481.2010　　　C. 8481.4000　　　D. 8481.8040

第二十九周

第 197 天 ★★★☆☆

警报喇叭,电源电压 12V,适用于汽车和摩托车,应归入品目(　　)。

A. 85.12　　　　B. 85.18　　　　C. 85.31　　　　D. 87.08

第 198 天 ★★☆☆☆

"美孚"牌 5W-40 型车用机油,由全合成基础油加上特有的添加剂配制而成,用于汽车发动机的润滑,应归入品目(　　)。

A. 27.10　　　　B. 34.03　　　　C. 38.11　　　　D. 84.13

第 199 天 ★★★☆☆

拖车钩,合金钢锻造而成,用于拖车,也可用于手拉葫芦、提升机、起重机提升起吊货物用,应归入品目(　　)。

A. 73.26　　　　B. 83.02　　　　C. 83.08　　　　D. 87.08

第 200 天 ★★☆☆☆

车顶行李箱,ABS 制,设计安装在汽车行李支架上,应归入品目(　　)。

A. 39.23　　　　B. 39.26　　　　C. 42.04　　　　D. 87.08

第201天 ★★★★★

探鱼器，利用声呐传感器探测和识别水中物体和水底轮廓，应归入税号（　　）。

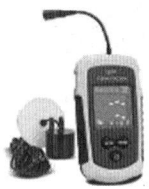

A. 8543.2010　　B. 9014.8000　　C. 9031.8090　　D. 9507.9000

第202天 ★★★☆☆

干蛤蚧（爬行动物），去内脏，低温炭火烘干，列入《中国药典》，主要用于泡酒或煲汤，应归入品目（　　）。

A. 02.10　　　　B. 05.10　　　　C. 21.06　　　　D. 30.01

第203天 ★★★☆☆

眼部美容仪，由2个控制器、硅胶面罩、USB充电线、电源适配器、使用说明书成套包装而成，通过加热（品目85.16）和电刺激（品目85.43）两种方式对眼部周边皮肤进行美容，最终归入品目85.43，运用了归类总规则（　　）。

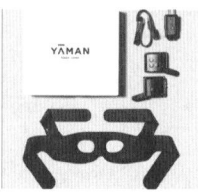

A. 一　　　　　B. 二（一）　　　C. 三（二）　　　D. 三（三）

第三十周

第204天 ★★★★★

一次性烧烤炉,由铝箔构成炉体,内装一个铁丝制网和一包机制炭,零售包装供户外旅游用。其符合归类总规则三(二)零售的成套物品描述,应按( )归类。

A. 铝箔   B. 炉体   C. 机制炭   D. 铁丝制网

第205天 ★★★★☆

太阳能烧烤炉,不锈钢制,应归入子目( )。

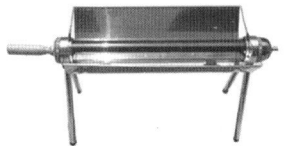

A. 7321.19   B. 7321.89   C. 7323.93   D. 7323.99

第206天 ★★★☆☆

起重机吊钩组,由钩头、滑轮、外壳三部分组成,用钢丝绳连接在起重机上,直接用于重物的钩取,钢铁制,应归入税号( )。

A. 7326.9019   B. 8431.1000   C. 8431.4999   D. 8483.5000

第207天 ★★★☆☆

车轮中心装饰盖,ABS塑料制,面包车用,应归入税号( )。

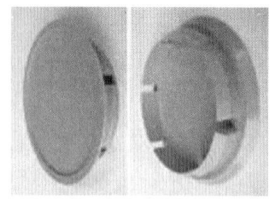

A. 3923.5000　　B. 3926.9090　　C. 8708.2990　　D. 8708.7099

第208天 ★★★☆☆

汽车空调鼓风机叶轮，塑料制，应归入税号（　　）。

A. 3926.9090　　B. 8414.9090　　C. 8415.9090　　D. 8708.9999

第209天 ★★★★★

带防丢绳的相机镜头保护盖，塑料制，光学照相机用，应归入税号（　　）。

A. 9002.1131　　B. 9002.1190　　C. 9002.1990　　D. 9006.9900

第210天 ★★★★☆

图形化蓝宝石衬底外延片（在蓝宝石基板上制作），制作方法：衬底→缓冲层生长→N型氮化镓层生长→多量子点发光层生长→P型氮化镓层生长→退火→检测→外延片，并形成独立的导电区，直径50.8mm，用于制发光二极管，应归入税号（　　）。

A. 3818.0090　　B. 7103.9100　　C. 7104.9012　　D. 8541.4100

第三十一周

第211天 ★★☆☆☆
琥珀原石,加工首饰用,《宝石鉴定证书》上注明"随型,未加工原料",应归入税号(　　)。

A. 2530.9099　　B. 7103.1000　　C. 7116.2000　　D. 9602.0090

第212天 ★★★★★
氯化锂盐水,通过蒸发天然盐水制得,含有约6%的氯化锂(含少量其他矿物质)和94%的水,用于生产氯化锂固体或进一步用氯化锂固体生产金属锂,应归入税号(　　)。

A. 2530.9099　　B. 2827.3910　　C. 2853.9090　　D. 3824.9999

第213天 ★★★★☆
珍珠粉,天然珍珠磨制成粉,散装,无任何添加剂,可内服,也可以添加在化妆品中,起到美容、保健的作用,应归入品目(　　)。

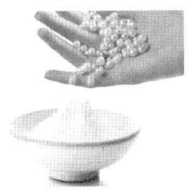

A. 21.06　　　　B. 30.03　　　　C. 33.07　　　　D. 71.01

第214天 ★★★★★
冻石,为黄绿色块状,天然原状,海关化验中心鉴定结果为蛇纹石玉。用途:经机器切割加工成片状后,作床垫用,也可切割成块状作桑拿浴的地砖或墙砖。该商品应归入品目(　　)。

A. 25.16 B. 25.26 C. 25.30 D. 71.03

第215天 ★☆☆☆☆

共享单车智能锁，应归入税号（　　）。

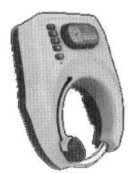

A. 8301.1000 B. 8301.2090 C. 8301.4000 D. 8301.5000

第216天 ★★☆☆☆

冰球裤，专为在冰球运动中保护身体不受伤害而设计，由内衬的几片塑料材质的保护装置装于一个纺织材质的外套内组成，应归入第（　　）章。

A. 六十一 B. 六十二 C. 六十三 D. 九十五

第217天 ★★★★★

吊坠（片、球等），岩晶石英制，用于照明装置，应归入第（　　）章。

A. 六十九 B. 七十 C. 七十一 D. 九十四

第三十二周

第218天 ★★★★★
γ-氧化铝小球，直径为 1.61mm。主要成分：氧化铝 97%、锡 0.3%、氯 0.3%、水 2.4%。其中氯是杂质，用作催化剂的载体，应归入品目（　　）。

  A. 28.18　　　　B. 38.15　　　　C. 38.24　　　　D. 71.05

第219天 ★★★★★
外科植入物钴铬钼合金球，为直径小于 1mm 的金属合金球，用于医学外科人造关节，用高温烧结工艺将其覆盖在人造关节的表面，成分：钴 63%，铬 30%，钼 7%。无放射性，塑料瓶包装，5~6kg/瓶，应归入品目（　　）。

  A. 81.02　　　　B. 81.05　　　　C. 81.12　　　　D. 90.21

第220天 ★★★★★
陶瓷球头，主要成分为 99.8% 三氧化二铝，莫氏强度≥80。用于骨科植入物的生产原料，进口后需经高温固化、冷等静压、清洗、灭菌，处理后外观仅颜色发生了变化，形状及相关尺寸没有发生改变，应归入子目（　　）。

  A. 6909.12　　　B. 6909.19　　　C. 9021.31　　　D. 9021.39

第221天 ★★★★☆
金色火球，玻璃材质，由人工吹制成型，再进行抛光、上釉、切割、磨光而成，配有少量金属作支撑。每件作品按艺术家构思制作成型，用于装饰摆设，每项构思仅限一件，应归入品目（　　）。

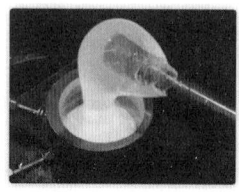

A. 70.13　　　　B. 83.06　　　　C. 94.03　　　　D. 97.03

第222天 ★★★★☆

锻制小球，球体直径3/16″（4.763mm），采用相应规格的铬合金钢盘圆用专用吨锻设备锻制成小球状，进口后，作为原料经过进一步加工成为制造轴承用的滚珠，应归入子目（　　）。

A. 7205.10　　　B. 7326.11　　　C. 7326.19　　　D. 8482.91

第223天 ★★★★☆

鱼饵船，为GPS自动驾驶声呐探鱼器诱饵船，具有8个精度为1m的保存点，船在信号微弱时可以自动旋转并自动返回，释放诱饵，应归入品目（　　）。

A. 85.26　　　　B. 89.02　　　　C. 90.14　　　　D. 95.07

第224天 ★★★★★

金枪鱼延绳钓装置，由收线卷筒、放线机、支线收线机、控制系统、提示器、无线电渔具接收器、计时器、液压控制系统、浮球、尼龙单线主线、支线钩、浮子、无线电浮标、闪光灯等组成，是一套从事金枪鱼延绳钓作业方式的海洋渔业渔具，应归入品目（　　）。

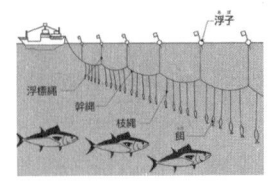

A. 84.36　　　　B. 84.38　　　　C. 84.79　　　　D. 95.07

第三十三周

第 225 天 ★☆☆☆

探鱼水下摄像机，由铝箱、摄像机、显示器、电源盒、充电器放置在零售包装的手提箱中，可连接 Wi-Fi，有 TF 卡槽，可录像，除用于钓鱼，还可用于水下探险、水井检测等多场景，应归入税号（　　）。

A. 8525.81　　　B. 8525.82　　　C. 8525.89　　　D. 9507.90

第 226 天 ★★★★☆

玻璃钢制装活鱼用水箱，由箱体、仪表、充氧机及空气泵组装而成，为鱼在运输过程中存活提供了一个良好的环境，无法适用多种运输方式，安装在车辆上后不会随意搬离，应归入品目（　　）。

A. 70.10　　　　B. 73.09　　　　C. 84.79　　　　D. 86.09

第 227 天 ★★★☆☆

冻干红虫，用作鱼饵料、饲料，应归入税号（　　）。

A. 0511.9119　　B. 0511.9190　　C. 0511.9990　　D. 2309.9090

第228天 ★★★☆☆

冻水煮鱼，零售包装，由腌制加工的冻罗非鱼片和酱料包组合，腌料为马铃薯淀粉、姜汁、米酒、味精、食用盐等，应归入税号(　　)。

A. 0303.2300　　B. 1604.1920　　C. 2103.9090　　D. 2106.9090

第229天 ★★★★★

冻金鲳鱼，加工方法：原料验收→去脏→清洗→分级→清洗→臭氧消毒→速冻→渡冰衣→二次冻结→称重→内包装→金属探测→外包装→入库，应归入税号(　　)。

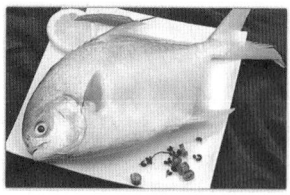

A. 0303.8930　　B. 0303.8990　　C. 1604.1939　　D. 1604.1990

第230天 ★★★★★

饲料高粱，种用，应归入品目(　　)。

A. 10.07　　B. 12.09　　C. 12.14　　D. 23.02

第231天 ★★★☆☆

植物猫砂，主要原料为稻草秆38%、高粱秆42%、高粱种子（含壳）

12%、高粱叶 8%，经混合碾压、高温烘烤、高压挤成淡黄色颗粒，应归入品目（　　）。

A. 11.04　　　　B. 14.04　　　　C. 38.24　　　　D. 44.05

第三十四周

第 232 天 ★★★★★

尼日利亚高粱粉，散装，作为膳食补充剂供人类食用，还用于动物饲料，应归入品目（　　）。

A. 11.02　　　　B. 11.03　　　　C. 12.11　　　　D. 12.12

第 233 天 ★★★★☆

12°醋精，配料：饮用水、酿造食醋、食盐、白砂糖，应归入品目（　　）。

A. 21.03　　　　B. 21.06　　　　C. 22.09　　　　D. 29.15

第 234 天 ★★★★★

30°醋精，配料：饮用水、食盐、白砂糖、冰醋酸，兑水比例 1∶5，用于食品调味、去污、泡脚、杀菌消毒等，应归入品目（　　）。

A. 21.03　　　　B. 21.06　　　　C. 22.09　　　　D. 29.15

第235天 ★★★★☆

光稳定剂UV-944,为胺受阻光稳定剂,可以保护高分子材料免于紫外光照射及长期的热老化引起的光降解和热降解,CAS号:70624-18-9,结构式:$[C_{35}H_{66}N_8]_n$ ($n=4\sim5$),应归入品目(　　)。

A. 29.08　　　B. 29.33　　　C. 38.12　　　D. 39.11

第236天 ★★★★★

光稳定剂TH-944,为胺受阻光稳定剂,可通过将硝酰基自由基与表面原子连接来用作抗氧化剂,CAS号:71878-19-8,结构式:$[C_{35}H_{68}N_8]_n$ ($n>5$),应归入品目(　　)。

A. 29.08　　　B. 29.33　　　C. 38.12　　　D. 39.11

第237天 ★★★★☆

隐形吊扇灯,由ABS扇叶和LED灯组成,既具灯的装饰性,又具风扇的实用性,电压220V,灯泡功率6.5W,电扇功率31W,应归入子目(　　)。

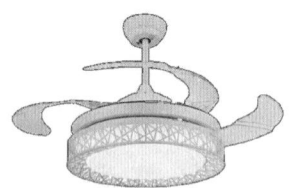

A. 8414.51　　B. 8414.59　　C. 9405.19　　D. 9405.49

第238天 ★★★☆☆

苏州鸡头米,又称苏芡,是芡实的一种,睡莲科水生草本植物芡的种仁,主要作食品,应归入品目(　　)。

A. 10.08　　　　B. 12.07　　　　C. 12.11　　　　D. 12.12

第三十五周

第239天 ★★★★★

空调扇，主电机带动大风轮转动，后壳进风，进风处有湿帘，水泵抽水淋湿湿帘，进风经过湿帘可以蒸发水分，实现降低空气温度和调节空气湿度的功能，应归入品目(　　)。

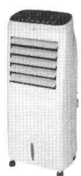

A. 84.13　　　　B. 84.14　　　　C. 84.15　　　　D. 84.79

第240天 ★★★★☆

便携测速仪，集测速单元、抓拍主机、闪光灯、电源模块、液晶显示于一体，采用窄波束测速雷达，可同时抓拍多个车道，对超速违章车辆的抓拍具有高达98%以上的捕获率，应归入品目(　　)。

A. 85.25　　　　B. 85.26　　　　C. 85.43　　　　D. 90.29

第241天 ★★★★☆

钕铁硼圆环，进口后充磁，应归入品目(　　)。

A. 72.02　　　　　B. 73.18　　　　　C. 73.26　　　　　D. 85.05

第242天 ★★★★★

铁氧体永磁模具，用于把不定型的磁粉和黏结剂的混合物施压，制成模具形状的压坯，模具材质为贱金属，应归入税号(　　)。

A. 8207.3000　　B. 8480.4120　　C. 8480.4900　　D. 8480.6000

第243天 ★★★☆☆

磁力项圈，由硅胶绳、钛锗环、医用磁石、锗石、磁珠等构成，佩戴在颈部，用于磁疗、防辐射，应归入品目(　　)。

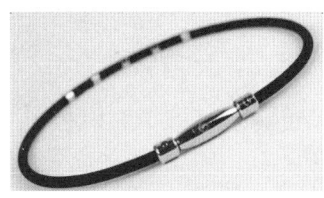

A. 39.26　　　　　B. 40.16　　　　　C. 71.17　　　　　D. 85.05

第244天 ★★☆☆☆

三合一圆珠笔，集LED手电筒、破窗器、书写笔于一体，用于日常携带的救生装备，应归入品目(　　)。

A. 73.26　　　　　B. 82.05　　　　　C. 85.13　　　　　D. 96.08

第245天 ★★★★☆

乐高玩具笔、一个人偶和一支圆珠笔包装于同一盒内，应归入品目(　　)。

A. 95.03　　　　　B. 96.08　　　　　C. 96.09　　　　　D. 分别归类

第三十六周

第246天 ★★★★☆
带有中性笔的乐高笔记本，应归入品目(　　)。

A. 48.20　　　　　B. 95.03　　　　　C. 96.08　　　　　D. 分别归类

第247天 ★★☆☆☆
日记本套装，由60页日记本、2张贴纸、1支装饰中性笔构成，应归入品目(　　)。

A. 48.20　　　　　B. 95.03　　　　　C. 96.08　　　　　D. 分别归类

第248天 ★★★★★
触控笔，带蓝牙适配器，用于夏普交互显示系统，该显示系统与PC主机相连，显示软件安装在电脑上，使用手指或触摸笔在交互显示系统上进行书写、绘图、控制PC应用程序等操作，应归入品目(　　)。

A. 84.71　　　　B. 84.73　　　　C. 85.28　　　　D. 85.29

第249天 ★★★★★

电容笔,为利用导体材料制作的具有导电特性、用来触控电容式屏幕完成人机对话操作用的笔,无任何电子元器件,不具备信号输入输出功能,应归入品目(　　)。

A. 84.71　　　　B. 84.73　　　　C. 85.17　　　　D. 85.48

第250天 ★★★★★

带录音的无线激光演示笔,内置SD存储卡读取器,应归入品目(　　)。

A. 85.19　　　　B. 85.26　　　　C. 90.13　　　　D. 84.71

第251天 ★★★★★

诺氟沙星,CAS号:70458-96-7,有效成分:1-乙基-6-氟-4-氧代-7-(哌嗪-1-基)-1,4-二氢喹啉-3-羧酸,含量99%以上,白色或淡黄色粉末,25kg/桶,广谱抗菌药物,应归入子目(　　)。

A. 2933.49　　　B. 2933.59　　　C. 2933.99　　　D. 2941.90

第252天 ★★★★★

马波沙星,CAS号:115550-35-1,有效成分:9-氟-2,3-二氢-3-甲基-10-(4-甲基-1-哌嗪基)-7-氧代-7H-吡啶并[3,2,1-IJ][4,1,2]苯并二嗪-6-羧酸,含量99%,25kg/桶,用于治疗牛猪犬猫的呼吸道、消化道等感染,应归入子目(　　)。

| A. 2933.59 | B. 2933.99 | C. 2934.20 | D. 2934.99 |

第三十七周

第253天 ★★★★★

环丙沙星注射液，CAS 号：97867-33-9，包装规格：2mg/mL、100mL/瓶，80 瓶/箱，应归入子目（　　）。

A. 3004.20　　B. 3004.32　　C. 3004.50　　D. 3004.90

第254天 ★★★★★

肌内效贴布，5cm×4m/卷，含96%棉、4%氨纶丝，非无菌包装，不包含任何药物，适用于运动时对关节、韧带、肌肉、筋膜的保护和缓解受损造成的疼痛，使用时需要剪开，备案号：国械备 20151×××号，应归入品目（　　）。

A. 30.05　　B. 59.03　　C. 63.07　　D. 95.06

第255天 ★★★★☆

平板笔记本二合一电脑，由平板电脑、可拆卸的插接式键盘组成，应归入税号（　　）。

A. 8471.3010　　B. 8471.3090　　C. 8471.4940　　D. 分别归类

第256天 ★★★★★

无线键盘鼠标套装，由鼠标、键盘、接收器组成，应归入税号(　　)。

A. 8471.6071　　　B. 8471.6072　　　C. 8471.6090　　　D. 分别归类

第257天 ★★★★★

无线鼠标、手写二合一产品，应归入税号(　　)。

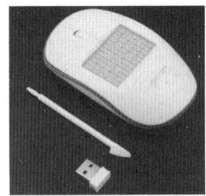

A. 8471.6071　　　B. 8471.6072　　　C. 8471.6090　　　D. 8471.8000

第258天 ★★☆☆☆

汽车排气系统波纹管，内有波纹状不锈钢内罩，外面包裹一层金属丝防护网，一端连接发动机出气管，一端连接三元催化器。波纹管起绕流作用，减缓气体流速，使之匀速进入三元催化器，应归入品目(　　)。

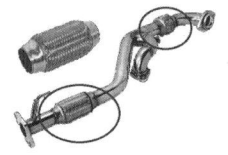 

A. 83.07　　　B. 84.09　　　C. 84.21　　　D. 87.08

第259天 ★★★★★

手摇鼓风机，烧烤时便于木炭助燃，由不锈钢、塑料材质构成，应归入子目(　　)。

A. 8205.59　　　B. 8210.00　　　C. 8414.20　　　D. 8414.59

第三十八周

第260天 ★★★★★

增光膜，卷状，在 PET 单面涂覆丙烯酸树脂，经滚压并由紫外线光照射，形成单面为锯齿形的棱镜面，锯齿间距约 50μm，涂层厚约 50μm，经切割、冲压、检查制成增光片，增光片是用于液晶显示屏背光组的光学元件，应归入品目（　　）。

A. 39.19　　　　B. 39.20　　　　C. 39.21　　　　D. 90.01

第261天 ★★★☆☆

塑料凉鞋，注塑一次成型，应归入子目（　　）。

A. 6401.99　　　B. 6402.20　　　C. 6402.91　　　D. 6402.99

第262天 ★★★☆☆

塑料凉鞋，其鞋面由单根透明塑料胶带制成，并在鞋底的三个点处钉有销钉，销钉嵌入鞋底的孔中，鞋面和外底由塑料制成（PVC，EVA），应归入子目（　　）。

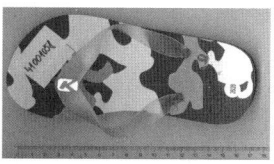

A. 6401.99　　　B. 6402.20　　　C. 6402.91　　　D. 6402.99

第263天 ★★★★★

移动塑料垃圾箱，高密度聚乙烯（HDPE）制成，240L，设计用于室外临时储存垃圾和废物，应归入品目（　　）。

A. 39.23　　　　B. 39.24　　　　C. 39.25　　　　D. 39.26

第264天 ★★★★★

塑料存储柜，高30cm×宽20cm×深13cm，可安装在墙上或直立固定在一个水平面上，用于配电箱，也可用作仪表箱，具有防腐蚀、防热、防紫外线功能，应归入品目(　　)。

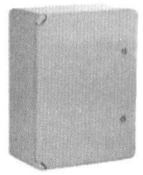

A. 39.26　　　　B. 85.38　　　　C. 90.33　　　　D. 94.03

第265天 ★★★★★

烟弹，电子烟芯体，由塑料烟嘴和塑料管组成，塑料管内含有吸附材料，其由丙二醇、甘油、尼古丁和乙醇组成的溶液所浸透。该芯体用于电子烟中，电子烟加热汽化芯体中的溶液，从而产生蒸汽雾供吸烟者吸入，应归入子目(　　)。

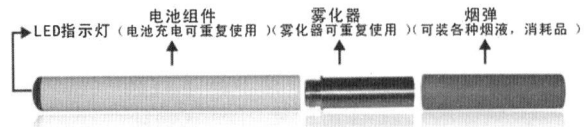

A. 2404.12　　　B. 2404.19　　　C. 3824.99　　　D. 8543.70

第266天 ★★★★★

烟弹，电子烟用，内有约0.31g粒状再造烟草、水、香精、碳酸钾及其他助剂的混合物，烟弹仓中丙二醇、甘油和水加热产生的蒸汽经过烟弹时将粒状再造烟草加热（不点燃），产生含有尼古丁的气溶胶（蒸汽），应归入子目(　　)。

A. 2403.99　　　B. 2404.11　　　C. 3824.99　　　D. 8543.70

第三十九周

第267天 ★★★★☆
电子烟硅胶保护套,应归入子目( )。

A. 4202.12　　　　B. 4202.22　　　　C. 4202.32　　　　D. 4202.92

第268天 ★★★★★
港式奶茶,53%全脂奶粉、28%白砂糖、9.5%红小豆、9.5%红茶,净重153g/杯,应归入品目( )。

A. 09.02　　　　B. 17.01　　　　C. 21.01　　　　D. 21.06

第269天 ★★★★★
普洱茶烟,优质茶叶制,不含尼古丁、烟焦油,一包20支,燃吸,用于替代吸烟夹烟动作习惯,应归入子目( )。

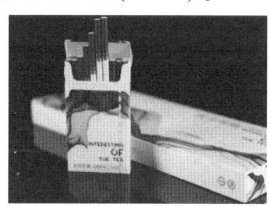

A. 0902.30　　　　B. 2402.90　　　　C. 2403.19　　　　D. 2403.99

第270天 ★★★★★
戒烟口香糖,每盒96粒,每粒含有2mg尼古丁,并与离子交换树脂、甘油、一种合成聚合物、碳酸钠、碳酸氢钠、山梨醇及香料混制而成,以模拟烟草气味,供希望戒烟的人使用,应归入品目( )。

A. 17.04　　　　B. 21.06　　　　C. 24.04　　　　D. 30.04

第271天 ★★☆☆☆

全自动吸烟机，模拟抽烟的状态并收集烟气中的固体成分，同时具备一氧化碳含量检测和废弃固体成分收集两种功能，主要功能为一氧化碳检测，应归入品目（　　）。

A. 84.14　　　　B. 85.43　　　　C. 90.27　　　　D. 90.31

第272天 ★★★★★

皮划艇和桨板冲浪（SUP）两用桨，由三个塑料制部件组成：两个分开的桨叶和一个手柄，可组装为单桨用于桨板冲浪，也可组装为双桨用于皮划艇。该商品应归入品目（　　）。

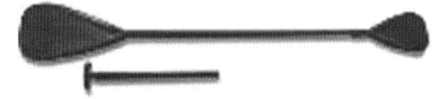

A. 39.26　　　　B. 84.87　　　　C. 89.03　　　　D. 95.06

第273天 ★★★★☆

皮划艇桨，碳纤维制，应归入子目（　　）。

A. 6815.10　　　B. 6815.99　　　C. 9506.29　　　D. 9506.99

第四十周

第274天 ★★★★★

铝合金万向桨，把手、连接件、桨叶为塑料制，桨杆为铝合金，应归入子目（　　）。

A. 3926.90　　　B. 7616.99　　　C. 8487.00　　　D. 9506.29

第275天 ★★☆☆☆

手摇小红旗，旗帜为涤纶面料，旗杆为塑料制，应归入品目（　　）。

A. 39.26　　　　B. 63.04　　　　C. 63.07　　　　D. 95.05

第276天 ★★☆☆☆

2m长不锈钢可伸缩旗杆和涤纶面料国旗套件，应归入品目（　　）。

A. 63.07　　　　B. 73.08　　　　C. 73.26　　　　D. 83.02

第277天 ★★★★★

钢制发动机皮带轮，其内部有一个滚轮，可让皮带滑动并提供均匀且持续的张力，可使分配带保持适当的张力，以便与电机零件同步，应归入子目（　　）。

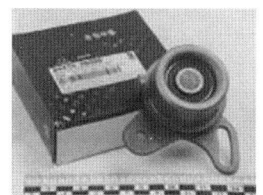

A. 8409.99　　　B. 8483.50　　　C. 8483.90　　　D. 8708.99

第278天 ★★☆☆☆

切菜机，长×宽×高：380mm×272mm×230mm，重5kg，用于工业化食品制备，由带粗细度调节板的一套刀片和电动机组成，可将蔬菜加工成粗、中等和细的切片。其卷心菜切片加工能力为120～200kg/h（2.0～3.6kg/min），应归入品目（　　）。

A. 73.23　　　　B. 82.10　　　　C. 84.38　　　　D. 85.09

第279天 ★★★☆☆

法兰锥形滚子轴承内圈制成品，内径54mm，材质为钢，应归入子目（　　）。

A. 8482.20　　　B. 8482.91　　　C. 8482.99　　　D. 8483.30

第280天 ★★★★★
法兰锥形滚子轮毂轴承的外圈制成品（外径96mm，法兰直径159mm）。该商品带有安装螺栓孔，以便在组装成法兰锥形滚子轮毂轴承单元后，能够连接到机动车车身上，应归入子目(　　)。

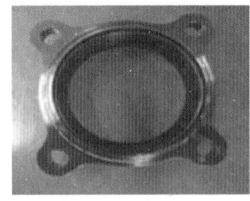

A. 8482.99　　　B. 8708.40　　　C. 8708.50　　　D. 8708.99

第四十一周

第281天 ★★★★★
钢制汽车水泵轴承，由中心轴、滚子、滚珠、保持架、外圈等组成，起支撑和传递扭矩作用，应归入品目(　　)。

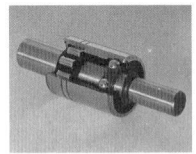

A. 84.13　　　B. 84.82　　　C. 84.83　　　D. 87.08

第282天 ★★★★★
轴承单元，由两个深沟球轴承安装在8字形塑料壳内，用作旋转机械元件的旋转接头，单独报验，应归入子目(　　)。

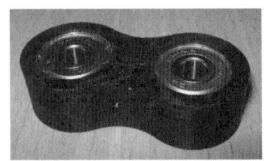

A. 8482.10　　　　B. 8482.80　　　　C. 8483.20　　　　D. 8483.90

第283天 ★★★★☆

外圈旋转型轮毂轴承单元，外圈与法兰成为一体，有五个用于安装机动车辆车轮的螺栓孔。车轮围绕装配在轮毂轴承上的轴旋转。其功能是支撑车身重量，连接车轮，使车轮平稳旋转。该商品用于汽车的非驱动轮，应归入子目(　　)。

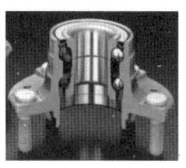

A. 8482.10　　　　B. 8708.40　　　　C. 8708.50　　　　D. 8708.99

第284天 ★★★★☆

滚珠轴承控制缆，不能确定专用于或主要用于特定的机器、装置或车辆，同等适用于第八十四章的数种机器，同等适用于第十六类及第十七类的机器、装置、车辆、飞机或船只等，应归入子目(　　)。

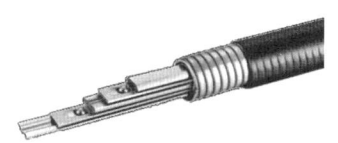

A. 8487.90　　　　B. 8548.00　　　　C. 8708.99　　　　D. 9033.00

第285天 ★★★★★

滚珠轴承控制缆，不能确定专用于或主要用于特定机器、设备或车辆，同等适用于第九十章的数种仪器、设备，应归入子目(　　)。

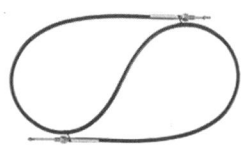

A. 8487.90　　　　B. 8548.00　　　　C. 8708.99　　　　D. 9033.00

第286天 ★★★☆☆

便携式塑料公文包，具有多个内袋、前锁（扣）和把手，外部的边缘经镶边加固。本产品用于分类、存放和携带文件、纸张、档案等，可供长期使用，应归入子目(　　)。

| A. 4202.12 | B. 4202.22 | C. 4202.32 | D. 4202.92 |

第287天 ★☆☆☆☆

便携式公文包,内部无隔层,前有一个用于闭合的扣件。所有面和边缘都用纺织物缝边,两侧和底部都由纺织物制。其余表面,包括正面和背面,由塑料制成。该商品用于存放和携带文件、纸张等,可供长期使用,应归入品目(   )。

A. 39.23　　　　B. 39.26　　　　C. 42.02　　　　D. 63.07

第四十二周

第288天 ★★☆☆☆

曲轴用滑动轴承,合金钢制,由成套(一套分上、下两个)的轴瓦组成,安装在汽车发动机内,用于支承曲轴,减少磨损,应归入子目(   )。

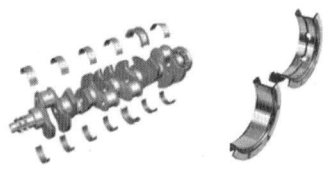

A. 8409.91　　B. 8483.30　　C. 8483.90　　D. 8708.99

第289天 ★★★★☆

一次性塑料制化妆品容器,用于盛放油和粉混合制得的彩妆液,外部容器成分为丙烯腈-丁二烯-苯乙烯树脂(ABS),内部容器成分为聚丙烯(PP),外部容器的盖子内侧附有一面镜子,应归入品目(   )。

| A. 33.07 | B. 39.23 | C. 39.26 | D. 42.02 |

第290天 ★★★☆☆

手持式打印笔，原理为挤出加热过的 ABS 或 PLA 塑料丝，被挤出的塑料几乎立即冷却成固体结构，从而可以手工创作三维物体。塑料丝在笔体内经加热后通过前端的喷嘴挤出，应归入品目(　　)。

| A. 84.43 | B. 84.77 | C. 84.85 | D. 85.43 |

第291天 ★★★☆☆

带热反射涂层汽车玻璃，应用真空溅射技术在玻璃板内表面喷涂上 9~14 层金属和厚 50~250nm 的金属氧化物薄膜，同时还具有聚乙烯醇缩丁醛制的中间层。涂层有助于隔热和控制光线，本品不带框架，应归入子目(　　)。

| A. 7007.11 | B. 7007.21 | C. 8708.29 | D. 8708.99 |

第292天 ★★★★☆

经印刷的汽车加热玻璃，银浆通过丝网印刷技术印刷在玻璃上，经高温烧结形成回路，具有加热电阻功能。该商品与汽车的动力系统相连，开启时，玻璃表面被加热，进而除掉霜雪，应归入子目(　　)。

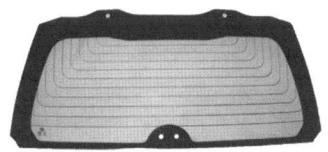

| A. 7007.21 | B. 8516.80 | C. 8708.29 | D. 8708.99 |

第293天 ★★★☆☆

不锈钢内丝弯管，非铸件，应归入品目(　　)。

| A. 7307.22 | B. 7307.29 | C. 7307.92 | D. 7307.99 |

第294天 ★★★☆☆

管子配件，不锈钢制，非铸件，通过焊接法连接管子，应归入子目(　　)。

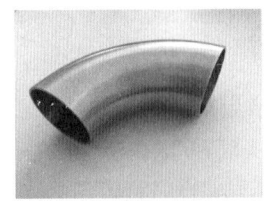

A. 7307.22　　　B. 7307.23　　　C. 7307.92　　　D. 7307.93

第四十三周

第295天 ★★★★★

直角管道连接器，碳钢制，非铸件，表面涂有白色油漆，带有焊缝并固定在两端，有两个孔和接头，应归入子目(　　)。

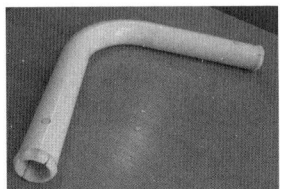

A. 7307.92　　　B. 7307.93　　　C. 7307.99　　　D. 7326.99

第296天 ★★★★★

不锈钢法兰焊接连接管段（非铸件），一端通过螺丝连接，另一端通过焊接连接。该产品用于管道建设、工厂建设、集装箱建设和钢结构建设，应归入子目(　　)。

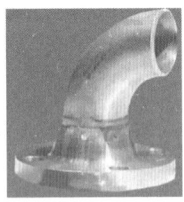

A. 7307.21　　　B. 7307.22　　　C. 7307.23　　　D. 7307.29

第297天 ★★★★★

轿车油管用锻钢连接环首，经孔加工、铰刀加工、手组铜环、打磨、镀锌等工艺制得，用于轿车的转向盘及刹车的液压系统，与橡胶管组成组件，再与其他部件连接用于传递液压油，应归入子目（　　）。

A. 7307.99　　　B. 7318.15　　　C. 7326.90　　　D. 8708.99

第298天 ★★★☆☆

球头螺钉，全长约32mm，由碳钢制成，适用于汽车工业起紧固作用，应归入子目（　　）。

A. 7318.12　　　B. 7318.13　　　C. 7318.15　　　D. 7318.19

第299天 ★★★★★

球头柱塞，由钢珠、弹簧、SUS303构成，适用于机械装置、夹治具、模具、自动化机械等，起定位作用，应归入品目（　　）。

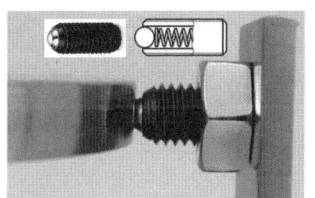

A. 73.18　　　B. 73.26　　　C. 84.79　　　D. 84.87

第300天 ★★★☆☆

扭扭棒（毛根），用铁丝将涤纶线扭绞并经拉毛固定、切割等工序制成，产品的毛纤维长度约5mm，每根长度约300mm，有多种颜色，封装在零售包装塑料袋内，可用于折成各种形状（比如弯折成一朵花、一只小鸟等），应归入子目（　　）。

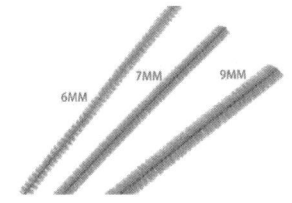

A. 5605.00　　　B. 6307.90　　　C. 7326.20　　　D. 9503.00

第301天 ★★★★★

荧光棒，内有玻璃管及两种化学液体。玻璃管内的发光液，以草酸酯为主；玻璃管外的氧化液，以邻苯二甲酸二甲酯为主。使用时用手折弯荧光管，内部玻璃管破裂，发光液和氧化液混合后发生化学反应产生荧光，应归入子目(　　)。

A. 3824.99　　B. 9405.60　　C. 9503.00　　D. 9505.90

第四十四周

第302天 ★★★★☆

婴儿纸轴棉棒，棒头两端为棉絮，棒身为纸制，主要用于擦拭洁净，属于消耗品，应归入子目(　　)。

A. 3005.90　　B. 4823.90　　C. 5601.21　　D. 6307.90

第303天 ★★★★★

宠物食用的玉米棒，将玉米干燥高温灭菌后，在玉米芯内钻孔插入带有塑料挂钩圆木棒的玉米棒，悬挂于兔笼内，供兔子啃食，外用丝网包装，每袋两支，应归入子目(　　)。

A. 1005.90　　B. 1104.23　　C. 1905.31　　D. 2309.10

第304天 ★★★★★

接地棒，拉拔碳钢制电极棒形状，表面电镀铜，铜层最大厚度为254μm，长2.5~3.1m，可重达5kg。其下端呈尖头，可通过青铜螺纹接头连接，用于保护高压电线、变电所、路灯、避雷针、天线等装置的接地，应归入品目(　　)。

A. 73.08　　　　B. 73.26　　　　C. 74.19　　　　D. 85.35

第305天 ★★★☆☆

接地棒，与电缆或连接线焊接，由涂铜碳钢接地棒、接头、青铜连接器和特殊的光缆/电线（材质为裸铜或涂铜的铁）组成。这些组件的设计电压为1000V以上，用于保护（接地）高压线、变电站、街灯、避雷器、各类天线等。该商品应归入品目(　　)。

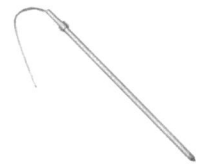

A. 73.08　　　　B. 73.26　　　　C. 85.35　　　　D. 85.44

第306天 ★★★★☆

热轧合金弹簧钢棒，型号：55SiCrV6，成分：碳0.541%、硅1.495%、铬0.529%、锰0.666%、铜0.163%，少量磷、硫、钼、锡、镍、钒，其余为铁。其主要用于制作汽车螺旋弹簧，应归入子目(　　)。

A. 7228.10　　　B. 7228.30　　　C. 7228.50　　　D. 7228.60

第307天 ★★☆☆☆

硒鼓，内部装有碳粉，外侧装有链轮，这些链轮经过专门设计，可与特定打印机的某些机械部件结合使用，应归入品目(　　)。

A. 32.15　　　　B. 37.07　　　　C. 84.43　　　　D. 84.73

第308天 ★★★★★
喷墨打印机用墨盒,装有墨水,直接安装使用,应归入税号(   )。

A. 3215.1100　　B. 3215.9020　　C. 3215.9090　　D. 8443.9990

第四十五周

第309天 ★★★☆☆
喷墨打印机用墨盒,带芯片,芯片起监控和指示墨水余量、防止墨盒再充填的作用,应归入子目(   )。

A. 3215.11　　B. 3215.90　　C. 8443.91　　D. 8443.99

第310天 ★★★★★
墨袋,由打印机的连接头和镀铝塑料膜袋焊接而成,直接在彩色打印机中使用,针对打印机制成特定规格,其特点是可以装的墨水量比较多,打印时间比较长,可以连续打印。该商品报验时袋中未装墨水,应归入品目(   )。

A. 39.23　　B. 39.26　　C. 76.12　　D. 84.43

第311天 ★★★★★
感光性油墨,主要成分为聚乙烯、丙烯酸聚合物、铜钛菁等,印刷在柔性线路板上,加热干燥后用特制的面罩覆盖,照射UV,使需要线路保护的油墨固化，未被固化的油墨溶解掉，再经干燥等工序形成覆盖层，应归入品目（　　）。

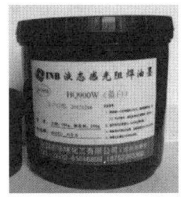

A. 32.15　　　　B. 37.07　　　　C. 38.10　　　　D. 39.01

第312天 ★★★★★

紫外光固型阻焊油墨，主要成分为光敏树脂、光引发剂、活性稀释剂、着色剂等，只印刷在需要保护线路的部分，需要露出铜导线的部分不印，基材在曝光后无须清洗，应归入品目（　　）。

A. 32.15　　　　B. 37.07　　　　C. 38.10　　　　D. 39.01

第313天 ★★☆☆☆

石墨油，由石油或从沥青矿物提取的油类构成，悬浮液中含有约 0.04%～0.2%的粒状石墨（大多数颗粒为 0.1μm～0.5μm），应归入品目（　　）。

A. 25.04　　　　B. 27.10　　　　C. 32.15　　　　D. 38.01

第314天 ★★★★★

蒸汽清洁机，一种电热器具，包括蒸汽清洁器设备、硬地板清洁垫、硬地板抛光垫和地毯清洁垫，由电动机驱动，带有喷雾按钮。其设计用于家用，利用高热能高压的蒸汽喷射在物体上，进行清洁及杀菌工作，重量约 4.5kg，应归入品目（　　）。

A. 84.24　　　　B. 85.08　　　　C. 85.09　　　　D. 85.16

第315天 ★★★★★

羊毛推剪，由手持推剪、独立电机、软轴构成，应归入品目（　　）。

A. 82.14　　　　B. 84.67　　　　C. 85.10

D. 分别归类［手持推剪82.14，电机（带软轴）85.01］

第四十六周

第316天 ★★★☆☆

手机防尘网，由特定形状的不锈钢片和不锈钢丝网焊接一起，并经PVD真空蒸镀制成，通过钢网微孔作用防尘。其直接安装在手机屏幕上的听筒部位，起防尘降噪作用（通用于iPhone机型），应归入品目（　　）。

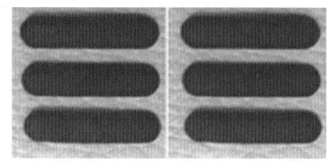

A. 73.14　　　　B. 73.26　　　　C. 85.17　　　　D. 85.18

第317天 ★★★★★

工业相机用镜头（工业相机归入品目85.25，无存储装置），应归入税号（　　）。

A. 9002.1110　　　　B. 9002.1139　　　　C. 9002.1910　　　　D. 9002.1990

第318天 ★★★★☆

振镜，由马达、驱动电路板和镜片固定安装组成，用于安装在激光雕刻机上。使用时驱动电路板控制马达运行，从而带动安装在马达上的镜片一起转动，使激光能够按照需要的光路射出。该商品应归入子目（　　）。

A. 8466.30　　　　B. 8466.93　　　　C. 9002.90　　　　D. 9011.90

第319天 ★★☆☆☆

玻璃纤维套管，外观为成卷管状，经玻璃纤维编织而成，单面涂覆丙烯酸绝缘涂层，两种材料的含量占比为玻璃纤维88%、丙烯酸绝缘涂层12%。其用于电缆等绝缘和保护作用，应归入品目（　　）。

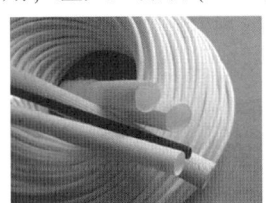

A. 39.17　　　　B. 59.11　　　　C. 70.19　　　　D. 85.47

第320天 ★★★★★

200mL化妆品分装瓶，塑料制，应归入子目（　　）。

A. 3923.10　　　　B. 3923.29　　　　C. 3923.30　　　　D. 3923.90

第321天 ★★★★★

汽车地垫，主要为模制聚氯乙烯（PVC），零售包装，应归入品目（　　）。

A. 39.18　　　　B. 39.26　　　　C. 57.05　　　　D. 87.08

第322天 ★★★★☆

完全由催化剂组成的催化制剂，无机混合物含量：氧化钨（Ⅵ）30%~70%，二氧化硅1%~10%，氧化铝1%~2%，三氧化钼（Ⅵ）1%~40%，氧化镍（Ⅱ）10%~15%，应归入子目(　　)。

A. 2825.90　　　B. 3815.90　　　C. 3824.99　　　D. 8102.99

第四十七周

第323天 ★★★☆☆

不带软垫的铝制扶手座椅分隔器，用螺栓固定在飞机乘客座椅主框架上，扶手座椅分隔件可通过"A"形框架识别为单独设计的组件，主要用于在飞机座椅上使用和安装，应归入品目(　　)。

A. 76.16　　　　B. 83.02　　　　C. 88.03　　　　D. 94.01

第324天 ★★☆☆☆

药丸盒，通过铝制连接器环连接到钢制登山扣和钢制钥匙圈上，由50%的锌、45%的钢和5%的铝组成，应归入子目(　　)。

A. 7326.20　　B. 7326.90　　C. 7616.99　　D. 7907.00

第 325 天 ★★★★★

角码，6063 铝合金制，主要用于安装铝合金门窗边框，应归入品目（　　）。

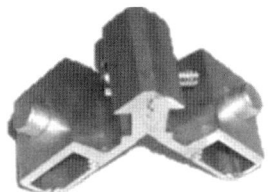

A. 76.10　　B. 76.15　　C. 83.02　　D. 83.08

第 326 天 ★★★☆☆

燃气内燃机发电机组，用火花塞引燃天然气混合气，应归入子目（　　）。

A. 8502.1　　B. 8502.2　　C. 8502.3　　D. 8502.4

第 327 天 ★★★★★

螺柱焊机上的焊枪，采用电弧焊原理，不使用第三方材料，可直接将焊钉等与工件融合在一起，应归入税号（　　）。

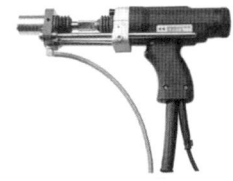

A. 8515.1100　　B. 8515.3900　　C. 8515.8090　　D. 8515.9000

第 328 天 ★★★★★

陶瓷刀，厨房加工食品用，刀身主要成分为二氧化锆，刀柄主要为塑料。将氧化锆、氧化铝粉末用 300 吨的重压配上模具压制成刀坯，2000℃烧结，然后用金刚石打磨之后配上刀柄就做成了成品陶瓷刀。该商品应归入品目

97

( )。

A. 69.11　　　B. 69.12　　　C. 69.14　　　D. 82.14

第329天 ★★★★★

木工直刀，刀体材料为45#钢，刀头材料为钨钢，刀头焊接于刀体，为木工机床专配的刀具，用于铣出家具用的形状各异的木材，应归入品目( )。

A. 82.05　　　B. 82.07　　　C. 82.08　　　D. 84.66

第四十八周

第330天 ★★★☆☆

飞龙挂饰，全长7.6cm，刀片部分长2.5cm，带金属挂链，整体产品为锌铝材质，锌铝刀片位于龙的尾部，飞龙的前中部位为刀鞘，可插入、拔出，刀片未开刃，刀背无齿，无血槽，应归入品目( )。

A. 82.11　　　B. 82.14　　　C. 83.06　　　D. 93.07

第331天 ★★★★☆

对刀仪，用于数控加工中心刀具调试、测量，采用冷光源原理，利用相机捕捉到刀具轮廓信息，送到软件系统计算刀具长度、半径等数据，应归入税号( )。

A. 9031.4910　　　B. 9031.4920　　　C. 9031.4990　　　D. 9031.8090

第332天 ★★★★★

刀轮，规格为 2.0mm×0.65mm×0.8mm，无镀层或涂层，通过烧结形成合成金刚石，再用激光切割机切割成直径 2mm 的圆形，将边缘切割成锯齿状，最后精细研磨加工，形成刀轮。其安装在液晶面板切割机上，用于切断玻璃，应归入品目（　　）。

A. 68.04　　　　　B. 71.16　　　　　C. 84.66　　　　　D. 84.86

第333天 ★★★★☆

刀塔，数控机床的组成部分，安装在机床的鞍座滑板上，可以沿机床的 X 轴方向前后移动，主要由刀盘、齿轮箱、油压马达、离合器、电磁阀等部件组成，是利用液压控制作用进行刀具转换的一个部件，起到固定切削刀具、带动刀具完成车削加工，以及变换刀具的作用，应归入税号（　　）。

A. 8466.1000　　　B. 8466.3000　　　C. 8466.9310　　　D. 8466.9400

第334天 ★★★★★

自动换刀刀柄，又称数控刀柄，用于连接精密自动换刀主轴和加工工具，是自动换刀刀库系统的核心部件，换刀时根据预先编好的数控程序，机械手臂抓取数控刀柄至换刀主轴接口上，并由主轴（动力头）固定，应归入税号（　　）。

A. 8207.9090　　B. 8466.1000　　C. 8466.2000　　D. 8466.9310

第335天 ★★★★☆

煤,恒湿无灰基高位发热量5783大卡/kg,透光率41%,挥发物(干燥,以无矿物质计)25%,热值(潮湿,以无矿物质计)5770大卡/kg,干燥无灰基挥发分45%,应归入子目(　　)。

A. 2701.11　　B. 2701.12　　C. 2701.19　　D. 2702.10

第336天 ★★★★☆

橡胶工业用硫化剂,由80%的硫和20%的热塑性弹性体/分散剂组成,应归入品目(　　)。

A. 25.02　　B. 28.02　　C. 38.12　　D. 38.24

第四十九周

第337天 ★★☆☆☆

硫化橡胶制传动带,黑色,宽度约为42mm。皮带在其整个长度上都带有波浪齿,皮带的周长为120cm,横截面非梯形,已用纺织材料增强。该商品应归入子目(　　)。

A. 4010.31　　　　B. 4010.32　　　　C. 4010.35　　　　D. 4010.36

第338天 ★★★★★

硫化橡胶制V形传动带，黑色，宽度约为42mm。皮带在其整个长度上都带有波浪齿，皮带的周长为120cm，横截面为梯形，已用纺织材料增强。该商品应归入子目（　　）。

A. 4010.31　　　　B. 4010.32　　　　C. 4010.35　　　　D. 4010.36

第339天 ★★☆☆☆

硫化橡胶制多楔带，汽车用，在平带基体下附有若干纵向三角形楔的环形带，楔形面是工作面，皮带的周长为180cm。该商品应归入子目（　　）。

A. 4010.31　　　　B. 4010.32　　　　C. 4010.36　　　　D. 4010.39

第340天 ★★★★☆

加湿暖风机，具有加湿、吹风、暖风、可拆卸暖手宝等多功能，功率550W，净重0.91kg，应归入品目（　　）。

A. 84.14　　　　B. 84.79　　　　C. 85.09　　　　D. 85.16

第341天 ★★★★★

活节带，通称为电缆"牵引链"，塑料制，有横撑条，不论是否在导向槽内驱动，用于安装和导向电缆，或工作时短距离移动的机器、机器零件的液体、气体输送线，而非专用于某种机器，应归入品目（　　）。

A. 39.26　　　　B. 84.79　　　　C. 84.87　　　　D. 85.48

第342天 ★★★★★

履带组件,钢铁制,同等适用于推土机或其他第十六类机器及第十七类车辆,应归入品目(　　)。

A. 73.15　　　　B. 73.26　　　　C. 84.87　　　　D. 87.08

第343天 ★☆☆☆☆

履带组件,安装履带片后可确认为专用于或主要用于品目87.01至87.05车辆的履带,应归入品目(　　)。

A. 73.15　　　　B. 73.26　　　　C. 84.87　　　　D. 87.08

第五十周

第344天 ★★★★☆

履带销,钢铁制,用履带片装配后,可确定专门或主要适于在挖掘机上使用,应归入品目(　　)。

| A. 73.18 | B. 73.26 | C. 84.31 | D. 84.87 |

第345天 ★★★☆☆

PVC 输送带，成卷，进口后再无缝对接，应归入品目（　　）。

| A. 39.21 | B. 39.26 | C. 84.31 | D. 84.87 |

第346天 ★★★★★

洗衣机刹车带，成分：橡胶15%、氢氧化钙10%、焦炭15%、石墨15%、树脂10%、尼龙纤维15%、陶瓷纤维5%、碳酸钙10%等。经高温高压等工艺压制成型，规格为约20cm见方的矩形，毛边未经切片修理。进口后根据客户要求进行裁剪，制成洗衣机刹车带，应归入品目（　　）。

| A. 40.05 | B. 68.13 | C. 68.15 | D. 84.50 |

第347天 ★★★★★

层压带，环状，由一层或多层编结材料机织扁条夹在两片聚酰胺扁条之间，编结材料机织扁条仅起增强作用，各层扁条以黏合剂黏合并经层压构成。其厚度为3mm，用于传送动力，应归入品目（　　）。

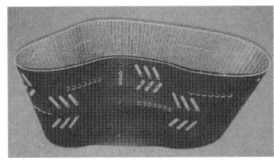

| A. 59.03 | B. 59.10 | C. 59.11 | D. 63.07 |

第348天 ★★★★★

层压带，环状，由一层或多层编结材料机织扁条夹在两片聚酰胺扁条之间，编结材料扁条仅起增强作用，各层扁条以黏合剂黏合并经层压构成。其厚度小于3mm，用于传送动力，应归入品目（　　）。

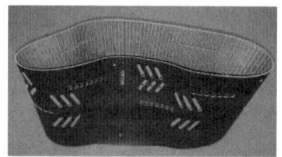

A. 59.03　　　　B. 59.10　　　　C. 59.11　　　　D. 63.07

第349天 ★★★★★

可充电笔记本，内置充电电源，16GB U 盘，除具有记事本、名片夹功能，还具有有线、无线充电功能。该商品应归入品目(　　)。

A. 48.20　　　　B. 85.07　　　　C. 85.23　　　　D. 85.43

第350天 ★★★☆☆

纯脂松露形巧克力，含可可脂、可可液块、全脂奶粉、白砂糖、可可粉、乳清粉、咖啡粉等，3味混合（牛奶味、咖啡味、可可味），150g/盒，应归入子目(　　)。

A. 1704.90　　　B. 1806.31　　　C. 1806.32　　　D. 1806.90

第五十一周

第351天 ★★★★☆

智能健康日历，净重103g（不含电池），连接方式为 Wi-Fi，具有提醒功能，应归入品目(　　)。

A. 85.17　　　　B. 85.43　　　　C. 91.05　　　　D. 91.06

第352天 ★★★★☆

购物卡，PVC制，面值200元，背面有密码涂层，用手机输入密码激活后在限定期限内使用。该商品应归入品目(　　)。

A. 39.26　　　　B. 49.07　　　　C. 49.11　　　　D. 85.23

第353天 ★★★★★

智能保温杯垫，由主机、陶瓷杯、勺子组成，加热杯垫可以放置其他需保温的物品，将温度保温至55℃，无法加热至沸腾，应归入子目(　　)。

A. 8516.71　　　B. 8516.79　　　C. 8516.80　　　D. 分别归类

第354天 ★★★★☆

电缆扎带固定座，由钕铁硼磁铁组成，三层镀镍-铜-镍（NiCuNi），并组装到塑料盖上，应归入品目(　　)。

A. 39.26　　　　B. 73.26　　　　C. 83.02　　　　D. 85.05

第355天 ★★★☆☆

电缆夹，尼龙塑料制，设计用于将导线固定在汽车变速箱线束中，应归入税号(　　)。

A. 3926.3000　　　B. 3926.9010　　　C. 3926.9090　　　D. 8708.9999

第356天 ★★☆☆☆

桂花冬酿酒，由糯米发酵加入桂花制得，1.25L，酒精度≥1.5Vol，酒体内含桂花花瓣，酒内含酵母菌，会随着时间和温度的变化自动发酵，应归入税号（　　）。

A. 2202.9900　　　B. 2206.0010　　　C. 2206.0090　　　D. 2208.9090

第357天 ★★★★★

空心墙盒，配有螺丝紧固件，直径68mm，深45mm，永久安装在房间墙壁的空腔中，用于容纳各种电气组件/设备（例如，电灯开关、插座），应归入品目（　　）。

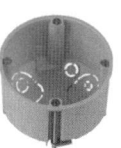

A. 39.25　　　　B. 39.26　　　　C. 85.38　　　　D. 85.47

第五十二周

第358天 ★★★★★

开关盖板，塑料树脂制，用于安装在墙上，应归入品目（　　）。

A. 39.25　　　　B. 39.26　　　　C. 85.38　　　　D. 85.47

第359天 ★★★★★

水晶苹果，由优质水晶玻璃、锌合金、水钻模制而成，用于圣诞节礼物，作装饰摆件，应归入品目( )。

A. 70.13　　　　B. 70.18　　　　C. 71.17　　　　D. 95.05

第360天 ★☆☆☆☆

圣诞树套餐，长约30cm，上部为塑料制圣诞树，树上嵌有光纤丝束，并挂有"Merry Christmas"牌、小礼盒、小摇铃等饰品，下部为底座，内置LED发光源及电池等，应归入品目( )。

A. 06.04　　　　B. 39.26　　　　C. 94.05　　　　D. 95.05

第361天 ★★★★★

罗汉果，干燥、完整，没有破裂，主要供人冲泡或煮水饮用，加工流程：原料→筛选分级→剔除破果、响果→二次烘干→检测→定型包装→成品入库，应归入税号( )。

A. 1211.9039　　B. 1211.9050　　C. 1211.9099　　D. 1212.9999

第362天 ★★★★☆

电缆穿线器，进口时穿线器缠绕在镀锌钢轮架的中心滚珠轴承上，一端固定在轮架上，轮架底部装有两个塑料脚轮，一端与轮架固定，另一端通过环、卡及类似装置与需牵引的电缆相连，通过手工引电缆穿过管道，应归入子目( )。

A. 8205.51　　　B. 8205.59　　　C. 8479.89　　　D. 8479.99

第363天 ★★★★★

银触点，银含量>99%，用于高端品牌的中小型电流接触器、启动器、继电器和断路器，应归入品目(　　)。

A. 71.15　　　B. 85.36　　　C. 85.38　　　D. 85.48

第364天 ★★★☆☆

单独报验的动物园活马，应归入品目(　　)。

A. 01.01　　　B. 01.02　　　C. 01.06　　　D. 95.08

第365天 ★★★★★

清雪用盐沙撒布机，可安装在卡车上，用于清除积雪的撒盐和沙砾的机器，包括一个盛放盐和沙砾的储槽，配有可以粉碎、碾磨盐块的粉碎搅拌器，以及一个带撒布盘的液压喷射装置。该机器的各种功能可在卡车驾驶室内进行遥控操作，应归入子目(　　)。

A. 8479.10　　　B. 8479.82　　　C. 8479.89　　　D. 8424.89

03

答案详解

第一周

第 001 天 【答案】A

【正确率】 本题正确率为30%，选项D为最大干扰项。

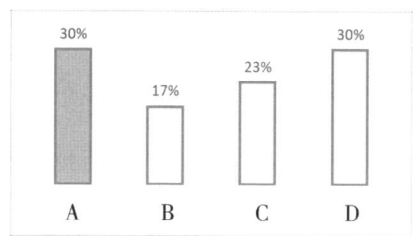

【解析】 本题考查对第八十七章注释三的理解。

根据《税则》第八十七章注释三的规定，"装有驾驶室的机动车辆底盘，应归入品目87.02至87.04，而不归入品目87.06"。本题正确答案为选项A。

关于汽车底盘的归类：

1. 装有发动机的底盘，归入品目87.06；
2. 未装有发动机的底盘，则不能归入品目87.06，应归入品目87.08；
3. 装有驾驶室的机动车辆底盘，应归入品目87.02至87.04，而不归入品目87.06。

对于装有驾驶室的机动车辆底盘，特别是对于没有装发动机的车辆底盘，不能以归类总规则二（一）不完整品来判断，而应在规则一不能用的情况下才可以用规则二，因此只要符合第八十七章注释三的规定，仍应运用规则一，将其归入品目87.02至87.04。

第 002 天 【答案】D

【正确率】 本题正确率为64%，题目较容易。

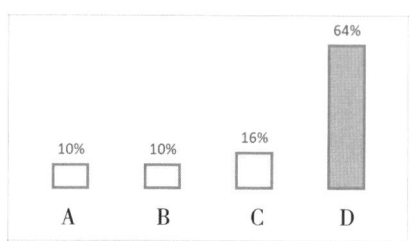

【解析】 电动按摩椅,利用机械的滚动力作用和机械力挤压来进行按摩,按摩椅设计的主要功能是对人的身体各部位进行按摩,其功能区别于《税则》品目94.01的普通坐具,其符合品目90.19的条文描述"机械疗法器具;按摩器具"。运用归类总规则一,应将其归入品目90.19。本题正确答案为选项D。

通过不断变换病人躺卧重心位置以预防或治疗褥疮的褥垫也属于品目90.19所称按摩器具范围之内,这种褥垫还可通过对皮肤的按摩效果预防组织坏死。水涡浴缸需要所有配件一起报验,而预防或治疗褥疮的褥垫,报验时无论是否带泵,仍归入品目90.19。品目90.19的按摩器具分类如下:

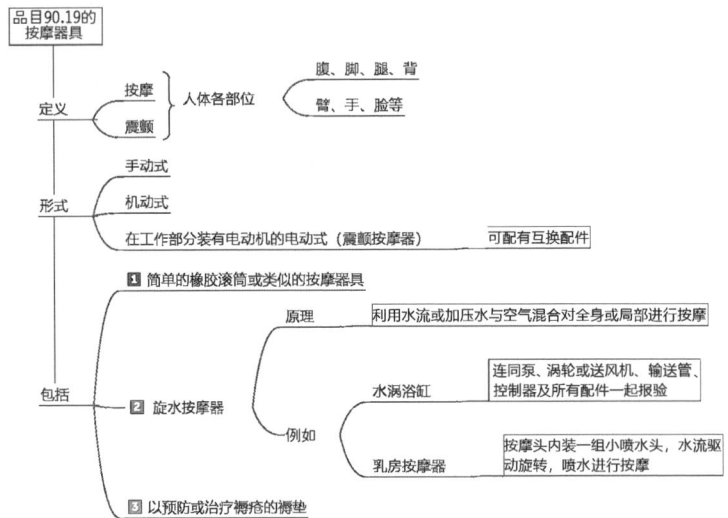

第003天 【答案】B

【正确率】 本题正确率为46%,选项D为最大干扰项。

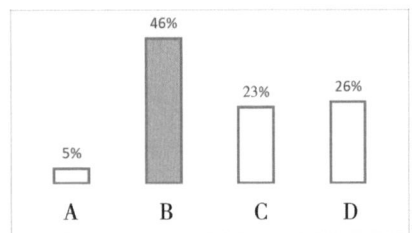

【解析】 该商品是由肉与大米、蔬菜及调味汁等组成的"配餐",所含鸡肉按重量计达到30%。根据《税则》第十六章注释二的规定,"本章的食品按重量计必须含有20%以上的香肠、肉、食用杂碎、动物血、昆虫、鱼、

甲壳动物、软体动物或其他水生无脊椎动物及其混合物"，其属于一种鸡肉制品，符合品目 16.02 的条文描述"其他方法制作或保藏的肉、食用杂碎或动物血"。运用归类总规则一，应将其归入品目 16.02。本题正确答案为选项 B。

案例&启发

西班牙肉菜饭，成分：干切块洋葱（7.5%）、糙米（50%）、豌豆（12.5%）、干红辣椒（5%）、鸡肉（10%）、贻贝（10%）和小虾（5%）。依据归类总规则一（第十六章注释二）及六，该商品应归入子目 1605.53。

海关归类决定编号：D-1-0000-2005-0154。

可从归类决定理解第十六章注释二并对该商品进行归类：

1. 确定章，重量超过 20%。

本章的食品按重量计必须含有 20% 以上的香肠、肉、食用杂碎、动物血、鱼、甲壳动物、软体动物或其他水生无脊椎动物及其混合物。案例中鸡肉（10%）+贻贝（10%）+小虾（5%）= 25%，故应归入第十六章。

2. 确定品目，同品目相加。

鸡肉（16.02）与贻贝（16.05）、小虾（16.05）相加进行比较，最终归入品目 16.05。参照品目 16.02 注释描述，本品目包括按重量计含有 20% 的肉、食用杂碎或动物血的配制食品（包括所谓"配餐"），同品目的相加进行比较。

3. 确定子目，比较重量。

贻贝（10%）大于小虾（5%），因此该商品最终归入子目 1605.53。

第十六章注释二描述如下：

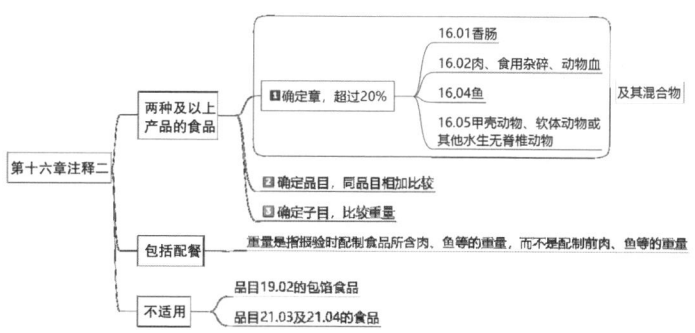

第 004 天　【答案】C

【正确率】　本题正确率为 66%，题目较容易。

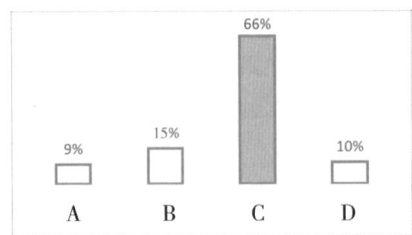

【解析】 该商品经裹咸蛋黄及油炸加工,根据《进出口税则商品及品目注释》(以下简称《税则注释》)第三章总注释关于"本章货品与第十六章货品的区别"的描述,"然而,烹煮或未按本章规定方法制作或保藏的鱼、甲壳动物、软体动物及其他水生无脊椎动物(例如,仅用面糊或面包屑包裹的鱼片、煮过的鱼)应归入第十六章",其加工程度已超出第三章的范畴。该商品符合《税则》品目16.04的条文描述"制作或保藏的鱼"。运用归类总规则一,应将其归入品目16.04。本题正确答案为选项C。

制作保藏罗非鱼片,采用鲜活罗非鱼为原料,其制作工艺:暂养→放血→取片→去皮→磨皮→修整→复查→清洗→排盘→发色→分级→清洗杀菌(0.3ppm臭氧水消毒杀菌约3min)→装袋冻结→金属探测仪检查→称重→装箱→入库冷藏,然后装柜发送。根据归类总规则一,制作保藏罗非鱼片应归入税号1604.1920。

海关归类决定编号:D-1-0000-2007-0740。

案例中,杀菌决定了该商品加工方法超出第三章的加工范围。《税则注释》对第三章和第十六章货品的区别描述如下:

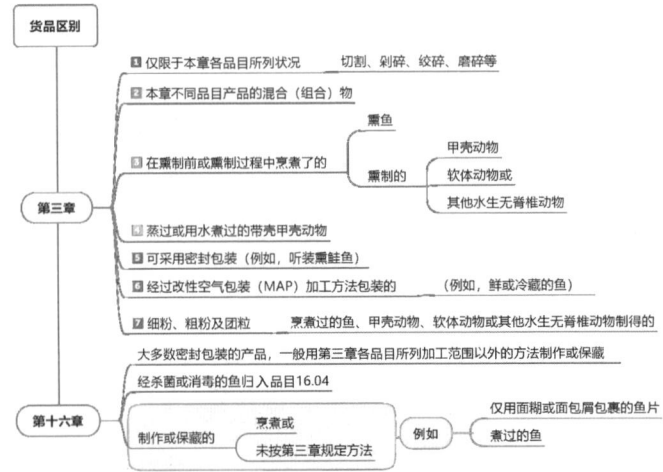

第 005 天　【答案】C

【正确率】　本题正确率为 50%，选项 D 为最大干扰项。

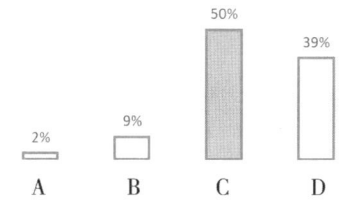

【解析】　该商品酒精浓度超过 0.5%，不符合《税则》第二十二章注释三的描述"品目 22.02 所称'无酒精饮料'，是指按容量计酒精浓度不超过 0.5% 的饮料。含酒精饮料应分别归入品目 22.03 至 22.06 或品目 22.08"，其属于一种含酒精饮料，符合品目 22.03 的条文描述"麦芽酿造的啤酒"，有时在发酵过程中加入樱桃或其他调味（flavouring）物质。运用归类总规则一，应将其归入品目 22.03。本题正确答案为选项 C。

果味啤酒，为麦芽啤酒，添加了菠萝汁混合，酒精含量为 4.5%，瓶装，应归入品目 22.06。

关于果味啤酒的归类，除了看酒精浓度的百分比含量，还有就是确定加入的果汁是否参与发酵，参与发酵一般仍考虑归入品目 22.03，如果仅混合，一般考虑归入品目 22.06。

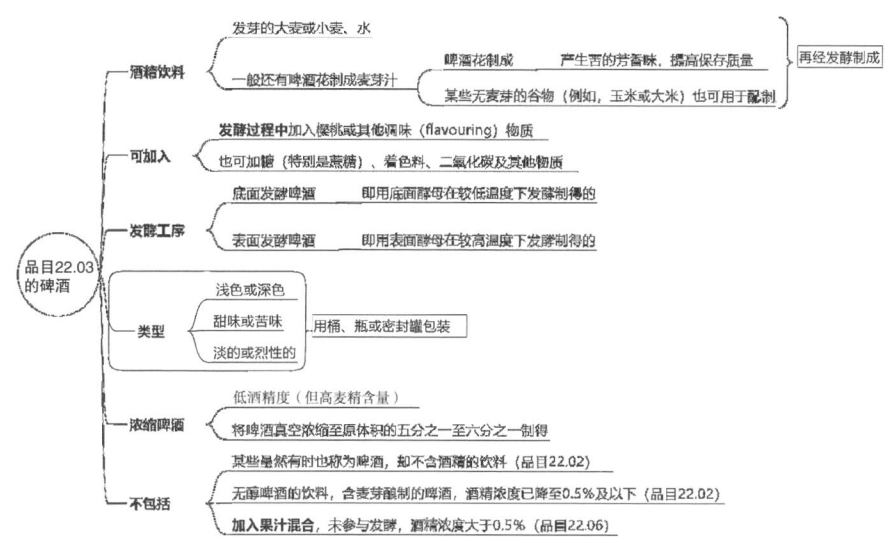

第006天　【答案】A

【正确率】　本题正确率为55%，选项B为最大干扰项。

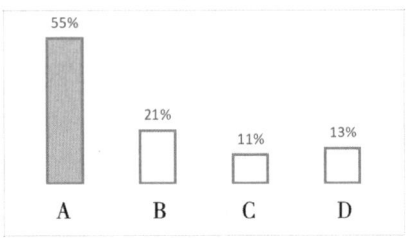

【解析】　该商品是一种掺有其他物质的改性乙醇，根据《税则注释》品目22.07的描述，"改性的乙醇及其他酒精是在酒精中掺有其他物质，使其不适合供人饮用，但其工业用途并不受影响"，其符合《税则》品目22.07的条文描述"任何浓度的改性乙醇及其他酒精"。运用归类总规则一，应将其归入品目22.07。本题正确答案为选项A。

案例&启发

乙醇消毒液（酒精75%）是以乙醇为主要成分的消毒液，适用于一般物体表面消毒、手和皮肤的消毒，应归入品目38.08。

根据第六类注释二的规定，除第六类注释一另有规定的以外，凡由于按一定剂量或作为零售包装而可归入品目30.04、30.05、30.06、32.12、33.03、33.04、33.05、33.06、33.07、35.06、37.07或38.08的货品，应分别归入以上品目，而不归入《协调制度》的其他品目。因此，按一定剂量或作为零售包装而可归入有关品目的，可排除掉《协调制度》的其他品目。

条文描述：

品目22.07：未改性乙醇，按容量计酒精浓度在80%及以上；任何浓度的改性乙醇及其他酒精。

品目22.08：未改性乙醇，按容量计酒精浓度在80%以下；蒸馏酒、利口酒及其他酒精饮料。

但需要注意：零售包装以乙醇为主要成分的消毒液，应归入品目38.08；固体酒精是以酒精为基料的固体或半固体燃料，应归入品目36.06；以芳香物质为基本成分的乙醇溶液（用作香料、食品、饮料或其他工业的原料），应归入品目33.02；用于制作饮料的复合酒精制品，以芳香物质以外的其他物质为基本成分的，如果《协调制度》的其他品目未具体列名的，应归入品目21.06；按重量计掺入70%或以上石油的无水酒精，应归入品目27.10。

第007天　【答案】B

【正确率】　本题正确率为29%，选项A为最大干扰项。

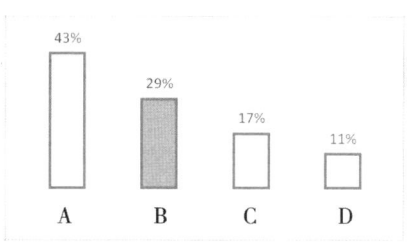

【解析】 钢铁链,每节链呈"口"字形,链环相互连接构成,与"日字环节链"链环不同,但连接方式相同,不带链板。根据品目73.15注释描述,"本品目包括铰接链[例如,滚子链、反齿链(无声传动链)及平环链]、无铰接链(包括日字链)……",该钢铁链不属于铰接链,与日字链同属于无铰接链,且有明显可见的焊接头,属于通过焊接的方式加工的钢铁链。"日字环节链"为"8"字形链环,用有撑挡的椭圆形锚链环连接而成,应归入子目7315.81,而图片所示的钢铁链为"0"字形链环,用无撑挡的椭圆形锚链环连接而成,应归入子目7315.82。运用归类总规则一及六,该商品应按其他焊接链归入子目7315.82。本题正确答案为选项B。

案例&启发

直线运动交叉滚子链,由一系列圆柱形钢滚构成,相邻滚子的转动轴彼此成90度角装配在一个钢铁保持架内。一般用于机床,因滚动摩擦力、阻力低,接触面积大,可承受各个方向的载荷,实现高精度平稳的直线运动。

子目7315.1的铰接链在《税则注释》中并没有详细解释,海关归类决定(编号:Z2008-0044)对其进行了描述:铰接链只可向一面弯曲,可折叠,由内外链板、套筒、销轴和滚子等部分构成。

子目7315.11滚子链应理解为在铰接链的结构中由滚子作为其构成部件之一的铰接链。

子目7315.20防滑链是具有防滑功能的钢铁链,一般分为两种类型,一种是已经接成罩状的防滑链,另一种是交叉安装的几根单独的防滑链。

子目7318.81的"日字环节链"与题目所示的钢铁链同属于单点系泊系统用系泊链,区别只在于链环中间有撑挡和无撑挡。

而上述案例的直线运动交叉滚子链,用于机床,以减少机器运动的摩擦,实现平稳精确的直线运动，应按滚动轴承归入子目 8482.50。（见 GB/T 27558—2011《滚动轴承 直线运动滚动支承 分类》）

归类时，需注意哪些产品不能归入品目 73.15 的钢铁链。用于个人用小饰物的钢铁制的链条，如表链、手链、项链等应按"仿首饰"归入品目 71.17；装有锯齿等并用作链锯或切割工具的链条，供伐树、锯树干用，应归入品目 82.02；用于家具、门窗、车厢等的铰链，应归入品目 83.02。

第二周

第 008 天 【答案】C

【正确率】 本题正确率为 41%，选项 A 为最大干扰项。

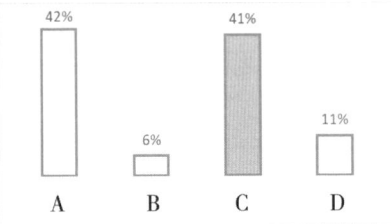

【解析】 该商品是由鸭肉和浓缩汤组成的汤料，根据《税则》第十六章注释二的规定，"本章的食品按重量计必须含有 20% 以上的香肠、肉、食用杂碎、动物血、昆虫、鱼、甲壳动物、软体动物或其他水生无脊椎动物及其混合物……但本条规定不适用于品目 19.02 的包馅食品和品目 21.03 及 21.04 的食品"，其符合品目 21.04 的条文描述"汤料及其制品"。这些产品通常以植物产品（蔬菜、细粉、淀粉、木薯淀粉、通心粉、面条及类似品、大米、植物精汁等）、肉、肉的精汁、脂肪、鱼、甲壳动物、软体动物或其他水生无脊椎动物、蛋白胨、氨基酸或酵母萃为基料，还可含有大量的盐。运用归类总规则一，应将其归入品目 21.04。本题正确答案为选项 C。

案例&启发

佛跳墙，通常选用鲍鱼、海参、鱼唇、牦牛皮胶、杏鲍菇、蹄筋、花菇、墨鱼、瑶柱、鹌鹑蛋等汇聚到一起，加入高汤和福建老酒，文火煨制而成。该商品符合品目 21.04 项下汤料描述。运用归类总规则一及六，应归入税号 2104.1000。

品目 21.04 的汤料及其制品包括：

1. 只要加水或乳等即可制成汤的汤料制品。
2. 加热后即可供食用的汤料。
品目 19.02 不包括带面食的汤料及其制品。

第 009 天　【答案】B
【正确率】　本题正确率为 80%，题目较容易。

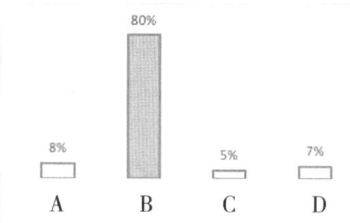

【解析】　该商品具有多种功能，行李箱为主要功能，符合品目 42.02 条文描述"衣箱、提箱、小手袋、公文箱、公文包、书包、眼镜盒、望远镜盒、照相机套、乐器盒、枪套及类似容器"。依据归类总规则一，应将其归入品目 42.02。本题正确答案为选项 B。

 案例&启发

1. 可供儿童骑乘的行李箱，仍没超过提箱的基本特征范围，应归入品目 42.02。

2. 可供骑行的行李箱，代步工具的特征已经可以和行李箱相比较了，若用从后归类原则，则应归入第八十七章。

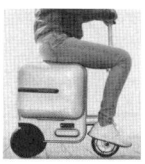

第 010 天　【答案】C
【正确率】　本题正确率为 45%，选项 A 为最大干扰项。

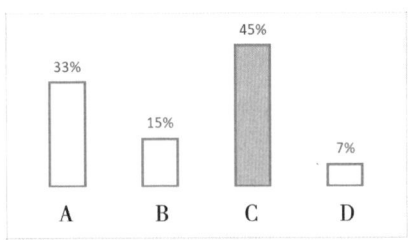

【解析】 发动机放油螺塞安装于发动机油底壳上,日常用于密封防止漏油,或者在更换润滑油时用于放油。其功能不符合品目 73.18 注释描述"紧固金属（不论是否已攻螺纹）用的螺栓……用于装配或紧固物品,使其容易拆开而不致受损",以及品目 83.09 注释描述"本品目包括供圆桶、琵琶桶、瓶子等塞口或封口用或供箱子或其他包装容器加封用的一系列贱金属制品",考虑作为发动机的专用零件归类。运用归类总规则一,应将其归入品目 84.09。本题正确答案为选项 C。

外伤手术用螺丝,由超硬彩色钛合金制成,长约 12mm,由 3mm 恒定外径的全螺纹螺杆和一个螺头组成,螺杆具有不对称的螺纹,螺头也带螺纹,使用螺丝刀可将其拧入起固定作用的加压板。该产品符合植入螺钉的 ISO/TC 150 标准,采用无菌包装,标有识别码,可以在生产、分销和使用全过程中进行追踪。根据归类总规则一及六,应将其归入子目 9021.10。

海关归类决定编号：D-1-0000-2018-0068。

并非外观类似于螺栓的物品就符合《税则》通用零件的描述。除了外在形式类似,还要从用途角度分析。根据《税则》第十五类注释二的规定,"本协调制度所称'通用零件',是指（一）品目 73.07、73.12、73.15、73.17 或 73.18 的物品及其他贱金属制的类似品……"。从《税则》品目 73.18 注释来看,紧固件一般认定为被设计成用于将两个物体组合在一起或将物体固定在某个地方的一个物品。因此,如果一个物品仅仅带有螺纹,并不能将其作为紧固件来进行归类,需要确定商品的用途和功能。

从归类决定中的商品来看,该商品符合螺纹制品的外观特征,其实际是用于外伤手术,符合植入螺钉的 ISO/TC 150 标准,使用螺丝刀可将其拧入起固定作用的加压板。该商品用途特殊,属于植入物的固定件,符合品目 90.21

注释描述"二、夹板及其他骨折用具……除本章注释一第（六）款另有规定的以外，本品目还包括通过外科手术安装在人体内，用于连接断骨或进行类似骨折治疗的板、钉等"。

同理，种植牙用覆盖螺丝，通过覆盖螺丝实现种植体在口腔内的固定，应归入税号9021.2900。

第011天 【答案】A

【正确率】 本题正确率为13%，选项D为最大干扰项。

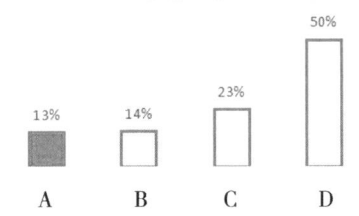

【解析】 拉削工具为多齿刀具，利用特制的拉刀逐齿依次从工件上切下很薄的金属层，通常用于拉床，属于可互换工具，符合《税则》品目82.07的描述。本题正确答案为选项A。

子目8207.60描述为"镗孔或铰孔工具"，英文原文为"Tools for boring or broaching"，其中boring含义为"镗孔或铰孔"，broaching含义为"拉削"，在注释描述上，缺少拉削的描述。

镗孔是在预制孔上用切削刀具使之扩大的一种加工方法，镗孔工作既可以在镗床上进行，也可以在车床上进行。

铰孔是孔的精加工方法之一，在生产中应用很广。对于较小的孔，相对于内圆磨削及精镗而言，铰孔是一种较为经济实用的加工方法。

拉孔是一种高生产率的精加工方法，它是用特制的拉刀在拉床上进行的。

第012天 【答案】A

【正确率】 本题正确率为37%，选项B为最大干扰项。

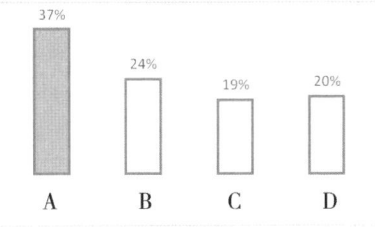

【解析】 该商品由若干螺丝刀头、螺丝塑胶手柄放置于塑料盒中，螺丝

刀头视为单个工具。依据归类总规则一及六，该商品应归入子目8205.40。选项B为品目82.05不同子目构成的成套货品。选项C为品目82.02至82.05"两个及以上不同品目构成的成套货品所列工具组成的零售包装成套货品"。选项D为单个螺丝刀头，属于可互换工具。本题正确答案为选项A。

题目中套装如带有镊子（品目82.03），属于简单的组合品，则应归入品目82.06；品目82.06包括汽车修理工用的成套工具，包括全套套筒、扳手、棘轮扳手、螺丝刀、钳子等。

这些成套货品如果还带有卷尺、测电笔等小工具，不影响归入品目82.06，但如果带有电动螺丝刀等类似电动工具，则改变了成套货品的基本特征，应归入品目84.67。子目8207.90的螺丝刀头，是指可互换的螺丝刀头。

第013天　【答案】C

【正确率】　本题正确率为31%，选项D为最大干扰项。

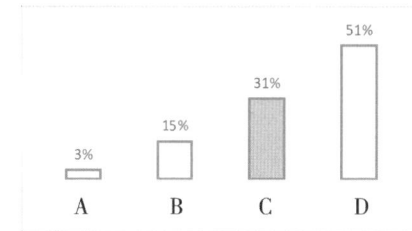

【解析】　该商品符合《税则注释》品目93.07的描述"这些武器即使只作仪仗或装饰用，或只用作舞台道具，也应归入本品目"。本题正确答案为选项C。

装饰用工艺刀剑，不论是否开刃，不论是否有血槽，判断是否归入品目93.07的关键点是从商品的综合特征上分析。例如：作为刃具的狩猎、露营，以及其他用途的刀（品目82.11）及其刀鞘（通常归入品目42.02）；贵金属或包贵金属制的鞘和套（品目71.15）；钝头击剑（品目95.06）。

锌铝蝎子，该商品为蝎子形状，配有展示托板，蝎子和托板之间有挂钩相连固定。托板的材质为锌铝合金。蝎子的整体材质为锌铝合金，蝎子八只腿的末端部分为钢材制。蝎子的刀刃为蝎子八只腿的末端部分，蝎子全长12.7cm，刀刃的长度为1.2cm，未开刃，刀背为波浪形状，无锯齿，无血槽，其用作摆饰品。根据该商品的特征，可将其认定为装饰品，并根据归类总规则一，将其归入品目83.06。

海关归类决定编号：D-1-0000-2013-0008。

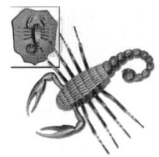

第 014 天　【答案】A

【正确率】　本题正确率为25%，选项D为最大干扰项。

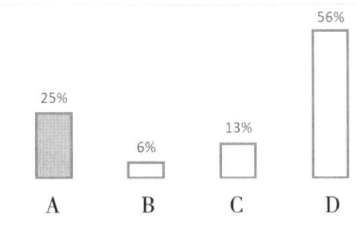

【解析】　驾驶该商品时，单人站立在该踏板车上，可用于田地、雪地、旱地代步。其符合子目8703.10高尔夫球车及类似车辆的描述。本题正确答案为选项A。

案例&启发

税号8703.1011的全地形车，是一种集娱乐、体育运动、旅游于一体的特种车辆，可在沙滩、草地、山路、旅游场所等多种复杂路面行驶。除驾驭外，也可以用于载送人员或运输物品。全地形车一般装备单缸或双缸小型内燃发动机，采用传动链（或传动轴）将动力传至车轮，驱动整车行驶，一般为四轮，装备摩托车式的跨骑式座位，不带乘员座，方向把操控转向，采用非公路用低压轮胎，符合阿克曼转向原理，前、后悬架均采用类似轿车用的独立悬架设计，装有电动机、变速器、离合器、传动链（或传动轴）、前后减震器等，也包括用方向盘操控的带有乘员座的类似车辆（Go-Carts）。

1. 单轮电动平衡车。又称智能电动独轮体感车、风火轮等，主要包括车体、车轮、电动机、蓄电池、驱动电路、控制电路、传感器（陀螺仪、加速度计）等，应归入税号8711.6000。

海关归类决定编号：D-1-0000-2016-0015。

2. 两轮电动平衡车。专为承载单人而设计，适用于低速区域，如人行道、小路和自行车道，最高时速10km/h，每次充电最大行驶距离15km～20km。该装置通过内置的陀螺仪和加速度传感器，运用动平衡原理控制前进、后退、转弯和停止，其控制通过操作者身体姿态变化实现，应归入税号8711.6000。

海关归类决定编号：D-1-0000-2018-0062。

品目87.11包括主要供人乘骑的两轮机动车辆,而经过归类决定发布,独轮平衡车也归入品目87.11。题目中的商品为履带式,品目87.03可以是轮式或履带式的。

品目87.03和品目87.04也包括轻型三轮车。例如:

1. 装有摩托车发动机及车轮等的三轮车。根据其机械机构,它们已具有传统汽车的特征,即装有汽车型转向系统或同时装有逆向齿轮及差速器。

2. 装在T形底盘上的三轮车。这种三轮车底盘的两个后轮是由各自的电池电动机分别驱动的。它们通常用单一的中心控制杆操纵,驾驶员用以使车辆启动、加速、制动、停止或倒退,也可通过对主动轮施加差速力矩或摆动前轮使车辆左转或右转。

具有上述特征的三轮车,如果是供载货用的,应归入品目87.04。

具有上述特征的三轮车,如果是供载人用的,应归入品目87.03。

如果机动三轮车不具备品目87.03或品目87.04所列机动车辆的特征,应归入品目87.11。非机动三轮脚踏车则归入品目87.12。

第三周

第015天 【答案】 C

【正确率】 本题正确率为58%,选项D为最大干扰项。

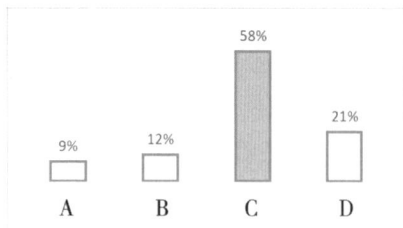

【解析】 该商品属于设计用于半导体器件制造用的工业电烘箱。根据第八十四章注释九(四)描述,"除第十六类注释一及第八十四章注释一另有规定的以外,符合品目84.86规定的设备及装置,应归入该品目而不归入本协调制度的其他品目",该商品符合品目84.86条文的描述"专用于或主要用于制造半导体单晶柱或圆片、半导体器件、集成电路或平板显示器的机器及装置"。运用归类总规则一,应将其归入品目84.86。本题正确答案为选项C。

家用炉灶，带烤箱，其中煤气灶为商品主体，附带烤箱为气电两用型，底部为燃气喷嘴，起主要烘烤作用，上部为电热丝，起辅助烘烤食物上部作用。其中燃气喷嘴和电热丝各具独立功能，必须单独使用，不能同时使用。

由于该炉灶兼具煤气灶和电烤箱的功能，根据《税则注释》关于品目73.21 的解释，"本品目不包括同时也可使用电供热的器具"，该商品应按使用电供热的器具归入税号 8516.6090。

海关归类决定编号：D-1-0000-2006-1900。

非电热的非供工业或实验室用的炉及烘箱归入品目 73.21；非电热的工业或实验室用炉及烘箱归入品目 84.17（可产生相当高的温度）；干燥、蒸馏或类似用途的电热装置归入品目 84.19（相对低温下工作的蒸发或干燥设备）；其他工业用或商用电烤箱归入品目 85.14；家用电烤箱归入品目 85.16；制造半导体圆片或平板显示器用电烘箱归入品目 84.86。

第 016 天　【答案】B

【正确率】　本题正确率为 46%，选项 D 为最大干扰项。

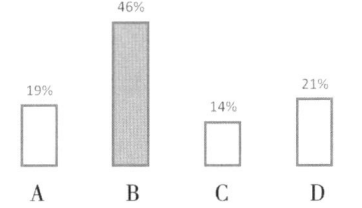

【解析】　家用钢铁制梯子是日常生活用于在平面上方空间（如屋顶）进行装修工作的一类登高工具，根据《税则注释》品目 73.26 描述"本品目包括梯子及台阶"，且根据品目 94.03 注释排他条款"本品目不包括：（二）不具备家具特征的梯子及梯级、支架、木工凳及类似品，它们应根据其构成材料归类（品目 44.21、73.26 等）"，运用归类总规则一，应将其归入品目 73.26。本题正确答案为选项 B。

家用多功能梯凳，松木制，一般用于家用登高打扫卫生，也适于坐着干家务等，既可作为梯子，也可作为凳子。

　　品目94.03不但包括通用家具［例如，橱柜、陈列柜、桌、电话架、书桌、组合写字台、书柜及其他架式家具（包括与将其固定于墙上的支撑物一同报验的单层搁架）等］，也包括有特殊用途的家具。家具的范围不仅可用于住宅，还可用于旅馆、办公室、学校、教堂、商店、车间、实验室或技术室，一般是用于存储或搁置货品或物品等。品目73.26其他钢铁制品，包括不具有家具特征的梯子，只能用于登高、放置或搁置货品或物品。而上述案例的家用多功能梯凳，既可作梯子使用，也可作凳子使用，根据品目94.01注释描述，本品目包括坐具梯级两用凳，应按坐具归类。

　　家具分布在《税则》品目94.01至94.03。具有家具特征的钢铁制梯子属于坐具，应归入品目94.01；医疗、外科、牙科或兽医用家具，应归入品目94.02；具有其他家具特征的，应归入品目94.03。

　　作为登高用具的木制折合梯，归入品目44.21；液压升降货梯，利用液压动力实现升降功能，归入品目84.28；智能云梯车，由汽车底盘（含驾驶室）、装载升降机、云梯等组成，归入品目87.05；乘客舱梯，又叫旅客登机桥，机场用以连接候机厅与飞机之间的可移动升降的通道，归入品目84.79。

第017天　【答案】 D

【正确率】　　本题正确率为41%，选项B为最大干扰项。

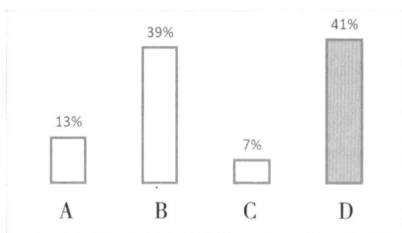

【解析】　　该商品属于一种含有调味香料的蛋制品，根据《税则注释》品目04.08的排除条款"（二）含有调味品、调味香料或其他添加剂的蛋制品（品目21.06）"，其符合品目21.06的条文描述"其他品目未列名的食品"。运用归类总规则一，应将其归入品目21.06。本题正确答案为选项D。

案例&启发

　　带壳咸蛋（Salted eggs）应归入税号0407.9010；带壳皮蛋（Lime-preserved eggs）应归入税号0407.9020；蛋黄油应归入品目15.06；含有调味

品、调味香料或其他添加剂的蛋制品应归入品目 21.06；卵磷脂，又称为蛋黄素，存在于蛋黄（蛋卵磷脂）及动物和植物组织中，用于医药，应归入品目 29.23；分离蛋白（禽蛋白），应归入品目 35.02。

第 018 天　【答案】 C

【正确率】　本题正确率为 41%，选项 D 为最大干扰项。

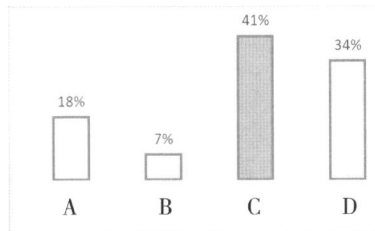

【解析】　该商品为圆珠笔笔尖钢珠，误差不超过 0.003mm，根据品目 96.08 注释排他条款"本品目不包括：（二）圆珠笔的笔尖钢珠（品目 73.26 或 84.82）"，以及第八十四章注释六"品目 84.82 还包括最大直径及最小直径与标称直径相差均不超过 1% 或 0.05mm（以两者数值较小者为准）的抛光钢珠，其他钢珠归入品目 73.26"。运用归类总规则一，应将其归入品目 84.82。本题正确答案为选项 C。

碳化钨球，直径 1mm，用作圆珠笔笔芯的笔尖。该商品应归入品目 96.08。

品目 96.08 注释不包括：（二）圆珠笔的笔尖钢珠（品目 73.26 或 84.82）。这里仅对钢珠进行排除，对于其他材质的并没有排除。笔尖粒，为铂合金或某种钨合金制成的小圆珠，用于装在笔头的尖端，能经磨耐用，仍然归入品目 96.08 项下。

其他同类产品，可根据材质对零件进行归类，例如，陶瓷材料制的机器或器具（例如，泵）及供任何材料制的机器或器具用的陶瓷零件（第六十九章）；玻璃制的机器、器具或其他专门技术用途的物品及其零件（品目70.19或70.20）；车身零件及其配套附件（子目8708.29）；地毯（纺织材料或未硬化硫化橡胶制的除外）、纺织地毯（第五十七章）；未硬化硫化橡胶制地毯（品目40.16）；塑料制地毯（子目8708.29）。

第019天 【答案】B

【正确率】 本题正确率为34%，选项D为最大干扰项。

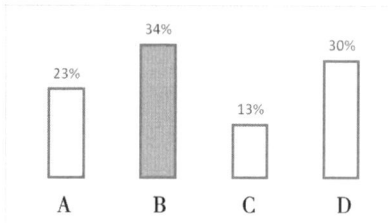

【解析】 卡簧是一种应用非常广泛的紧固件，其主要作用是阻止孔上或轴上的零件做轴向运动，符合《税则》品目73.18注释四的描述"簧环，呈各种不同形状，从有一条缝的简单环状到复杂的形状（带有小眼或槽以便于用专用夹钳将其装上）。不论其形状如何，它们都用于安装在绕心轴开的槽沟上或圆筒孔眼内开的槽沟内，以防止有关零件移动"。选项D 7320.90品目条文为钢铁制弹簧及弹簧片，利用钢铁的弹性起固定缓冲作用，而该产品实际用于防止零件移动，起紧固作用，符合子目7318.24销的范畴。选项A的7318.21与选项B的7318.24同属于钢铁制无螺纹紧固件，外观都属于开口的钢铁圈，子目7318.21为钢铁制弹簧垫圈及其他防松垫圈，安装于螺母及需紧固的零件之间，防止螺母的松动，保护需紧固的物体，常见的有弹簧垫圈、自锁防松垫圈、双齿面防松垫圈、碟形防松垫圈等。弹簧垫圈是指防止螺母松动的开缝垫圈。运用归类总规则一及六，应将其归入子目7318.24。本题正确答案为选项B。

案例&启发

下图钢铁材质产品都符合子目7318.24"销及开尾销"的描述。

从品名上看，容易引起归类混淆的商品还有很多。例如，弹簧垫圈应归入子目73.18，供雨伞或阳伞的转轴或伞杆用的弹簧应归入品目66.03。弹簧与其他物品组装后制成的，明显为机器的零件（第十六类）或明显为第九十章、第九十一章等所列仪器设备的零件，如带有弹簧的电池盒，应归入子目8536.90，但单独的螺旋弹簧，即使用于电池接触弹簧，仍归入子目7320.20。减震器不归入品目73.20，但用于减震器的涡旋弹簧归入品目73.20。

第020天　【答案】A

【正确率】　本题正确率为37%，选项D为最大干扰项。

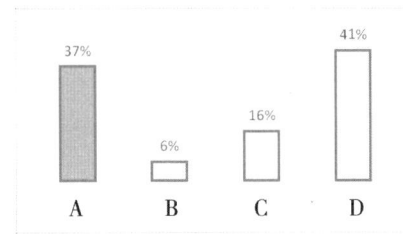

【解析】　板簧，英文为"Leaf spring"，根据《税则注释》对品目73.20的描述，"本品目包括下列各种类型的弹簧：一、片簧（单片或叠片），主要用于车辆（例如，铁路机车及客货运输车辆、汽车、拖车）的悬挂系统"。其中，"片簧"的英文原文即为"Leaf spring"。因此《税则》子目7320.10的片簧即为板簧。

选项D 8708.80为机动车辆的零件、附件，归入汽车的专用零件。对板簧进行归类时，首先考虑第十七类注释或第八十七章注释是否有排除条款，如品目73.20的钢铁制弹簧在第十七类有排除条款，应优先考虑按品目73.20归类。品目73.20弹簧及弹簧片，指弹簧和弹簧的叶片，弹簧的叶片即是弹簧的零件，而单独使用的弹簧片，属于《税则注释》描述的弹簧的范畴，不能认为是弹簧的叶片。子目7320.10片簧及簧片，属于具体列名的车辆用板簧及板簧的叶片，簧片即是板簧的零件，单独使用的弹簧片属于子目7320.90的其他弹簧。运用归类总规则一及六，应将其归入子目7320.10。本题正确答案为选项A。

案例&启发

用于旋转锁的单片板簧，不锈钢材质，不能归入子目7320.10，而应归入子目7320.90。

虽然品目73.20对弹簧没有限定用途，但对于子目的确认，片簧及其叶片限定了其主要用途，该商品不是主要用于车辆的悬挂系统，应归入子目7320.90。

第021天　【答案】C

【正确率】　本题正确率为26%，选项A为最大干扰项。

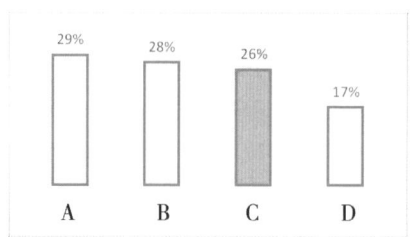

【解析】 马口铁盒又叫镀锡铁盒,是包装盒的一种,材质为马口铁,根据《税则注释》品目 73.10 排他条款"本品目不包括:……(二)粗腰饼干桶、茶叶罐、糖听及类似的家庭或厨房用容器及金属罐(品目 73.23)",该马口铁盒的大小适用于家庭储存食物等,符合《税则》品目 73.23 条文"餐桌、厨房或其他家用钢铁器具及其零件"的描述。

选项 A 为焊边或卷边接合的罐。马口铁盒虽然属于焊边或卷边接合的罐,但并不符合品目 73.10 的注释描述,非用于商业运输或包装货物。运用归类总规则一及六,应将其归入子目 7323.99。本题正确答案为选项 C。

马口铁盒,用于装小件饰物,应归入子目 7310.29,而不能归入子目 7310.21。

子目 7310.21《协调制度》英文为 "Cans which are to be closed by soldering or crimping",中文注释为焊边或卷边接合的罐,是指罐体与罐盖通过焊边或卷边封口。案例中的罐体与罐盖只是可连接,并没有接合一体。金属包装容器的封口一般采用卷边方式实现。卷边又可以分为二重卷边、三重卷边和微型卷边。

第四周

第 022 天 【答案】A

【正确率】 本题正确率为 39%,选项 D 为最大干扰项。

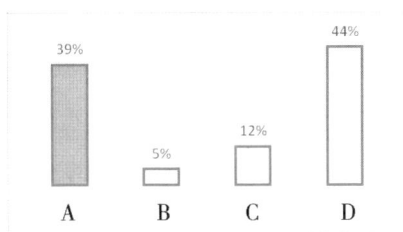

【解析】 带呼吸阀口罩，由无纺布口罩带有一个呼吸阀构成，常用于湿热或通风较差或劳动量较大的工作环境中，对空气中对人体有害的可见或不可见的物质进行过滤。根据《税则》品目63.07注释描述"本品目主要包括：……二十三、由多层无纺织物构成但不可更换过滤层的防尘、隔味口罩……"，本商品符合《税则注释》品目90.20排他条款的规定"（一）仅由多层重叠纤维织物构成并不带可更换过滤元件的隔绝灰尘、气味等用的口罩……（品目63.07）"，为随弃式口罩，一次性使用，因其既无机械零件，又无可互换过滤元件，不属于品目90.20防毒面具，纺织材料为其基本特征。运用归类总规则一，应将其归入品目63.07。本题正确答案为选项A。

塑料制透明口罩，应按材质归入子目3926.90。

品目90.20的防护面具不包括既无机械零件，又无可互换过滤器的防护面具，即品目90.20商品需要有机械零件或可互换过滤器。麻醉用面罩归入品目90.18，不连氧气瓶或压缩空气瓶的潜水呼吸面具归入品目95.06。

第023天 【答案】D

【正确率】 本题正确率为21%，选项A为最大干扰项。

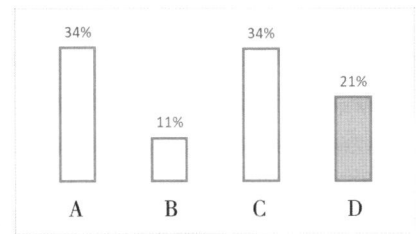

【解析】 彩色加厚静电贴印有"万事如意"的春节吉祥语，属于一种节日装饰门贴。根据《税则》第七类注释二的规定，"除品目39.18或39.19

的货品外,印有花纹、文字、图画的塑料、橡胶及其制品,如果所印花纹、字画作为其主要用途,应归入第四十九章",以及根据品目95.05的条文描述"节日(包括狂欢节)用品或其他娱乐用品,包括魔术道具及嬉戏品",类注释与品目条文相比,显然品目95.05条文更为具体。本题正确答案为选项D。

收缩膜标签,制作瓶身收缩套标,是海飞丝洗发水零售包装瓶身的标识标签。商品材质为100%聚对苯二甲酸乙二酯,进口时成卷状,已印制海飞丝商标及其商品图案。进口后,通过贴标头对标签卷进行剪裁并利用光电定位系统将其套在瓶体上,再传输到高温蒸汽通道中进行热收缩,继而完成贴瓶过程。该商品属于《税则》品目49.11项下的印刷品。运用归类总规则一及六,应将其归入税号4911.9990。

海关归类预裁定编号:R-2-5200-2018-0031。

品目39.19货品仅限于在常温下无须润湿或加入其他助剂,一经与各种不同的表面接触,仅用手指或手按压,即可永久牢固地黏着(单面或双面)的扁平状材料。静电贴的黏贴并不符合永久牢固地黏着这一特征。

第024天 【答案】B

【正确率】 本题正确率32%,选项D为最大干扰项。

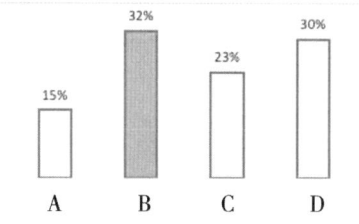

【解析】 该商品是放置金钱的红色封套,可用于结婚、祝寿、开业等。品目95.05不包括节日用的塑料或纸制包装品(按其构成材料归类,例如,归入第三十九章或第四十八章);品目48.17指用于通信的纸或纸板制文具;品目48.19用途较广,可经印刷,该商品符合品目48.19的描述。运用归类总规则一,应将其归入品目48.19。本题正确答案为选项B。

选项D为品目95.05的"节日(包括狂欢节)用品或其他娱乐用品",这里有必要了解品目95.05节日用品的范围,请看以下案例:

圣诞老人服装,由红色上衣、红色长裤、红色帽子、带金属扣的黑带、白色手套、黑色鞋套、白胡须、白色假发和圣诞老人麻袋包装在一起,装在一个带拉链的零售塑料袋里。上衣、裤子和帽子均由73%腈纶、27%涤纶针织绒头织物制成。上衣和裤子都缝有护理标签,告知消费者这两件衣服均为"仅限干洗"。

观点一:符合圣诞节传统用品描述,应归入子目9505.10;

观点二:因为可以干洗且用耐用材料制成,应分别归类。

圣诞老人服装的裤子和上衣都具有紧密缝合在一起的多个面板。裤子和上衣适合反复穿着,只能干洗。根据品目95.05注释描述,节日(包括狂欢节)用品或其他娱乐用品,由于其特定用途,这些货物通常不用耐用材料制成……也不包括含有节日设计、装饰、象征或图案并具有实用功能的物品,例如,……其他由纺织材料制成的铺地制品、服装、床上、餐桌、盥洗及厨房用的织物制品。

因此,即使是圣诞节用品,仍然需要符合注释中限定条件。归入第六十七章的胡须和假发通常为"高级做工"。圣诞老人假发和胡须一般不是高级做工,则可以归入品目95.05。

1. 为何零售包装仍需要分别归类?

根据《税则》第十一类注释十四,除条文另有规定的以外,各种服装即使成套包装供零售用,也应按各自品目分别归类。本注释所称"纺织服装",是指品目61.01至61.14及品目62.01至62.11所列的各种服装。

2. 为何圣诞老人服装不考虑归入品目95.05节日用品?

归类分析时,需要注意符合"节日用品"的注释描述:

(1) 通常不用耐用材料制成;

(2) 不包括含有节日设计、装饰、象征或图案并具有实用功能的物品;

(3) 与节日活动密切相关;并且

(4) 主要在节日期间使用或展示喜庆的场合。

第025天 【答案】B

【正确率】 本题正确率为65%,题目较容易。

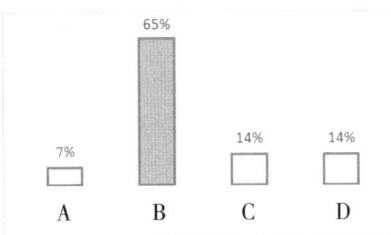

【解析】 该商品是由糯米粉制得的面食,已煮熟,并未说明是否包馅,符合《税则》品目19.02的条文描述"面食,不论是否煮熟、包馅(肉馅或其他馅)或其他方法制作,例如,通心粉、面条、汤团、馄饨、饺子、奶油

面卷"。运用归类总规则一,应将其归入品目 19.02。本题正确答案为选项 B。

未焙烤的冷冻面团,面团已制成焙烤前的最终形状。供烘焙品目 19.05 所列面包糕饼用的调制品及面团,应归入子目 1901.20。例如,冷冻羊角面包,未烘焙,应归入子目 1901.20。

海关归类决定编号:D-1-0000-2005-0146。

关于面食的归类思路:

(1) 品目 19.02 的面食是用硬麦粗粉或用面粉、玉米粉、米粉、土豆粉等制成的未发酵产品。这里强调的是未发酵产品,如果是发酵产品,则应考虑其他品目。

(2) 品目 19.05 包括各式烘焙的面包糕点。它们最常见的成分有谷物细粉、酵素及盐,也可含有其他成分,如任何含量的可可、肉、鱼、烘焙"助发剂"等。这里强调的是熟食,烘焙,一般指干热方式使食品变熟。油炸方式也有相关归类决定,可归入品目 19.05,如由马铃薯粉为基料的面团制作,经油炸的食品。而蒸汽方式国内未见明确规定,在美国、欧盟、日本相关归类决定中,蒸汽方式也归入品目 19.05。

(3) 品目 19.01 包括细粉、粗粒、粗粉、淀粉或麦精制的其他品目未列名的食品,不含可可或按重量计全脱脂可可含量低于 40%。此品目强调的是其他品目未列名的食品。

面食的归类见下图:

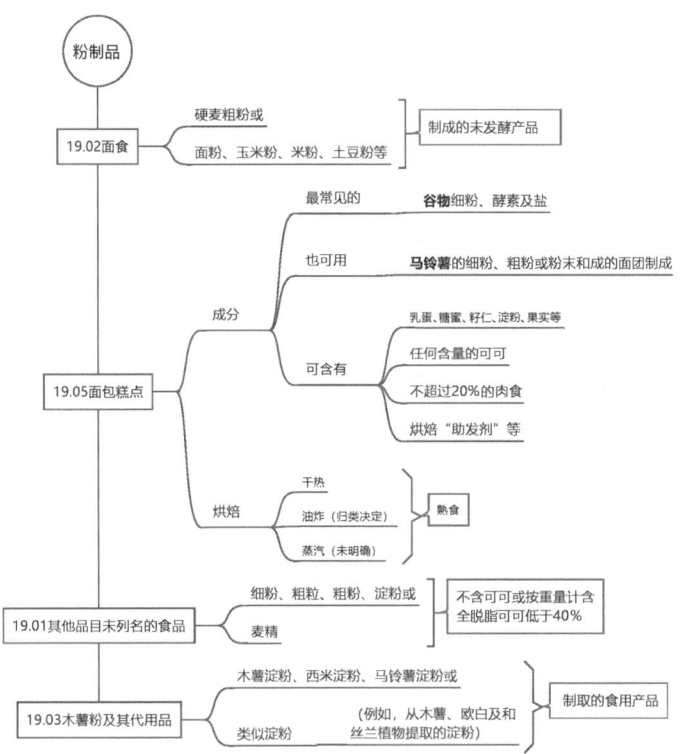

第 026 天　【答案】B

【正确率】　本题正确率为 33%，选项 A 为最大干扰项。

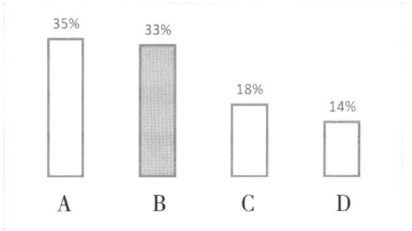

【解析】　该商品已将天然乳中的乳糖分解，不属于《税则》品目 04.01 的商品范围，其符合品目 04.04 的条文描述"其他品目未列名的含天然乳的产品，不论是否加糖或其他甜物质"。运用归类总规则一，应将其归入品目 04.04。本题正确答案为选项 B。

案例&启发

巧克力牛奶，含鲜牛奶 80%、水 13%、糖 5.3%、朱古力粉 0.6%、稳定剂 0.6%、朱古力味食用香料 0.5%。加工工艺：原料验收→杀菌→标准化→

原料混合→均质→超高温灭菌→包装。包装规格：250mL/瓶。

根据《税则注释》品目04.02的排他条款（二），该产品是添加香料的含乳饮料，超出了品目04.02的商品范围。根据归类总规则一及六，应将其归入税号2202.9900。

海关归类决定编号：D-1-0000-2015-0424。

乳及稀奶油，未浓缩或未加糖或其他甜物质，包括从成分上看其质和量都与天然产品完全一样的再造乳及奶油，归入品目04.01；浓缩或加糖或其他甜物质，归入品目04.02；凝结、发酵或酸化，归入品目04.03。

添加物质需在第四章总注释允许添加的范围内，如少量稳定剂、抗氧剂、化学品等，加可可或其他香料的乳品饮料，归入品目22.02；按重量计乳糖含量（以干燥无水乳糖计）超过95%的乳清制品，归入品目17.02；以天然乳为基本成分的食品，但含有本章规定不能添加的物质，归入品目19.01；以一种物质（例如，油酸酯）代替乳中一种或多种天然成分（例如，丁酸脂）而制得的产品，归入品目19.01或21.06；冰激凌及其他冰制食品，归入品目21.05。

乳及稀奶油的归类见下图：

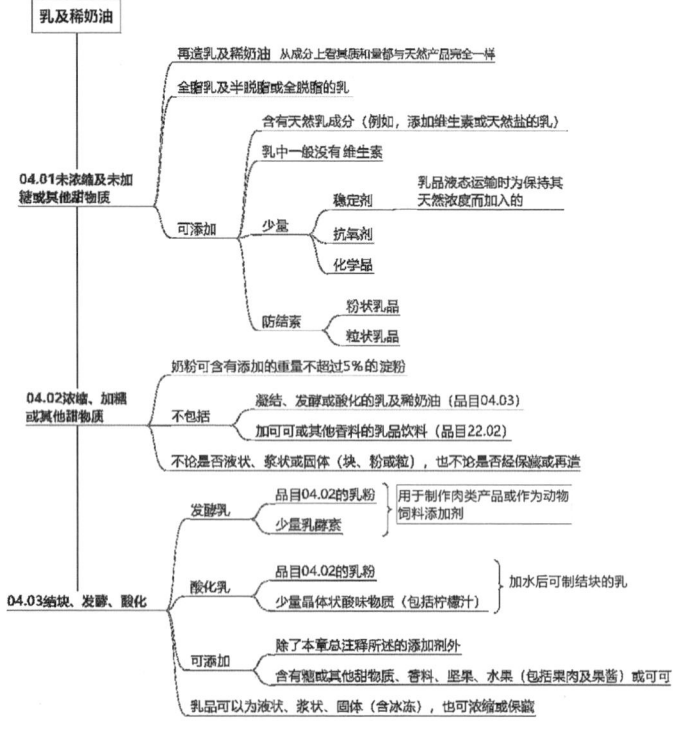

第 027 天 【答案】A

【正确率】 本题正确率为 26%，选项 D 为最大干扰项。

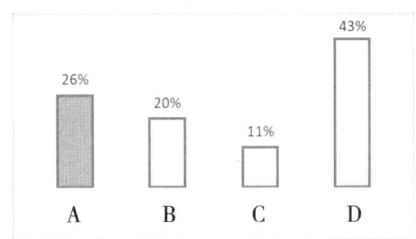

【解析】 该商品由天然椰子水加入果糖和维生素 C 组成，根据《税则注释》品目 20.09 的描述，"本品目的水果汁或植物汁，只要仍保持其原有特征，可含有下列物质，不论这些物质是生产过程所产生的或是专门加入的……糖、甜味剂、标准剂等"，其符合品目 20.09 的条文描述"未发酵及未加酒精的水果汁或坚果汁（包括酿酒葡萄汁及椰子水）、蔬菜汁，不论是否加糖或其他甜物质"。运用归类总规则一，应将其归入品目 20.09。本题正确答案为选项 A。

【归类参考】 海关归类决定编号：W2018-10。

根据本国子目注释，税号 2106.9040 的椰子汁，是以椰肉为原料经压榨、过滤、均质、灭菌等工艺制作而成。为使椰子汁不产生油水分离现象，可添加适量的稳定剂和乳化剂等；也可加入少量其他物质，但所加物质不能改变其基本特征。该子目所指"椰子汁"不可直接饮用，适用于制作蛋糕、糖果、饼干、冰激凌和咖喱等，并适用于烹饪菜、小吃和制作各种甜品。

水果汁一般通过压榨熟的而且质量好的新鲜水果制得，可以浓缩（不论是否冷冻），也可以为结晶体或粉末状，但其晶体和粉末必须完全或几乎完全溶于水，同类或不同类的水果汁和蔬菜汁之间的混合汁、复制汁（即在浓缩汁中加入不超过非浓缩汁正常含量的水制得的汁），只要仍保持其原有特征，可加糖、甜味剂、防发酵产品、标准试剂等，仍归入品目 20.09。

但在正常的水果汁中加入的水，或在浓缩汁中加入的水超出复制原天然汁所需的量，其稀释品即具有品目 22.02 所列饮料的特征。二氧化碳含量超过处理时所需正常含量的水果汁（充气水果汁）或蔬菜汁、柠檬水和果汁汽水，都应归入品目 22.02。

水果汁的归类见下图：

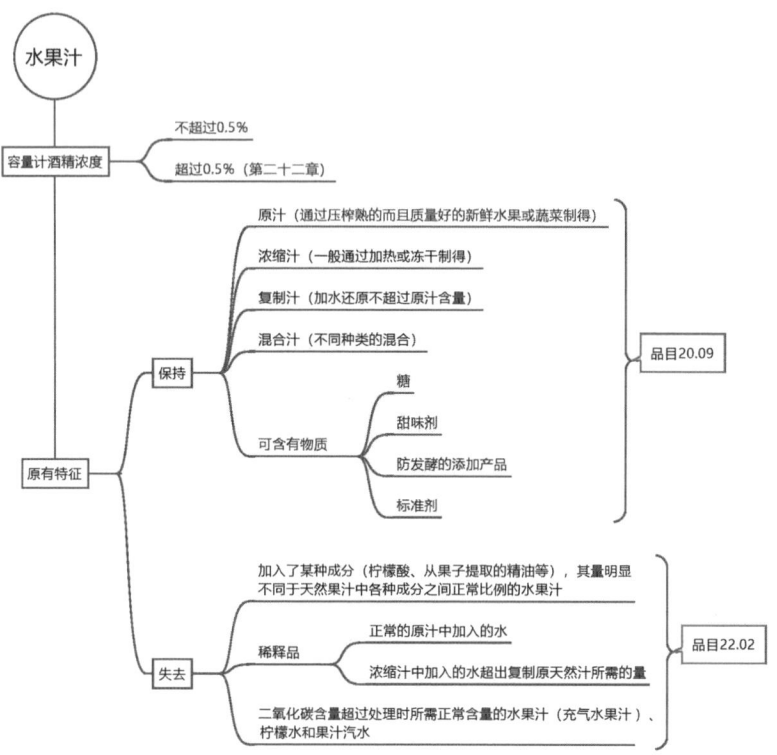

第 028 天 【答案】C

【正确率】 本题正确率为 40%，选项 D 为最大干扰项。

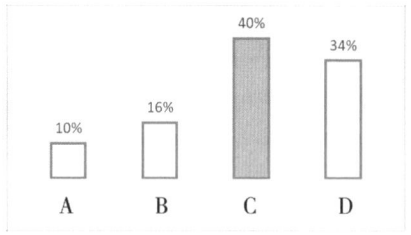

【解析】 该商品属于一种咖啡的浓缩精汁，根据《税则注释》品目 09.01 的排他条款"（二）咖啡精汁或浓缩物（有时称为速溶咖啡）及以这些汁、精或浓缩物为基本成分的制品……（品目 21.01）"，以及品目 21.01 注释描述"一、咖啡精汁及浓缩品……这类产品还包括名为速溶咖啡的产品，即经浸提并脱水或经浸提后冷冻及真空干燥的咖啡"，该商品符合《税则》品目 21.01 的条文描述"咖啡、茶、马黛茶的浓缩精汁及以其为基本成分或以咖啡、茶、马黛茶为基本成分的制品"。运用归类总规则一及六，应将其归入子目 2101.11。本题正确答案为选项 C。

【归类参考】 海关归类决定编号：W2016-006。

三合一速溶咖啡，主要成分为白砂糖41.3%、葡萄糖浆30.7%、植物油19.2%、速溶咖啡7%，还添加少量的稳定剂、乳化剂、抗结剂、色素等。零售包装，18g/包，主要用于咖啡厅或家庭冲饮。

该商品是以咖啡浓缩物为基本成分的制品，添加的白砂糖、葡萄糖浆及植物油等主要用来调节咖啡口感。运用归类总规则一，应将其归入子目2101.12。

海关归类决定编号：D-1-0000-2008-0238。

关于咖啡的冲泡有两类。一类需要滤渣，以纯咖啡豆为原料的咖啡归入品目09.01，不论是否磨碎；而"调味咖啡"，是一种以纯咖啡豆为原料，另加入食用香料的咖啡，其加工程度已超出了品目09.01的商品范畴，应归入子目2101.12；另一类无须滤渣，纯咖啡粉属于浓缩精汁，归入子目2101.11，三合一咖啡，是以浓缩精汁或咖啡为基本成分的制品，应归入子目2101.12。

第五周

第029天 【答案】C

【正确率】 本题正确率为45%，选项D为最大干扰项。

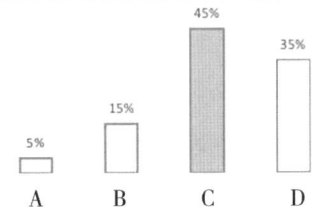

【解析】 丁腈是由丁二烯、丙烯腈经乳液聚合而成，属于合成橡胶。2022年版《协调制度》删除子目4015.11"外科用"，新增子目4015.12"医疗、外科、牙科或兽医用"，意味着子目范围扩大，也更加清晰明确。因此，依据2022年版《协调制度》及归类总规则一及六，该商品应归入子目4015.12。本题正确答案为选项C。

某 A 公司委托 D 公司于 2020 年 2 月 14 日以一般贸易方式向海关申报进口货物一票，申报品名为乳胶检查手套，申报商品编号为 40151100.00（相对应的关税税率为 8%），申报数量为 17250 双，申报总价为 EXW25185 美元。经海关核查，上述货物的商品编号应为 45151900.00（相对应的关税税率为 10%），与申报不符。经海关核定，上述进口货物的完税价格共计人民币 227218 元，应纳税款为人民币 55213.97 元，A 公司漏缴税款人民币 5135.12 元，最终海关科处罚款人民币 3100 元。

根据 2022 年版《协调制度》，子目 4015.19 部分商品会调整到子目 4015.12，因此从题目和案例来看，实际报验时适用的归类依据会不一样，应及时按 2022 年版《协调制度》更新调整。

第 030 天 【答案】C

【正确率】 本题正确率为 49%，选项 A 为最大干扰项。

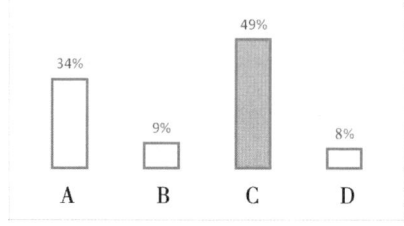

【解析】 该商品由雨刮胶条、高弹性钢片（内部）、雨刮臂接口、导流板组成，为刮水器总成的一部分，材质非单一的橡胶条，属于刮水器总成的零件，根据第十六类注释二（二），应将其归入品目 85.12。本题正确答案为选项 C。

本题主要考查零件的归类原则，如单独的雨刮胶条，硫化橡胶制，符合第十六类注释排他条款的描述"一、本类不包括：（一）第三十九章的塑料或品目 40.10 的硫化橡胶制的传动带、输送带；除硬质橡胶以外的硫化橡胶制的机器、机械器具、电气器具或其他专门技术用途的物品（品目 40.16）……"，故单独的雨刮条应归入品目 40.16，单独钢片，具有雨刮器专用性，则应归入品目 85.12。

第 031 天 【答案】D

【正确率】 本题正确率为 39%，选项 B 为最大干扰项。

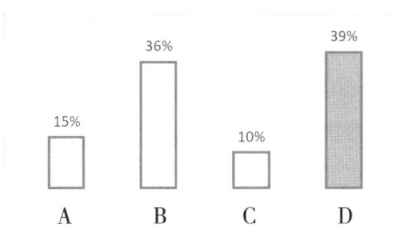

【解析】 混凝土泵车是利用压力将混凝土沿管道连续输送的机械。泵体装在汽车底盘上，再装备可伸缩或曲折的布料杆，组成泵车，其属于一种特种用途的车辆，应归入品目87.05。本题正确答案为选项D。

【归类参考】 海关归类决定编号：Z2006-0951。

 案例&启发

移动式起重机是一种带驾驶室的起重机，与起重机一起位于平台上，驾驶室与实际起重机工作一样，通过驾驶使用。起重机安装在带有2个轮子的车轮上的底盘上，通过使用移动式起重机内置的机械装置柴油电机、带换挡装置的变速箱、转向机构和制动机构来推进。该商品应归入品目84.26。

品目84.26不仅包括固定式机器，还包括移动式机器，不论其是否是自推进式，但不包括装在第八十六章所列车辆上的机器、装在第八十七章所列拖拉机或机动车辆上的机器、装在第八十九章所列浮动结构体上的机器。

汽车底盘或卡车上至少具有以下机械装备：推进发动机、齿轮箱及换挡控制器、驾驶及制动装置。由上述装置组成的设备应作为特种机动车辆归入品目87.05。

推进或控制装置装在驾驶室内，起重或搬运机器装在一个有车轮的底盘上。不论整套设备能否利用其本身动力在路面上行驶，均可归入品目84.26。

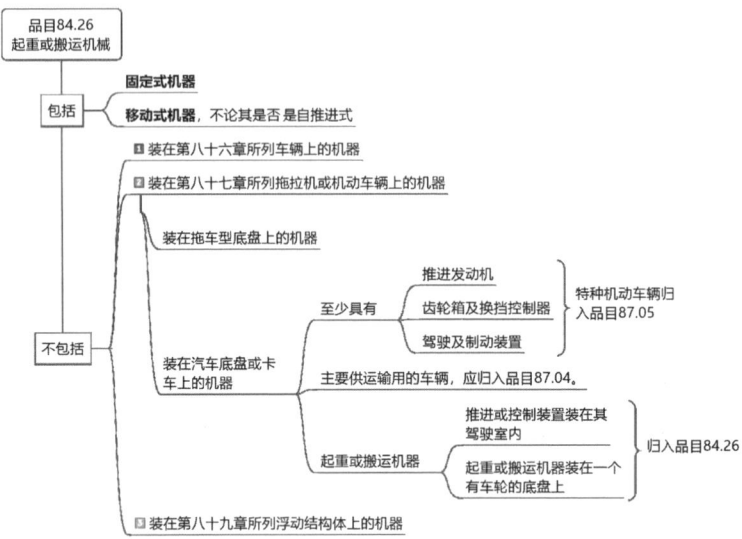

第 032 天　【答案】 A

【正确率】　本题正确率为 39%，选项 D 为最大干扰项。

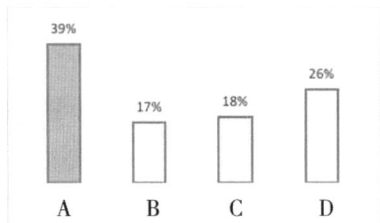

【解析】　该商品为医用防护面罩，有机玻璃制得，品目 90.04 只包括戴置于眼前的眼镜等物品，因此，遮护大部分脸部的物品不归入该品目（例如，焊接工的面罩、摩托车手的面罩及遮光帽檐、潜泳面罩）。有机玻璃（Polymethyl Methacrylate，PMMA），化学名称为聚甲基丙烯酸甲酯，是由甲基丙烯酸酯聚合成的高分子化合物。该商品应按塑料制品归类，依据归类总规则一，该防护面罩应按材质归入品目 39.26。本题正确答案为选项 A。

酒驾眼镜，专门用于模拟体验酒驾的眼镜，其原理是利用特制光学镜片来影响体验者的视觉，让配戴者体验到非常逼真的模拟酒醉感觉，会在配戴眼镜时有反应迟钝、头晕、视觉失真、重影，以及对空间和距离、判断力降低等症状。酒驾眼镜，因为不用于矫正视力或保护配戴者的眼睛，应归入品目 90.23。

品目90.04项下的商品,是指遮住眼睛的商品,或者用于保护眼睛或矫正配戴者的视力。

泳镜,用于保护配戴者的眼睛免受氯水或海水的伤害,归入品目90.04。但是,用于潜水或游泳的口罩浮潜覆盖着眼睛及配戴者的鼻子,则应按水上运动装备归入子目9506.29。同样,焊接工的面罩,由于该防护面罩的基本特征是由遮护脸部的材料决定,因此塑料制应归入品目39.26,钢铁制归入品目73.26。但电焊头盔应按其他安全帽归入子目6506.10。

另外,隐形眼镜片,尽管配戴用于矫正视力,但应归入品目90.01;观剧或观看比赛的带眼镜架望远镜及类似品,应归入品目90.05;玩具眼镜应归入品目95.03;狂欢节用品应归入品目95.05。

第033天 【答案】B

【正确率】 本题正确率为62%,选项A为最大干扰项。

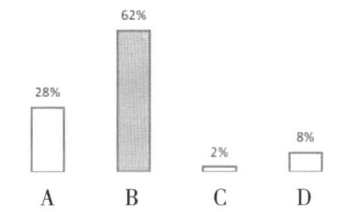

【解析】 该商品鞋套,又称鞋罩,是套在鞋上的防尘防护用品,根据第六十四章注释一(一)描述"不包括易损材料(例如,纸、塑料薄膜)制的无外缀鞋底的一次性鞋靴罩或套",这些产品应按其构成材料归类。该商品为塑料材质制,应按塑料制品归入品目39.26。鞋套不属于衣服及衣着附件,依据归类总规则一及六,应归入税号3926.9090。本题正确答案为选项B。

案例&启发

选项A是衣服及衣着附件(包括分指手套、连指手套及露指手套)。那么,哪些才能归入子目3926.20呢?下面通过三份归类决定来比较一下。

海关归类决定编号	品名	描述	子目
D-1-0000-2015-0171	保护罩	由一片染色、印花的塑料片构成，对折后将两边沿黏合，形成遮盖腿下部的罩套。可穿套在一般鞋靴外在潮湿泥泞路面行走。	3926.20
D-1-0000-2015-0172	保护罩	由两片相等透明的塑料片构成。切割成脚的大致形状，黏合在一块并在顶部留一开口使脚和鞋靴可伸入。	3926.20
D-1-0000-2015-0176	保护罩	由单片长方形塑料片对折并将边沿黏接而成，顶部开口用弹性橡胶线束紧。产品构成能伸缩的罩套在鞋靴上。	3926.90

关于衣着附件，在第三十九章未明确说明，根据第四十二章注释四描述，品目42.03所称"衣服及衣着附件"，主要适用于分指手套、连指手套及露指手套（包括运动手套及防护手套）、围裙及其他防护用衣着、裤吊带、腰带、子弹带及腕带，但不包括表带（品目91.13）。而第六十一章、第六十二章均将"分指手套、连指手套及露指手套"单列出一个品目。

另外，根据品目62.17描述"长筒袜、短袜、袜套（包括网眼织物制的）及没有用黏、缝或其他方法将外底固定在鞋面上的鞋靴（婴儿连袜鞋除外）"，这里的鞋靴指的是"Footwear"，是穿在脚上的，而非套在鞋上。

由此可见，鞋套一类商品没有明确的说明，但从归类决定的比较中可以发现，"顶部开口用弹性橡胶线束紧"最为关键，而在品目39.26注释一描述中，用塑料片缝合或焊接而成的衣着及衣着附件（玩具除外）强调了"用塑料片缝合或焊接而成"。因此关于鞋套类商品，归入子目3926.20的商品是由塑料片缝合或焊接而成，而超出其加工方法（如顶部开口用弹性橡胶线束紧）的商品，则应考虑归入子目3926.90。

第034天 【答案】C

【正确率】 本题正确率为61%，选项D为最大干扰项。

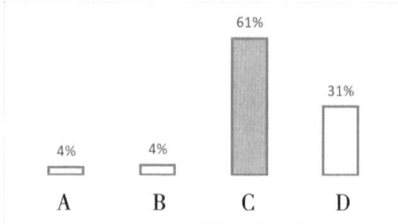

【解析】 该商品为双黄连口服液，中成药名，由金银花、黄芩、连翘三味中药组成，而其中的金银花又名二花、双花、金花、银花和忍冬花。其已

制成零售包装,属于一种中式成药,符合《税则》品目30.04的条文描述"由混合或非混合产品构成的治病或防病用药品(不包括品目30.02、30.05或30.06的货品),已配定剂量(包括制成皮肤摄入形式的)或制成零售包装"。运用归类总规则一及六,应将其归入税号3004.9059。本题正确答案为选项C。

案例&启发

风油精,主要成分为薄荷脑、樟脑、桉油、丁香酚、水杨酸甲酯,淡绿色澄清油状液体,有特殊的香气,味凉而辣。用于蚊虫叮咬及伤风感冒引起的头痛、头晕、晕车不适。药理作用:清凉、止痛、祛风、止痒。该商品应归入税号3004.9059。

完全源自植物、动物或矿物有效成分的已制成药品,药品本身或其全部有效成分均收录在现行的《中药大辞典》《本草纲目》等出版物内,属于中成药。而人体注射的药品,从植物、动物或矿物分离出的化学物质为有效成分的药品,不属于中成药。

海关总署公告2004年第18号(关于对药品进行商品归类的公告)规定,进口药品注册证是海关商品归类的依据之一。在海关需要时,进出口货物的收发货人应提供该证的复印件。

根据2020年7月1日施行的《药品注册管理办法》第一百二十三条规定,境内生产药品批准文号格式为:国药准字H(Z、S)+四位年号+四位顺序号。中国香港、澳门和台湾地区生产药品批准文号格式为:国药准字H(Z、S)C+四位年号+四位顺序号。

境外生产药品批准文号格式为:国药准字H(Z、S)J+四位年号+四位顺序号。

其中,H代表化学药,Z代表中药,S代表生物制品。

可从批准文号首字母来判定是否为中成药。

第035天 【答案】B

【正确率】 本题正确率为27%,选项C为最大干扰项。

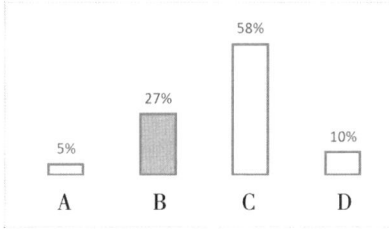

【解析】 该商品测温范围为-30℃~650℃,明显为工业用数显式温度

计,符合品目90.25的条文描述"记录式或非记录式的液体比重计及类似的浮子式仪器、温度计、高温计、气压计、湿度计、干湿球湿度计及其组合装置"。运用归类总规则一及六,应将其归入税号9025.1910。本题正确答案为选项B。

第六周

第036天 【答案】B
【正确率】 本题正确率为35%,选项C为最大干扰项。

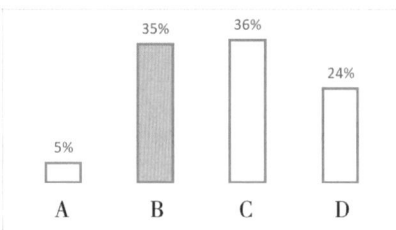

【解析】 本题首先要理解"褥垫"(Mattresses)的概念,床垫属于褥垫寝具的一种。乳胶床垫有物理发泡和化学发泡两种工艺,纯天然乳胶是无法成型的,市场上所谓的"天然乳胶"床垫,其乳胶纯度只有20%~40%,多数产品都添加了化学发泡剂。乳胶床垫也属于海绵橡胶制品,根据《税则》第四十章注释二(五)的排他条款,其符合品目94.04的条文描述"寝具及类似用品,装有弹簧、内部用任何材料填充、衬垫或用海绵橡胶、泡沫塑料制成,不论是否包面(例如,褥垫、棉被、羽绒被、靠垫、坐垫及枕头)"。运用归类总规则一及六,应将其归入税号9404.2100。本题正确答案为选项B。

第037天 【答案】C
【正确率】 本题正确率为56%,选项D为最大干扰项。

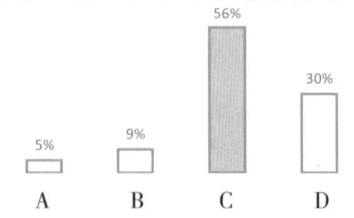

【解析】 根据《税则注释》品目90.21注释三(三)条文描述"人造

的其他人体部分，例如，臂、前臂、手、腿、脚、鼻、人造关节（例如，髋关节及膝关节），以及代替血管的合成纤维织物制管子及心脏瓣膜。该心脏瓣膜属于生物瓣膜，最终植入人体，属于人造的其他人体部分"，运用归类总规则一及六，该商品应归入税号9021.3900。本题正确答案为选项C。

第038天 【答案】D
【正确率】 本题正确率为46%，选项B为最大干扰项。

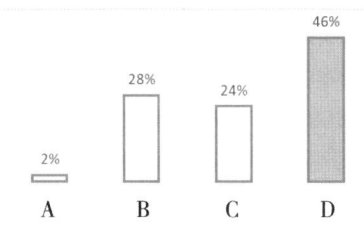

【解析】 该滑轮易错归为品目83.02或84.83。该商品为汽车车门上的专用零件，不在《税则》第十七类总注释三（一）"第十七类注释二规定不包括的零件及附件"的范围内，因此不符合品目83.02条文描述"三、不属于第十七类所列零件或附件范围的机动车辆用附件及架座"的范围。运用归类总规则一及六，应将其归入税号8708.2990。本题正确答案为选项D。

第039天 【答案】D
【正确率】 本题正确率为51%，选项B为最大干扰项。

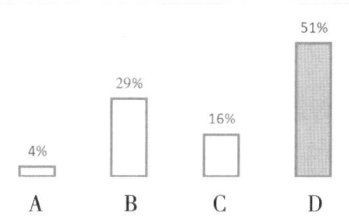

【解析】 该商品材质为钢芯基材，表面镀镍，外加塑料护套，属于贱金属制品。回形针英文为"Paper clip"，属于文件夹的范畴。其符合品目83.05条文"活页夹、卷宗夹的贱金属附件，贱金属制的信夹、信角、文件夹、索引标签及类似的办公用品"的描述。运用归类总规则一及六，应将其归入税号8305.9000，本题正确答案为选项D。

案例&启发

活页环，镀镍钢丝制，可用于卡片、活页、钥匙圈等多种用途。该商品应按材质归入子目7326.20。

子目 8305.10 包括供活页夹、卷宗夹用的夹子、绳、弹簧杆、环、螺钉等贱金属附件;子目 8305.90 包括供账簿或其他文具书本用的护环、护带及护角;用于文件扣扎或索引标记的办公室金属文具(例如,信夹、文件夹、文件扣件、信角、卡片索引标签、分档标签、穿钉文件夹);这些都限定用于办公用品。

品目 83.05 不包括书籍、账簿等用的夹子及扣件(品目 83.01 或 83.08);品目 83.01 将扣件及钩环指向品目 83.08;品目 83.08 限定用于手提包、钱包、公事包、公文箱或其他旅行容器、书籍或手表。有些商品及描述极其相似,如果未能全面了解信息,那么所归入税号就会有许多不确定性。

第 040 天 【答案】C

【正确率】 本题正确率为 41%,选项 D 为最大干扰项。

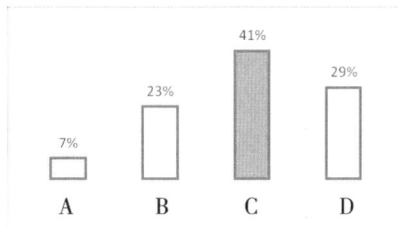

【解析】 该滤芯棉呈圆筒形,聚丙烯纤维制,可直接安装使用,用于净水器过滤,具有纺织制品特征。净水器专用零件可归入税号 8421.9990。但是,该滤芯棉是由单一纺织材料制成,属于专门技术用途的纺织制品,并不能按净水器专用零件归类。根据《税则》品目 84.21 注释描述,纺织材料过滤元件应按其构成材料归类。因此,该滤芯棉不能归入净水器的专用零件,且非成匹、裁成一定长度或仅裁成矩形(包括正方形)的用于榨油机器或类似机器的滤布,也不能归入税号 5911.4000,其符合《税则注释》品目 59.11 "专门技术用途的纺织产品及制品"的描述。运用归类总规则一及六,应将其归入税号 5911.9000。本题正确答案为选项 C。

【归类参考】 海关归类决定编号:D-1-0000-2015-0202。

不锈钢制双层过滤网,内层高精度过滤网贴合在外层滤网内壁上,和食品级硅胶手柄组合,使用时一般放置在滴漏式咖啡壶壶口上,冲泡咖啡时,过滤

咖啡内大的颗粒，滤网直径 10cm，通常配套 8cm 口径咖啡壶，适合 1~2 人使用。

该过滤网成漏斗形，冲泡咖啡时，过滤咖啡内大的颗粒，根据尺寸和使用人数判断适合家用，符合品目 84.21 的注释描述"（二）液体或气体的过滤或净化机器及装置，但过滤漏斗、滤奶器及油漆过滤器等除外（通常归入第七十三章）"，应按家用钢铁器具归入品目 73.23。

品目 84.21 根据过滤对象区分子目：子目 8421.2 为液体的过滤、净化机器及装置，子目 8421.3 为气体的过滤、净化机器及装置。

可根据产品的结构组成、材质、过滤原理来判断具体的子目。但要注意哪些不能归入品目 84.21：

1. 纸浆制的滤块应归入品目 48.12；矩形（包括正方形）以外其他形状的滤纸及滤纸板归入品目 48.23；

2. 陶瓷制过滤器应归入第六十九章；

3. 纺织品、毡呢制过滤装置应作为专门技术用途的纺织制品归入品目 59.11；

4. 无纺织物制过滤装置也可按专门技术用途的纺织制品归入品目 59.11；

5. 手用粗筛、细筛，根据颗粒大小筛选固体物质用，应归入品目 96.04；

6. 具有固定性质的钢铁制粗筛及细筛（例如，放于地上供筛选泥土、砂砾用的网筛），一般归入品目 73.26；

7. 由底部装有排孔金属薄片的容器组成的简单滤器（例如，制奶酪用），装有滤器装置的漏斗，牛奶滤器，油漆、白灰水、杀菌溶液等的滤器，一般归入第七十三章；

8. 装在机器或用具上的粗筛及细筛（例如，用于磨粉业、农业、选石、选矿业等），按照第十六类注释二的规定，这些筛子应作为机器等的零件，一般与专用或主要使用筛子的机器一同归类（例如，品目 84.37 或 84.74）。

第 041 天　【答案】D

【正确率】　本题正确率为 34%，选项 B 为最大干扰项。

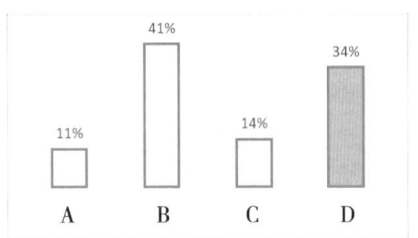

【解析】 该商品为一种醋酸溶液,其浓度超过10%,根据《税则》第二十二章注释一(四)排他条款的规定"按重量计浓度超过10%的醋酸(品目29.15)",其符合品目29.15的条文描述"饱和无环一元羧酸及其酸酐、酰卤化物、过氧化物和过氧酸,以及它们的卤化、磺化、硝化或亚硝化衍生物",且其不属于冰乙酸(冰乙酸为无水醋酸)。运用归类总规则一及六,应将其归入税号2915.2190。本题正确答案为选项D。

第042天 【答案】A
【正确率】 本题正确率为47%,选项D为最大干扰项。

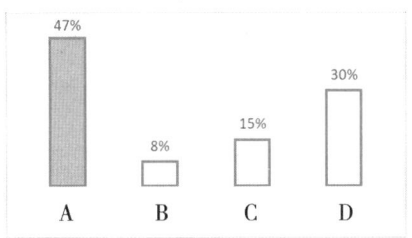

【解析】 根据《税则注释》,品目87.12包括非机动脚踏车,即装有一个或多个车轮的脚踏车[例如,自行车(包括儿童用自行车)、三轮脚踏车、四轮脚踏车],但不包括儿童脚踏车(儿童自行车除外)(品目95.03)。另外,品目95.03不包括儿童两轮车(品目87.12);自行车应属于两轮自行车,两端为平衡轮,不能算作车轮。运用归类总规则一,应将其归入品目87.12。本题正确答案为选项A。

第七周

第043天 【答案】B
【正确率】 本题正确率为13%,选项C为最大干扰项。

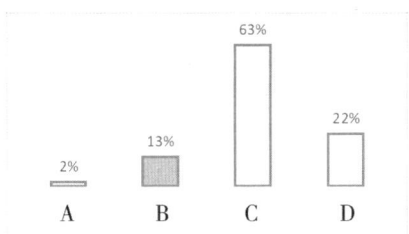

【解析】 该商品不能实际使用,属于供儿童娱乐的玩具,符合《税则》品目95.03的条文描述"三轮车、单脚滑行车、踏板车及类似的带轮玩具;玩偶车;玩偶;其他玩具"。运用归类总规则一及六,应将其归入品目95.03。本题正确答案为选项B。

第044天 【答案】C

【正确率】 本题正确率为39%,选项B为最大干扰项。

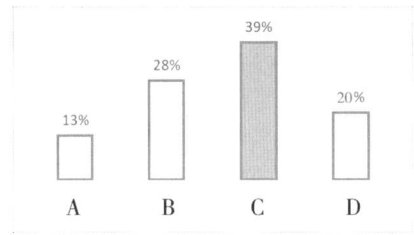

【解析】 根据《税则注释》,品目96.03包括"用橡胶或塑料整件模制而成的帚及刷"。该刷头需要配合刷柄使用,配合牙刷柄的震动清洁舌苔,其本身已构成产品基本特征。运用归类总规则一、二(一)及六,应将其归入税号9603.2900。本题正确答案为选项C。

第045天 【答案】D

【正确率】 本题正确率为29%,选项B为最大干扰项。

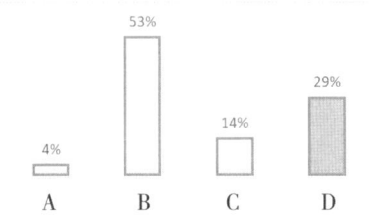

【解析】 该商品已制成特殊形状,为一口就可含食的巧克力,不属于"块状或条状"的巧克力,其符合《税则》品目18.06的条文描述"巧克力及其他含可可的食品"。运用归类总规则一及六,应将其归入子目1806.90。本题正确答案为选项D。

【归类参考】 海关归类决定编号:J2010-0002。

第 046 天　【答案】B

【正确率】　本题正确率为 55%，题目较容易。

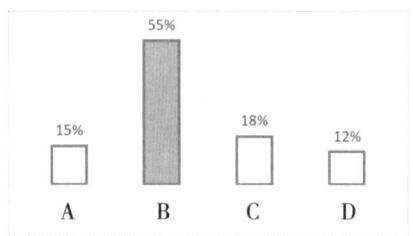

【解析】　根据《税则注释》，品目 96.03 包括"动物（马、狗等）整理用刷"。运用归类总规则一及六，应将其归入税号 9603.9090。本题正确答案为选项 B。

第 047 天　【答案】A

【正确率】　本题正确率为 36%，选项 C 为最大干扰项。

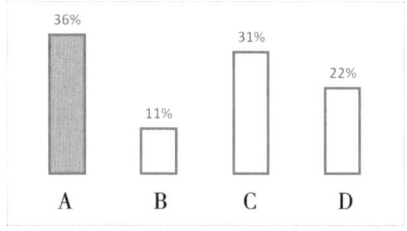

【解析】　该商品为圆形灯泡，非灯管，由一个玻璃外壳、多个发光二极管、螺旋灯头构成，符合品目 85.39 注释描述"此类灯泡（管）的光源来自一个或多个发光二极管（LED）。它由一个玻璃或塑料外壳、一个或多个发光二极管（LED）构成。电路对交流电源进行整流并将电压转换到发光二极管（LED）可用水平。并配有灯头（例如，螺旋式、卡口式或双引脚式），以便装在灯座上。某些灯泡（管）还包含散热片"。运用归类总规则一及六，应将其归入子目 8539.5。本题正确答案为选项 A。

案例&启发

LED 多芯片发光器件，将多个发光二极管的芯片在具有电路设计的硅片上以半导体工艺进行布线集成封装；该硅片上进行布线设计完成集成后，再将荧光材料和胶体或玻璃的一次光学成型于其上，具有高效节能和最低热阻的特点。进口后需搭配使用特制驱动电路板才能发光，作为光源使用。

海关归类决定编号：D-1-0000-2010-0105。

该商品内含多个 LED 芯片，且完全使用半导体工艺制作和封装而成，除 LED 芯片外不含其他半导体器件，并未超出《税则》品目 85.41 的半导体结构，故该商品应归入品目 85.41。发光二极管（LED）是由半导体材料制成的半导体器件，即使相互电连接，甚至与保护二极管结合，也能将电能转化为可见光、红外线或紫外线辐射。品目 85.41 的发光二极管（LED）不含用于供电或控制电源的元件。插脚式 LED 灯泡与引脚式 LED 元件相似，前者是光源，归入品目 85.39，后者为元件，归入品目 85.41。

2022 年版《协调制度》新增子目 8541.41"发光二极管（LED）"，包括单个 LED，也包括多个 LED 芯片封装在一起的 LED 器件，允许带有额外的保护二极管（齐纳管）。"LED 芯片+PCB 板"构成的发光二极管组件，仍可归入子目 8541.41，但不能带有调节直流电流/电压的调节电路（如带有，则归入品目 85.39）。

第 048 天　【答案】 A

【正确率】　本题正确率为 33%，选项 B 为最大干扰项。

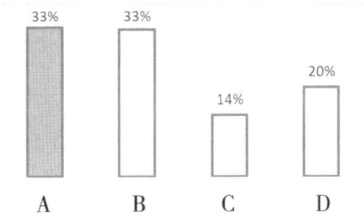

【解析】　该商品属于干重量在 7% 及以上的番茄汁，根据《税则》第二十章注释四的规定，"干重量在 7% 及以上的番茄汁归入品目 20.02"，并且其符合品目 20.02 的条文描述"番茄，用醋或醋酸以外的其他方法制作或保藏的"。运用归类总规则一及六，应将其归入税号 2002.9011。本题正确答案为选项 A。

第 049 天　【答案】 B

【正确率】　本题正确率为 36%，选项 D 为最大干扰项。

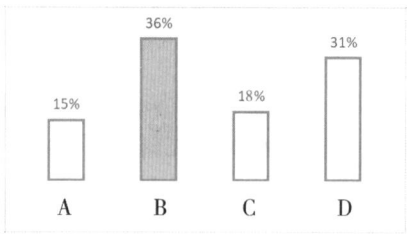

【解析】 电动滚筒设计用于辊式输送机,由直流电机、齿轮箱、滚珠轴承和驱动轮组成。根据品目85.01注释排他条款,"本品目也不包括:(一)装有电动机的滚筒或滚轴,适用于带式或辊式运输机(品目84.31)",其符合品目84.31"专用于或主要用于品目84.25至84.30所列机械的零件"的条文描述。运用归类总规则一及六,应将其归入税号8431.3900。本题正确答案为选项B。

内燃机用的启动电机,归入品目85.11;产震马达及电磁振动器,归入品目84.79;同步电动机与时钟传动齿轮系装在一起,归入品目91.09。

第八周

第050天　【答案】C
【正确率】　本题正确率为54%,选项A为最大干扰项。

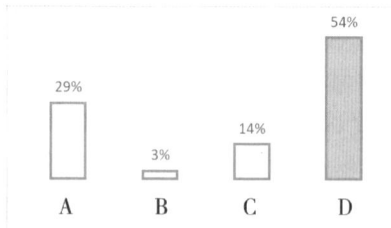

【解析】 该商品是一种通过蒸馏制法制得的饮用纯净水,根据《税则》第二十二章注释一(三)排他条款的规定"蒸馏水、导电水及类似的纯净水(品目28.53)",其符合品目28.53的条文描述"其他无机化合物(包括蒸馏水、导电水及类似的纯净水)"。运用归类总规则一及六,应将其归入税号2853.9010。本题正确答案为选项C。

蒸馏水和纯净水是两个不同的概念,纯净水的范畴要大于蒸馏水。蒸馏水是指经过蒸馏、冷凝制得的水;纯净水是指不含杂质的水,简称净水或纯水,可通过电渗析器法、离子交换器法、反渗透法、蒸馏法及其他适当的加工方法制得,密封于容器内,且不含任何添加物,无色透明,可直接饮用。蒸馏水应归入税号2853.9010,纯净水则归入税号2853.9090。

第051天 【答案】A

【正确率】 本题正确率为39%,选项D为最大干扰项。

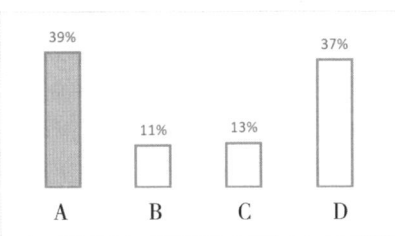

【解析】 该商品化学式为CH_2FCF_3,属于一种无环烃氟化衍生物,其符合《税则》品目29.03的条文描述"烃的卤化衍生物"。运用归类总规则一,应将其归入品目29.03。本题正确答案为选项A。

第052天 【答案】B

【正确率】 本题正确率为60%,题目较容易。

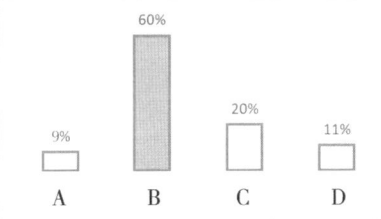

【解析】 吊秤,最大称重为300kg,属于数显式衡器。其符合品目84.23条文"衡器(感量为50mg或更精密的天平除外),包括计数或检验用的衡器"的描述。运用归类总规则一及六,应将其归入税号8423.8290。本题正确答案为选项B。

第053天 【答案】A

【正确率】 本题正确率为28%,选项C为最大干扰项。

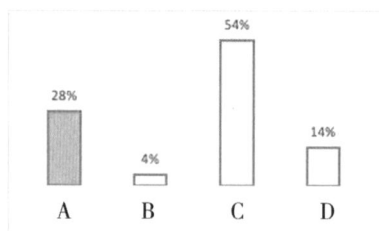

【解析】 该商品为小脚轮,根据第八十三章注释二描述,"品目83.02所称'脚轮',是指直径(对于有胎的,连胎计算在内,下同)不超过75mm的或直径虽超过75mm,但所装轮或胎的宽度必须小于30mm的脚轮",而根据品目83.02注释描述,"小脚轮必须带有贱金属支架,但轮子可由任何材料(贵金属除外)制成",题目中小脚轮的连接杆为金属,其他均为塑料,连接杆与支架不同,因此该商品不符合品目83.02的描述。依据归类总规则一,该商品应按塑料制品归入品目39.26。本题正确答案为选项A。

品目83.02的小脚轮,必须带有贱金属支架,但轮子可由任何材料(贵金属除外)制成。那么如何理解"贱金属支架",就成为判断是否符合品目83.02"小脚轮"的关键。

小脚轮　　　　车轮　　　　支架　　　　轴承

支架是支撑轮子的架座,对于脚轮的归类,应从金属支架的角度并以第八十三章注释二为分析依据,超出品目83.02描述时,需兼顾通用性的判定。可见如下归类决定:

海关归类决定编号:D-1-0000-2011-0011
决定税号:87.16
商品名称(中文):脚轮
商品描述:脚轮,直径为125mm,轮宽为30mm。该脚轮可旋转,为双列轴承的旋转头。轮架材质为聚酰胺,轮心材质为聚丙烯,胎面材质为热塑橡胶,所有金属零部件都由不锈钢制成。其主要用于手推车上,也可用于医疗器械等,具有一定的通用性。
归类意见:该商品明显具有通用性,其结构主要用于移动其他物品,可归入《税则》品目87.16项下。

作为轮椅用的脚轮安装在轮椅车架的前部，外径为 100mm、125mm 和 150mm 且最大宽度为 40mm。该商品用于残疾人轮椅，尺寸超过第八十三章注释描述，由于其专用特征，应归入品目 87.14。

第 054 天　【答案】B

【正确率】　本题正确率为 46%，选项 D 为最大干扰项。

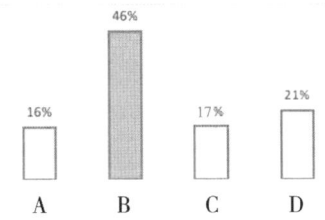

【解析】　该商品为空白海运提单，符合品目 48.20 注释四描述"多联商业表格纸，为多栏项的成套表格，表格印有自印复写纸上，或表格页间夹有复写纸。这些表格用于填制多张副本，可以是连续的或不连续的。这类表格印有内容并需要按其要求填写有关情况"。品目 48.16 注释不包括多联商业表格纸及页间夹有复写纸的本子（品目 48.20）。该商品为无碳复写纸制，六联单，属于多联商业表格纸。依据归类总规则一及六，应将其归入税号 4820.4000。本题正确答案为选项 B。

 案例&启发

一份正本海运提单，正面包括 B/L No、发货人、收货人、船公司及地址、船名、装运港及转运港、签号及号码、数量、重量、体积、运费，是一种在背面、签字栏等处印有运输条款和条件的提单，尚未完成或验证。该海运提单为所有权凭证，应归入品目 49.07。

航空运单是指承运人与托运人之间签订的运输合同，不是物权凭证，不能通过背书转让，应归入品目 49.11。

第 055 天　【答案】B

【正确率】　本题正确率为 27%，选项 C 为最大干扰项。

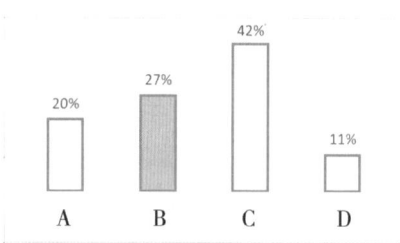

【解析】 该商品由多种调味香料混合而成,其不符合《税则》第九章注释一(二)所述的混合物,属于品目09.10的列名产品。该商品符合品目09.10的条文描述"姜、番红花、姜黄、麝香草、月桂叶、咖喱及其他调味香料"。运用归类总规则一及六,应将其归入税号0910.9900。本题正确答案为选项B。

咖喱粉,用不同比例的姜黄(郁金)、各种调味香料(例如,芫荽、黑胡椒、枯茗子、姜、丁香)及其他一些虽不归入第九章,但常作为香料用的调味料(例如,大蒜粉)混合而成。由于咖喱粉还包括一些不归入第九章的调味料,故不符合第九章注释一(二)混合物的描述,应归入税号0910.9900。

而第九章注释一(二)所述的混合物,是指品目09.04至09.10所列产品的混合物,例如,胡椒(品目09.04)与品目09.08所列产品的混合物。当以上混合物的配料单独报验时,它们应分别归入不同品目。该注释限定了范围是品目09.04至09.10所列产品,这些混合物应归入税号0910.9100。

第056天 【答案】C

【正确率】 本题正确率为59%,选项D为最大干扰项。

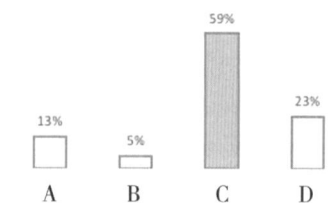

【解析】 该商品为牙刷柄(不含牙刷头),根据品目96.03注释描述"不包括刷架或刷柄(按构成材料归类),该牙刷柄由聚丙烯(PP)和热塑性弹性体(TPE)制成",依据归类总规则一及六,应归入税号3926.9090。本题正确答案为选项C。

清洁器具用刷头，应归入子目 9603.50。

电动牙刷头，应归入子目 9603.21（包括作为器具零件的上述刷），而不能归入品目 85.09，也不能归入子目 9603.50（作为机器、器具、车辆零件的刷）。

第九周

第 057 天　【答案】A

【正确率】　本题正确率为 30%，选项 D 为最大干扰项。

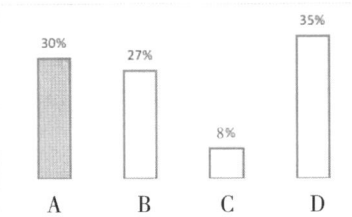

【解析】　该商品由实木制成，带有用于悬挂的金属挂钩和呈矩形框架形状的金属横杆，上面有两个用于悬挂衣服的金属扣。框架杆不是封闭的结构，而是凹入木制横杆中，主要的结构和承重元素是木制横杆。该商品以实木横杆为主要特征，依据归类总规则一、三（二）及六，应归入税号 4421.1000。本题正确答案为选项 A。

第 058 天　【答案】C

【正确率】　本题正确率为 44%，选项 D 为最大干扰项。

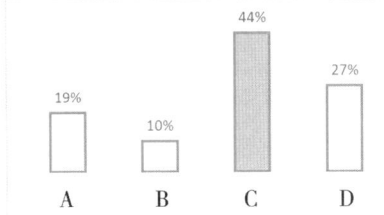

【解析】　该商品设计用于升降椅，可调节座椅的高低。该商品没有外接的气体源，不符合《税则注释》关于品目 84.12 "气压动力装置" 的描述 "使用外部压缩空气或其他压缩气体源"，故不应归入《税则》品目 84.12。

同时，该商品符合《税则注释》关于"独立功能"的定义，且其缓冲功能在第八十四章其他品目中无列名，符合品目84.79及其子目条文的描述，根据归类总规则一及六，应归入子目8479.89。本题正确答案为选项C。

第059天　【答案】B

【正确率】　本题正确率为43%，选项C为最大干扰项。

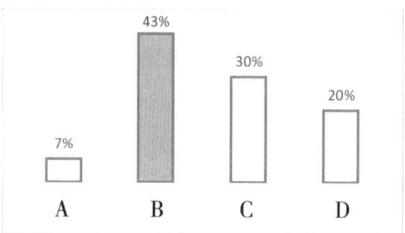

【解析】　该商品为病人提升机，符合品目84.28注释的描述"（十一）病人升降机。这种设备配有支承架和座位，用以将坐着的人抬起或放下，例如，将他们放进浴室或放上床。可移动座位是用绳索或链固定在支承架上"。运用归类总规则一及六，应将其归入税号8428.9090。本题正确答案为选项B。

案例&启发

根据品目90.18注释描述，"本品目包括种类繁多的仪器及器械，这些仪器及器械主要是供各专科医务人员（例如，医生、牙医、兽医、助产士等）专门用于疾病的预防、诊断、医治或手术治疗等"，本题选项C的商品仅仅是用于实现病人移动的设备，并符合用于进行疾病的预防、诊断、医治和手术治疗等操作的设备。而且，品目84.28注释列名了"（十一）病人升降机"属于一种搬运机械。

品目90.18也不包括：病残人用车（品目87.13）；视力矫正、眼睛保护等用的眼镜、护目镜及类似品（品目90.04）；矫形用具、人造假肢及骨折用具，包括兽用的（品目90.21）；品目90.22的X射线设备等（不论是否医用）。

第060天　【答案】C

【正确率】　本题正确率为28%，选项A为最大干扰项。

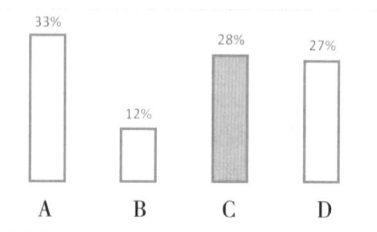

【解析】 该商品为车辆电瓶专用打火线,当车辆电瓶无电的情况下,经打火线与外界电源连接,本身并不安装在车辆上,不属于车辆用布线组,结构为由两根带接头的单芯电线组成,亦不符合电缆定义,电压不超过80V,运用归类总规则一及六,应将其归入税号8544.4219。本题正确答案为选项C。

案例&启发

有关线缆的归类,需要确定其用途、电压、结构组成。品目85.44项下的主要商品包括:漆包线,若漆包线非作为绕组线用,则不可归入子目8544.1项下,应归入其他子目;子目8544.30仅限于"车辆、航空器、船舶用"并且必须由多组电线或电缆等构成。

第061天 【答案】C
【正确率】 本题正确率为34%,选项D为最大干扰项。

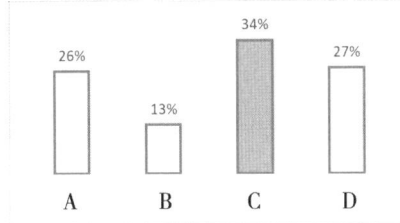

【解析】 玫瑰茄又称洛神花、洛神葵、洛神果、洛济葵,是锦葵科木槿属的物种,主要用于生产果脯、天然色素、花草茶原料。其非茶属植物,不能归入《税则》品目09.02;其未列入《中华人民共和国药典》,因此也不能按药料归入品目12.11。其属于一种供人食用的植物产品,符合品目12.12的条文描述"主要供人食用的其他品目未列名的果核、果仁及植物产品(包括未焙制的菊苣根)"。运用归类总规则一及六,应将其归入税号1212.9999。本题正确答案为选项C。

玫瑰花茶,干制,200g/袋,应归入税号1211.9099。

根据品目12.11注释描述:本品目的某些植物或植物的某部分(包括子仁及果实)可包装(例如,用小袋包装)成草本植物浸泡剂或草本植物"茶"。由单一品种的植物或植物某部分(包括子仁及果实)构成的这些产品

(例如，薄荷"茶")仍归入本品目。干玫瑰花符合品目12.11用途描述，应归入税号1211.9099。

从茶属灌木获得的干茶花，无论是否用于制药，应归入品目09.02。茉莉花茶属于花茶，茶胚为绿茶，成品将茉莉花去除，亦属于绿茶的一种，归入品目09.02。马黛茶（巴拉圭茶），属于供制草本植物浸泡剂或草本植物"茶"的产品，归入品目09.03。洋甘菊花茶应归入品目12.11。人参"茶"（一种掺乳糖或葡萄糖的人参精混合品）归入品目21.06。

第062天 【答案】A

【正确率】 本题正确率为26%，选项C为最大干扰项。

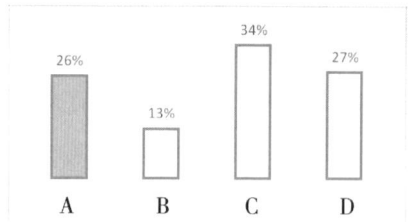

【解析】 根据商品描述和图片结构所示，该商品属于由三根电线制成的布线组，符合《税则》品目85.44及其子目条文的描述。由于该商品用于汽车燃油泵，属于车辆用。运用归类总规则一及六，应将其归入税号8544.3020。本题正确答案为选项A。

第063天 【答案】D

【正确率】 本题正确率为18%，选项C为最大干扰项。

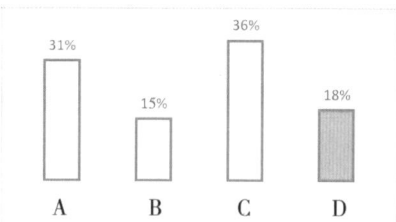

【解析】 根据商品描述和图片结构所示，该商品由两根单芯电线制成，一端并用一个连接器，另一端各自带有一个金属接线端子，属于其他电导体，符合《税则》品目85.44及其子目条文的描述。该商品用于叉车，非车辆用，不符合子目8544.30的用途。运用归类总规则一及六，应将其归入税号8544.4219。本题正确答案为选项D。

第十周

第 064 天 【答案】C
【正确率】 本题正确率为47%,选项A为最大干扰项。

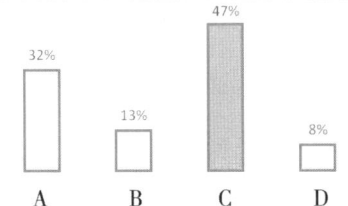

【解析】 该商品为单根导线,不属于布线组。运用归类总规则一及六,应将其归入税号8544.4219。本题正确答案为选项C。

第 065 天 【答案】D
【正确率】 本题正确率为43%,选项A为最大干扰项。

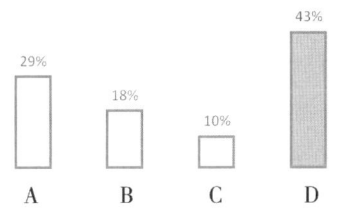

【解析】 该商品用于导电,非电缆结构,应按其他电导体归类,符合《税则》品目85.44的描述,并根据其电压≤60V,且无接头,应归入税号8544.4919。本题正确答案为选项D。

第 066 天 【答案】C
【正确率】 本题正确率为26%,选项B为最大干扰项。

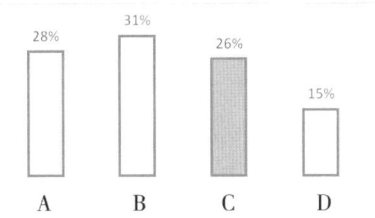

【解析】 该智能开关由插座、开关、电路板等构成,可以通过手机App连接控制,其结构已经超出《税则》品目85.36的描述,符合品目85.37的

描述，应归入税号8537.1090。本题正确答案为选项C。

常见的一些简单的组合开关、拖线板应归入品目85.36，通常情况下，这类商品只是对某些信号进行单一的重复控制。

第067天　【答案】A

【正确率】　本题正确率为66%，题目较容易。

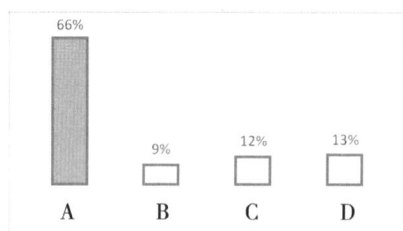

【解析】　钛钢是一种不含钛的不锈钢。该商品是穿戴用装饰品。根据第七十一章注释九（一）描述"个人用小饰物（例如，戒指、手镯、项圈、饰针、耳环、表链、表链饰物、垂饰、领带别针、袖扣、饰扣、宗教性或其他勋章及徽章）"，以及第七十一章注释十一仿首饰的定义，该商品属于品目71.17所称"仿首饰"。运用归类总规则一及六，应将其归入税号7117.1900。本题正确答案为选项A。

第068天　【答案】A

【正确率】　本题正确率为53%，选项B为最大干扰项。

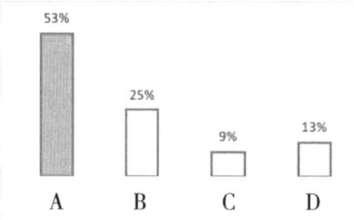

【解析】　该商品为涂抹于睫毛的化妆品，根据品目33.04注释（二）描述"眼睑膏、染眉毛（或睫毛）油、画眉笔及其他眼用化妆品"，以及子目3304.20条文描述，眼用化妆品指的是眼部化妆品，染眉膏和睫毛膏都属于眼部化妆品，但实际作用不一样。依据归类总规则一及六，该商品应归入税号3304.2000。本题正确答案为选项A。

睫毛膏瓶，由圆柱形塑料容器和内置刷子的塑料盖组成，用于涂抹于睫

毛的化妆品，该商品应归入哪个子目？

观点一：按塑料容器特征归入子目3923.90；

观点二：按刷子特征从后归入子目9603.12。

品目39.23包括所有通常用于包装或运输各种货物的塑料制品。因此，即使盖子带刷子，空容器也可以归入品目39.23。

第069天　【答案】 D

【正确率】 本题正确率为74%，题目较容易。

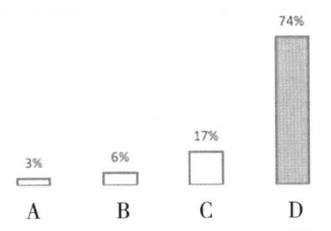

【解析】 针织束腰带，符合品目62.12条文的描述"胸罩、束腰带、紧身胸衣、吊裤带、吊袜带、束袜带和类似品及其零件，不论是否针织或钩编的"。根据第六十一章注释二，"本章不包括：（一）品目62.12的货品"，运用归类总规则一，应将其归入品目62.12。本题正确答案为选项D。

第070天　【答案】 A

【正确率】 本题正确率为47%，选项B为最大干扰项。

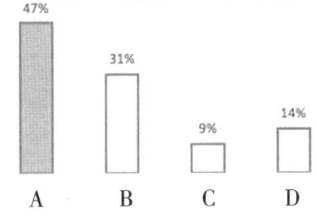

【解析】 品目39.23项下商品描述如下图：

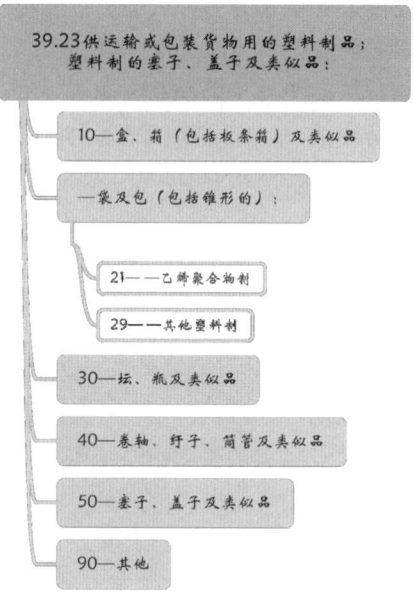

根据上图可知，本题正确答案为选项 A。

第十一周

第 071 天　【答案】C

【正确率】　本题正确率为 53%，选项 A 为最大干扰项。

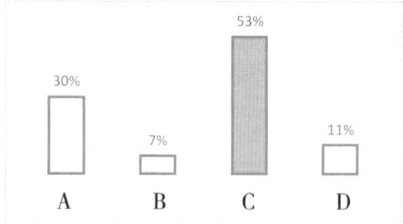

【解析】　该商品应根据阳极的构成材料确定归类，归入子目 8506.50。在原电池中，阳极是负极，电子由负极流向正极。锂电池与锂离子电池不同，前者是一次电池，后者可反复充电。本题正确答案为选项 C。

品目 85.06 项下的原电池主要为"电池通过化学反应产生电能"，与品目

85.07项下的电池有一定区别：品目85.07为蓄电池，可再充电；原电池归类时，需要优先考虑其材质，并根据《税则注释》品目85.06项下的子目注释区分原电池子目的归类：

"子目8506.10、8506.30及8506.40

"上述子目的归类应根据其阴极（去极化电极）的构成材料确定。但是，以二氧化锰作阴极，以锂作阳极的原电池应作为锂原电池归入子目8506.50（参见以下子目注释）。

"子目8506.50

"本子目的归类应根据其阳极的构成材料确定。"

第072天　【答案】 C

【正确率】 本题正确率为35%，选项B为最大干扰项。

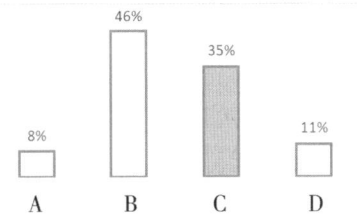

【解析】 完整的分体式空调由室内机、室外机及连接管道等部件组成，必须组装在一起一同使用才有效果，空调制冷量3500W，属于税号8415.1021项下的商品。该商品为空调室内机，根据第十六类注释二（二）的规定，以及品目84.15注释"本品目包括所列分体式空调器中单独报验的室内机和室外机"，子目8415.90包括单独报验的子目8415.10项下分体式空调器的室内机和室外机。室内机和室外机通过电线和铜管连接，冷媒通过铜管在室内机和室外机之间流动。该商品符合品目84.15的描述。运用归类总规则一及六，应将其归入税号8415.9010。本题正确答案为选项C。

案例&启发

移动空调与普通空调的关键区别是，移动空调可以有限移动，普通空调是固定安装，移动空调应归入子目8415.80。

子目8415.10条文英文原文为"Of a kind designed to（设计用于……）be fixed to（固定在……）a window, wall, ceiling or floor, self-contained or 'split-system'"。移动空调虽然是落地式，但不是固定安装，因此不能归入子目8415.10。

第073天　【答案】 C

【正确率】 本题正确率为50%，选项A为最大干扰项。

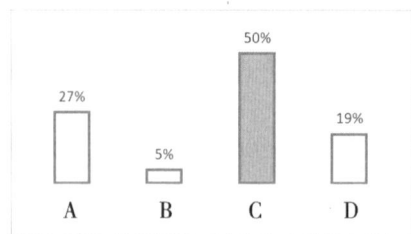

【解析】 该商品已制成特定形状,设计用于汽车空调系统,符合空调专用零件的特征。根据第十七类注释二(五)的排他条款,以及第十六类注释二(二)的规定,该商品符合品目84.15的描述。运用归类总规则一,应将其归入品目84.15。本题正确答案为选项C。

空调零件的归类如下:

1. 其他品目列名的商品,如:压缩机(84.14)、风扇(84.14)、温控器(90.32)。

2. 具有专用零件特征的商品,如:空调分歧管、蒸发器、冷凝器等,归入子目8415.9。

第074天 【答案】C

【正确率】 本题正确率为33%,选项A为最大干扰项。

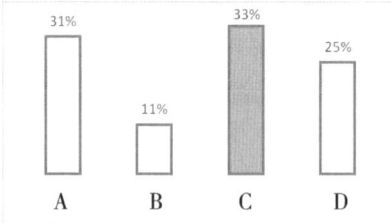

【解析】 品目85.16除列名的"电热器具",其他限定为"家用",尽管该商品也可以家用,但归类应以设计用途为准。根据《税则注释》品目85.16的描述"本组包括通常供家庭使用的所有电热机器及器具。其中有些已在本品目注释中提到(例如,电暖炉、蒸汽快速热水器、吹风机、电熨斗等),其他产品包括:(一)微波炉……本组不包括:……4.工业用微波炉、烘箱及设备(例如,餐馆用微波炉)(品目85.14)",该商品应归入税号8514.2000。本题正确答案为选项C。

有关炉及烘箱的归类,可根据其用途和原理进行区分。

分类如下：

炉及烘箱	工业/实验室	家用
电热	品目 85.14	品目 85.16
非电热	品目 84.17	品目 73.21

第 075 天　【答案】C

【正确率】　本题正确率为 50%，选项 D 为最大干扰项。

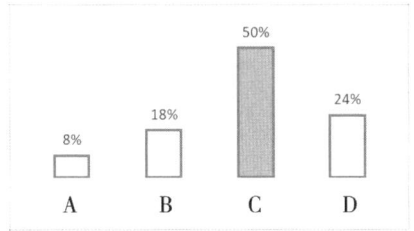

【解析】　根据海关总署公告 2020 年第 20 号［关于发布《进出口税则商品及品目注释》修订内容（第三至五期）的公告］，《税则注释》品目 95.06 中明确规定，"体育活动及健身用的跳绳属于一般的体育活动、体操或竞技用品及设备"。运用归类总规则一及六，PVC 跳绳应归入税号 9506.9190。本题正确答案为选项 C。

品目 95.03 的跳绳主要性质为玩具，如儿童跳绳。品目 95.06 的跳绳列为一般的体育活动、体操或竞技用品及设备——体育活动及健身用，但品目 95.06 的跳绳是否属于健身及康复器械，并没有明确的依据。

子目 9506.911 "健身及康复器械"，属于本国子目，目前无本国子目注释，查阅相关标准，只有健身器材相关标准。

因此，子目 9506.911 "健身及康复器械"，应该指固定式健身器材，关于此类商品税号确定，目前归类决定只公布 6 位，进一步税号的确定建议以海关裁定或决定为准。

第 076 天　【答案】D

【正确率】　本题正确率为 42%，选项 C 为最大干扰项。

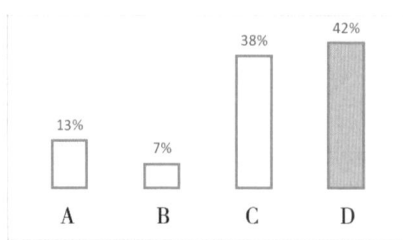

【解析】 羽毛球属于运动用品,故应归入《税则》品目95.06。尽管羽毛球(Badminton)的名称中有个"球"字,但羽毛球并不属于"球(Ball)",应归入一级子目9506.9"其他"。由于"一般的体育活动用品"是指哑铃、骑车器等锻炼用器械,"体操用品"是指单杠、双杠、平衡木、鞍马等器械,"竞技用品"是指标枪、铁饼等器械,而羽毛球不属于上述范围,故应按"其他"归入二级子目9506.99。本题正确答案为选项D。

橄榄球,PVC制,可充气,应归入子目9506.62。

橄榄球(Rugby balls),椭圆形(橄榄形),为何按"球"(Ball)归类呢?品目95.06注释包括各种球,但高尔夫球及乒乓球除外,例如,网球、足球、橄榄球及类似球(包括这些球的球胆及外壳);水球、篮球及类似的有气门阀的球;板球。

在确认某一商品的归类时,需要以注释等归类依据为准,而不能直接用类比思路分析。

第077天 【答案】C

【正确率】 本题正确率为25%,选项B为最大干扰项。

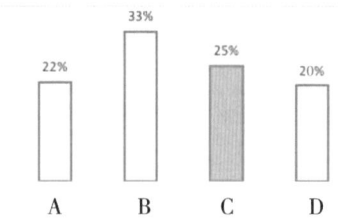

【解析】 品目37.07条文描述为"摄影用化学制剂(不包括上光漆、胶水、黏合剂及类似制剂);摄影用未混合产品,定量包装或零售包装可立即使

用的"。显影剂（例如，氢醌、儿茶酚、焦酚、碘阿芬东、对-N-甲氨基羟基苯磺酸盐及其衍生物），能使潜在的影像显现出来。品目37.07还包括静电复制文件用的显影剂。碳粉是由色调剂和载体混合而成，属于品目37.07的显影剂。本题正确答案为选项C。

第十二周

第078天 【答案】A

【正确率】 本题正确率为55%，题目较容易。

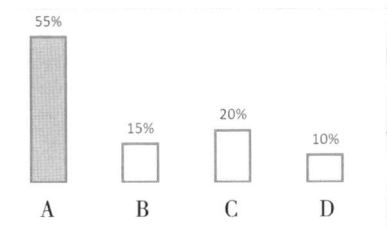

【解析】 该商品是以通用计算机操作系统为基础，虽突出了音频、视频的播放功能，但仍是可以随意编辑程序的自动数据处理设备，带有触摸式输入键盘且重量小于10kg，符合品目84.71及其子目条文（或子目注释）的描述。运用归类总规则一及六，其应按重量不超过10kg的便携式自动数据处理设备归入子目8471.30。本题正确答案为选项A。

【归类参考】 海关归类决定编号：D-1-0000-2010-0119。

第079天 【答案】D

【正确率】 本题正确率为47%，选项B为最大干扰项。

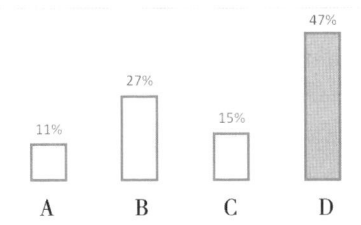

【解析】 高频吸波胶片广泛用于屏蔽箱及各种无线通信产品的电磁波过滤，氯丁二烯橡胶和纯铁粉混合热压制得规则片状，其结构不具有专用性。吸波工作原理为电磁波在介质中从低磁导向高磁导方向传播，利用高磁导律吸收剂引导电磁波，通过共振大量吸收电磁波的辐射能量，再通过耦合把电

磁波的能量转变成热能,从而降低或消除电磁干扰和辐射,该商品产生吸波作用的材料是纯铁粉,所含橡胶成分仅起结合剂和柔软作用。运用归类总规则三(二)、一及六,该商品应归入税号 7326.9019。本题正确答案为选项 D。

第 080 天 【答案】C

【正确率】 本题正确率为 26%,选项 A 为最大干扰项。

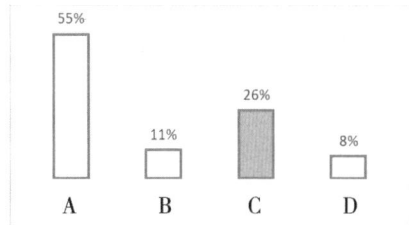

【解析】 该商品为滑动轴承,塑料制,可用于《税则》第十六类、十七类的商品。根据第十七类注释三的规定,"第八十六章至第八十八章所称'零件'或'附件',不适用于那些非专用于或非主要用于这几章所列物品的零件、附件",该商品符合品目 84.83 条文的描述"……轴承座及滑动轴承……"。根据归类总规则一及六,该商品应归入税号 8483.3000。本题正确答案为选项 C。

青铜制滑动轴承,用于塑胶机械等,应归入子目 8483.3。

滑动轴承看起来结构简单,是由减摩金属或其他材料(例如,烧结金属或塑料)制成环圈,可以是整体式的或者是由几个部件互相夹紧组成的光滑轴承,轴可在其中旋转,有时称为轴套、法兰等。归类时,应根据产品型号查询了解真实商品,或根据实际安装位置,以及所起作用分析。滑动轴承即使在报验时不带轴承座,也应归入品目 84.83,石墨轴承或其他碳精轴承应归入品目 68.15。

第 081 天 【答案】C

【正确率】 本题正确率为 37%,选项 A 为最大干扰项。

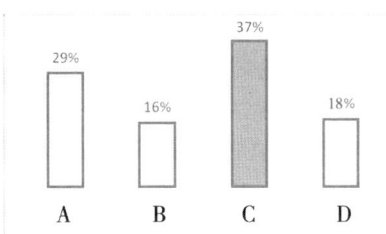

【解析】 该商品为已制成特定形状的连接器外壳,根据第十六类注释二(二)的规定,应归入税号 8538.9000,本题正确答案为选项 C。

硅胶防水栓,硅胶制,用于生产汽车电线上的一小项辅助材料,通过对电线束上插入塑料端子盒中的端子与塑料端子盒之间的剩留缝隙进行填塞,起到防水密封的作用。

观点一:该商品用于汽车电线(品目 85.44),根据归类总规则一及六,应归入税号 3926.9010。

观点二:该商品最终用于汽车上,但并非直接作用于机器、仪器上的密封制品,应归入税号 3926.9090。

该商品不具有电线功能必不可少的零附件,不属于电线专用零件特性,故应按材质进行归类,按照《税则注释》的解释,税号 3926.9010 中所称"机器及仪器",是指《税则》第八十四、八十五及九十章品目所列的商品。根据归类总规则一及六,该商品应归入税号 3926.9010。

第 082 天 【答案】B

【正确率】 本题正确率为 57%,选项 D 为最大干扰项。

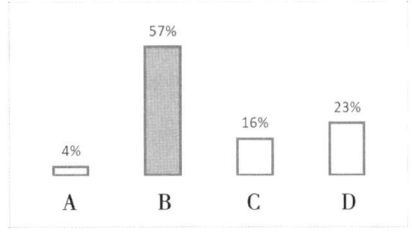

【解析】 该商品属于一种医用润滑油,根据《税则》第三十章注释四(九)的规定,其符合品目 30.06 的条文描述"本章注释四所规定的医药用

品",以及子目3006.70的描述"专用于人类或兽药的凝胶制剂,作为外科手术或体检时躯体部位的润滑剂,或者作为躯体和医疗器械之间的耦合剂"。运用归类总规则一,应将其归入品目30.06。本题正确答案为选项B。

第083天 【答案】C

【正确率】 本题正确率为45%,选项A为最大干扰项。

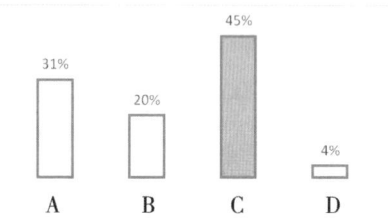

【解析】 网卡简称网络接口卡,是在主机箱内插入一块网络接口板,按具体列名归入品目85.17。本题正确答案为选项C。

电脑相关配件的归类如下:

声卡、显卡、鼠标、键盘、硬盘、带CPU的主板等归入品目84.71项下;主板(不含CPU)、内存条等需按电脑零件归入品目84.73项下;CPU属于集成电路,归入品目85.42项下。

第084天 【答案】A

【正确率】 本题正确率为61%,选项D为最大干扰项。

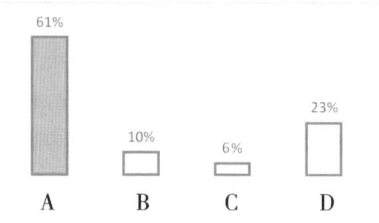

【解析】 该玻璃盖安装于抽油烟机上,用于保护照明灯,未经光学加工,不属于品目90.01所述的玻璃制光学元件,根据《税则》第七十章注释三描述,"品目70.06所述产品,不论是否具有制成品的特性仍归入该品目",该商品经切割、打磨处理,已经进一步加工,符合品目70.06的注释描述。运用归类总规则一及六,应将其归入品目70.06。本题正确答案为选项A。

第十三周

第 085 天 【答案】D
【正确率】 本题正确率为15%，选项 A 为最大干扰项。

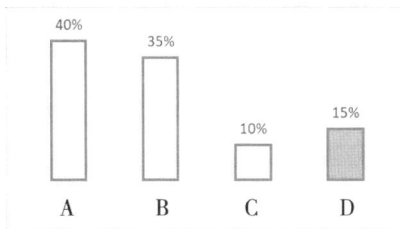

【解析】 该管子与机油尺配合使用，用于测量油位，根据《税则》第九十章注释二的规定，其符合品目 90.26 的条文描述"液体或气体的流量、液位、压力或其他变化量的测量或检验仪器及装置"，应按其零件归入品目 90.26。本题正确答案为选项 D。

第 086 天 【答案】C
【正确率】 本题正确率为48%，选项 D 为最大干扰项。

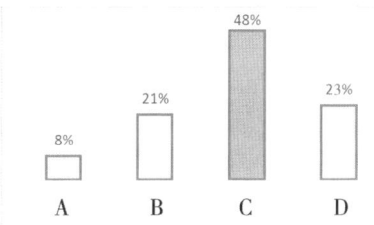

【解析】 该机油尺与油管配合，用于测量机油静态液面的高度，从而反映出发动机机油存量是否在合理范围，属于一种液体计。根据《税则》第十六类注释一（十二）的规定，其符合品目 90.26 描述"液体或气体的流量、液位、压力或其他变化量的测量或检验仪器及装置（例如，流量计、液位计、压力表、热量计）"，应将其归入税号 9026.1000。本题正确答案为选项 C。

【归类参考】 美国海关归类决定编号：N248924。

第 087 天 【答案】B
【正确率】 本题正确率为14%，选项 C 为最大干扰项。

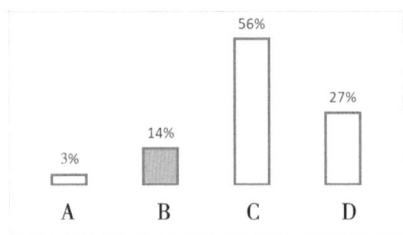

【解析】 该滚筒刷支架用以支撑滚筒刷，用于日常的建筑装饰工程的大面积涂料滚涂，由钢铁支架和塑料把手组成，根据《税则注释》品目 96.03 的注释排他条款"刷架或刷柄应按构成材料归类"，钢铁支架部分支撑滚筒刷为该商品主要特征，且该钢铁支架是由钢铁丝制得。运用归类总规则一、三（二）及六，应将其归入税号 7326.2090。本题正确答案为选项 B。

K 公司于 2017 年 4 月 12 日至 2019 年 3 月 21 日期间向海关申报出口至印度一般贸易项下钢丝切丸 20 票，共计 295000kg，申报价格共计 458870.84 美元，申报商品编号 7326201000，对应出口退税率 10%，出口报关单号 22292017000×××等。

经查，实际出口货物为钢丝切段颗粒状物，应归入商品编号 72051000.00，对应出口退税率 0。上述行为违反海关监管规定……海关对 K 公司科处罚款人民币 116000 元。

子目 7326.20 为钢铁丝制品，例如，圈套、陷阱、捕鼠器、捕鳗篓及类似品；捆扎饲料等用的扎铁丝；轮胎杆；由两根钢铁丝焊合而成的用于制织机综的双股钢铁丝；动物鼻环；床垫钩、屠宰钩、挂瓦钩等；废纸篓。

子目 7205.10 为生铁、镜铁及钢铁的颗粒，即稍圆的小球粒及棱角粒……还包括通过切割钢铁丝所得的钢铁丝丸粒，这种颗粒也用于上述用途。

第七十二章注释一（八）的颗粒，是指按重量计不到 90% 可从网眼孔径为 1mm 的筛子通过，而 90% 及以上可从网眼孔径为 5mm 的筛子通过的产品。

综上所述，该钢丝切丸应归入子目 7205.10。

钢丝切丸，归入子目 7205.10；盘卷钢铁丝，归入品目 72.17 或 72.23；带刺钢铁丝，归入品目 73.13；钢铁丝制的布（包括环形带）、网、篱、格栅，归入品目 73.14；钢铁丝制弹簧，归入品目 73.20；钢铁丝绒是由极细的钢铁丝或带缠结而成，通常制成零售包装，归入品目 73.23；其他钢铁丝制品，归入品目 73.26；供针布（全钢针布）用的锯齿钢丝，归入品目 84.48；用于制纺织品灯罩或纸灯罩的钢铁丝骨架，归入品目 94.05。

第 088 天 【答案】A

【正确率】 本题正确率为 14%，选项 C 为最大干扰项。

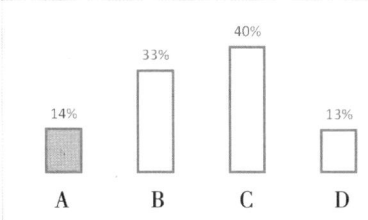

【解析】 该钻孔夹具使用时用螺钉固定在木制工件上，对工件钻孔时，用于精确导向手持钻头，非手工工具，不符合品目 82.05 台钳、夹钳及类似品描述。运用归类总规则一，应将其按钢铁制品归入品目 73.26。本题正确答案为选项 A。

第 089 天 【答案】B

【正确率】 本题正确率为 46%，选项 A 为最大干扰项。

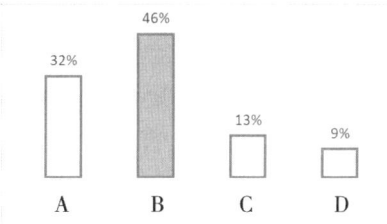

【解析】 图示商品为手持式，由电动机、防护罩、叶片、螺纹线圈、电池等结构组成，符合品目 84.67 条文的描述"手提式风动或液压工具及本身装有电动或非电动动力装置的手提式工具"。运用归类总规则一，应将其归入品目 84.67。本题正确答案为选项 B。

案例&启发

2014 年 10 月，上海海关审单处通过事后批量复核，发现某机械公司申报进口的"园艺割草机"（归入税号 8433.1100）和"园艺修剪机"（归入税号 8432.8090）存在归类差错。经过资料数据比对，以及对企业的核查，海关对该企业进口的上述产品进行纠正归类并补征税款，补税额达 347 万余元。上述园艺割草机、园艺修剪机应按手提式工具归入税号 8467.8900。

同品名的税号归类错误案例之所以发生，是对商品本质和《税则注释》

缺乏了解，品目84.33注释的排除条款与品目84.67注释内容，均说明了此类产品的归类方向。

品目84.33不包括修剪草坪，割去沿墙壁、路缘或灌木下生长的青草等用的便携式机器。这些机器在其轻便的金属架内装有内燃发动机或在其金属手柄上装有电动机，其切割装置通常由一根或多根细尼龙丝组成。这种机器应归入品目84.67。

品目84.67包括修剪草坪或用于拐角、墙边、走道两旁及灌木丛下等修剪草丛的手提式剪草机器。这些机器有一个装于轻型金属架内的动力机及通常由一根细尼龙线组成的切割元件。

第090天　【答案】 B

【正确率】　本题正确率为57%，选项C为最大干扰项。

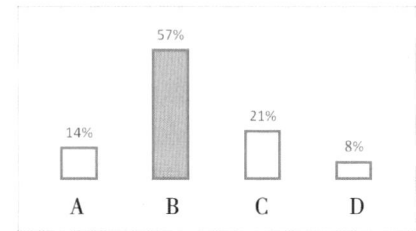

【解析】　精梳羊毛和精梳兔毛同属于第五十一章的纤维，根据《税则》第十一类注释二（一）的描述，"可归入第五十章至第五十五章及品目58.09或59.02的由两种或两种以上纺织材料混合制成的货品，应按其中重量最大的那种纺织材料归类……同一章或同一品目所列各种不同的纺织材料应作为单一的纺织材料对待"，精梳羊毛和精梳兔毛含量应合计为60%，超过了合成纤维的含量，故该机织物应归入第五十一章。在确定品目时，由于精梳羊毛的含量超过了精梳兔毛的含量，因此，运用归类总规则一，该商品应按精梳羊毛的机织物归入品目51.12。本题正确答案为选项B。

第091天　【答案】 A

【正确率】　本题正确率为32%，选项D为最大干扰项。

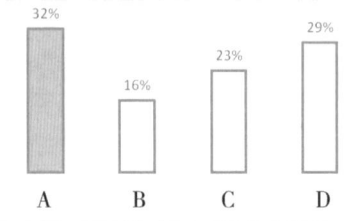

【解析】　粗纺山羊绒混纺纱线，符合《税则注释》品目51.06注释描述"本品目包括单股或多股的粗纺毛纱，即用粗梳（但未精梳）羊毛纺制的头道

粗纱",该纱线单件重量为1kg,根据第十一类注释四,其不符合供零售用纱线的定义。运用归类总规则一及六,应将其归入税号5106.2000。本题正确答案为选项 A。

第十四周

第 092 天 【答案】C
【正确率】 本题正确率为36%,选项 A 为最大干扰项。

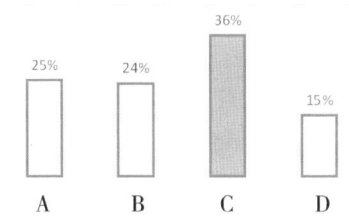

【解析】 该人造草坪以聚丙烯草叶作面,草叶的表观宽度5mm以下,符合《税则注释》品目54.04合成纤维纺织材料制扁条的条文描述,且根据第五十七章注释一的描述"本章所称'地毯及纺织材料的其他铺地制品',是指使用时以纺织材料作面的铺地制品",该草坪通过簇绒加工制成,符合品目57.03纺织材料的簇绒铺地制品注释描述。运用归类总规则一,应将其归入品目57.03。本题正确答案为选项 C。
【归类参考】 海关归类决定编号：Z2006-0367。

第 093 天 【答案】B
【正确率】 本题正确率为54%,选项 D 为最大干扰项。

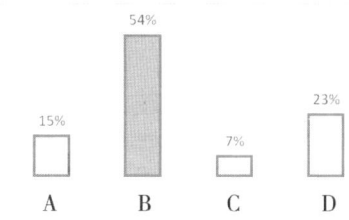

【解析】 该过滤袋开口端带有钢制的缝入环,已制成特定形状,是用于除尘器过滤的纺织制品。根据《税则》第十六类注释一描述"本类不包括……(五)纺织材料制的传动带、输送带及其带料(品目59.10)或专门技术用途的其他纺织材料制品(品目59.11)",以及品目84.21的注释排他条

款，纺织材料制过滤件应按其构成材料归类。因此，该过滤袋属于专门技术用途的纺织制品。运用归类总规则一及六，应将其归入税号5911.9000。本题正确答案为选项B。

第094天　【答案】 C

【正确率】　本题正确率为61%，题目较容易。

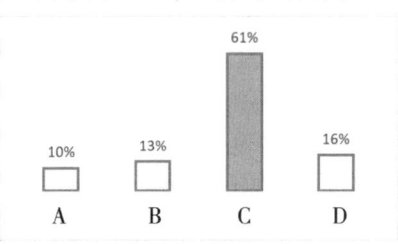

【解析】　该商品为聚氨酯涂层机织物制得的婴儿服装，既可归入品目62.09的婴幼儿服装，又可归入品目62.10的涂层服装。根据第六十二章注释四描述"（二）既可归入品目62.09，也可归入本章其他品目的物品，应归入品目62.09"，以及注释五描述"既可归入品目62.10，也可归入本章其他品目的服装，除品目62.09所列的仍归入该品目外，其余的应一律归入品目62.10"，运用归类总规则一，应将其归入品目62.09。本题正确答案为选项C。

第095天　【答案】 B

【正确率】　本题正确率为17%，选项A为最大干扰项。

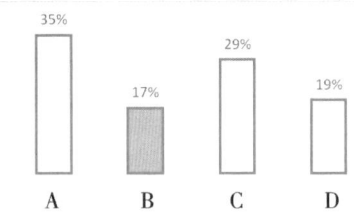

【解析】　该PVC涂层男式羽绒服经纡缝制成，其面料符合品目59.03"用塑料浸渍、涂布、包覆或层压的纺织物"的条文描述。根据《税则》第十一类子目注释二的规定，"用品目58.11的成匹褥状纺织产品所制的物品应归入本章各品目的子目中。这类物品应以构成其面料的纺织材料所具有的基本特征来确定归类，即使面料本身归入品目59.03、59.06或59.07，有关服装也不应归入品目62.10"，图片中羽绒服长度未达到臀部及臀部以下，运用归类总规则一及六，应将其按带风帽的防寒短上衣归入税号6201.4091。本题正确答案为选项B。

第096天　【答案】 A

【正确率】 本题正确率为48%，选项B为最大干扰项。

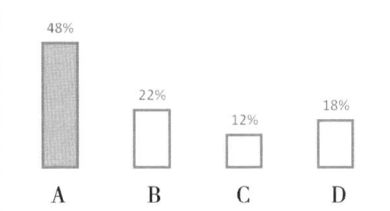

【解析】 连衣裙为上衣和裙子连成一体式的服装，可从肩部长及膝盖或以下，该针织短袖T恤衫长度较长，长度可达膝盖及以下，符合连衣裙的特征，领口处半开襟，带有衣领，属于衬衫式连衣裙，不能作为衬衫或T恤衫归类，一般不用于睡觉时穿，不能作为睡衣归类。运用归类总规则一，应将其按针织连衣裙归入品目61.04。本题正确答案为选项A。

案例&启发

女式雪纺衫，机织，聚酯纤维占80%，黏胶纤维占20%。对其归类，有以下两种观点：

观点一：该商品符合女衬衫的规定，应按女衬衫归入品目62.06；
观点二：按商品不符合女衬衫的规定，应按其他服装归入品目62.11。

该女式雪纺衫，符合《税则》第六十二章总注释的描述"衬衣及仿男式女衬衣是指人体上身穿着并从领口处全开襟或半开襟的长袖或短袖衣服；罩衫也是上半身穿着的，但可以无袖，领口处也可以不开襟"，应按观点一机织女衬衫归入品目62.06。

《税则注释》中，品目条文将衬衫分为男式和女式，机织男衬衫归入品目62.05，机织女衬衫归入品目62.06。女衬衫和男衬衫在《税则注释》的范围不同，首先品目62.05只包括男衬衫，必须满足以下几个条件：有领、有袖、开襟或半开襟（拉链除外），腰围以下无口袋，不可带有螺纹腰带或以其他方式收紧下摆，织物至少在10cm×10cm的面积内沿各方向直线长度上平均每厘米少于10针。而品目62.06的女衬衫比品目62.05的男衬衫范围广，包括罩衫，罩衫可以无袖，领口处也可以不开襟。

不能归入女衬衫的服装包括：汗衫及其他内衣背心，归入品目62.08；用毡呢或无纺织物（不论是否浸渍、涂布、包覆或层压的）或品目59.03、

59.06 或 59.07 所列纺织物（针织物或钩编织物除外）制成的服装，归入品目 62.10；品目 62.11 的工作罩衫及类似的防护服。

第 097 天 【答案】A

【正确率】 本题正确率为 27%，选项 B 为最大干扰项。

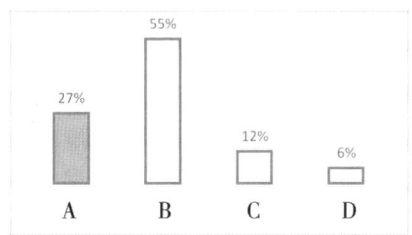

【解析】 PPTC，全称为 Polyer Positive Temperature Coefficient，即高分子聚合物正系数温度电阻，具有正温度系数的非线性热敏电阻，应按具体列名商品归入品目 85.33。本题正确答案为选项 A。

第 098 天 【答案】B

【正确率】 本题正确率为 26%，选项 A 为最大干扰项。

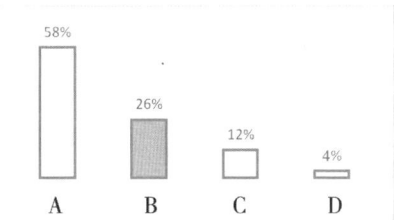

【解析】 该商品符合《税则》品目 85.41 注释二（二）3 描述"光电耦及光电继电器，由电发光二极管与光电二极管、光电晶体管或光敏闸流晶体管组成"。本题正确答案为选项 B。

第十五周

第 099 天 【答案】C

【正确率】 本题正确率为 29%，选项 A 为最大干扰项。

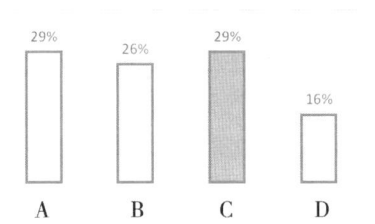

【解析】 该商品由金属上盖、石英晶体、陶瓷基座和IC芯片不可分离的状态组合在一起，符合《税则》第八十五章注释九的描述"多元件集成电路（MCOs）：由一个或多个单片、混合或多芯片集成电路，以及下列至少一个元件组成：硅基传感器、执行器、振荡器、谐振器或其组件所构成的组合体，或者具有品目85.32、85.33、85.41所列货品功能的元件，或品目85.04的电感器。其像集成电路一样实际上不可分割地组合成一体，作为一种元件，通过引脚、引线、焊球、底面触点、凸点或导电压点进行连接，组装到印刷电路板（PCB）或其他载体上"，应归入品目85.42。本题正确答案为选项C。

第100天 【答案】A

【正确率】 本题正确率为30%，选项C为最大干扰项。

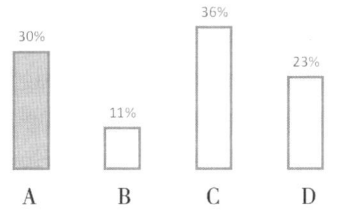

【解析】 接近传感器，也叫接近开关，有控制电路通断的功能，应归入品目85.36。本题正确答案为选项A。

第101天 【答案】D

【正确率】 本题正确率为41%，选项B为最大干扰项。

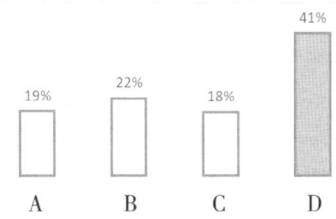

【解析】 安全气囊传感器，一般也称碰撞传感器，用于检测碰撞时的加速度变化，并将碰撞信号传给气囊电脑，作为气囊电脑的触发信号。由于其主要功能是检测加速度，且在《税则》第九十章其他品目未列名，应将其归

入品目90.31。本题正确答案为选项D。

【归类参考】 海关归类决定编号：J2011-0028。

第102天 【答案】C

【正确率】 本题正确率为19%，选项D为最大干扰项。

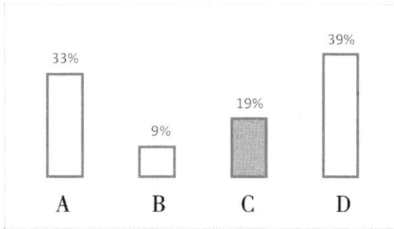

【解析】 该商品本身不具备线路切断功能，而是通过发送-接收不可见光模式，输出信号给控制设备，该商品功能独立，且在《税则》第八十五章其他品目未列名，应归入品目85.43。本题正确答案为选项C。

旋转编码器，可将旋转位移信号转变为电信号，用于测量机床工作轴的转速、转动方向及移动角度等。《税则》品目90.31的商品描述为"本章其他税号未列名的测量或检验仪器、器具及机器"。

从产品构成来看，该品目项下的测量或检验仪器一般由测量部件、计算部件、结果显示部件等组成，测量值能够直接读数及使用。而旋转编码器产生的相应脉冲信号需要输出至计算机控制系统进行计算后得出转速数据，本身仅是脉冲电信号的发生装置，不具有完整的测量功能，尚不构成品目90.31的测量或检验仪器的特征。运用归类总规则一，不能归入品目90.31项下；该商品通过光电感应将旋转板的位置转化为电脉冲信号，具有电气器具的特征，且不具备第九十章计量、检验仪器仪表的特征，符合《税则》及《税则注释》第八十五章总注释的描述。该产品必须安装在另一台机器或器具上，或安装在一套较复杂的设备中才能执行其功能，但该功能不同于所装机器设备的功能，并在上述机器设备操作中并不起必不可少的和不可分割的作用，符合《税则》及《税则注释》对"独立功能"的描述。而且，旋转编码器完成的功能——将旋转运动转换成编码电信号——在《税则》上没有列名。因此，运用归类总规则一及六，应将其按其他未列名电气设备归入税号8543.7099。

海关归类决定编号：D-1-0000-2008-0413。

接近开关检测目标是磁性金属，自身实现通断，是开关型传感器；光电开关检测目标是透明/不透明物体，自身不通断，利用被检测物对光束的遮挡或反射，由同步回路选通电路，从而检测物体有无，用作物位检测、液位控制、产品计数、宽度判别、速度检测、定长剪切等诸多领域。

光电开关是由发射器、接收器和检测电路三部分组成。在接收器的前面，装有光学元件如透镜和光圈等。在其后面的是检测电路，它能滤出有效信号并应用该信号，该信号怎么用，需要计算部件实现。因此，光电开关不具备完整的测量功能，归入税号 8543.7099。

光栅尺是由信号放大器、电缆线、读数钢尺和保护壳体构成，其内部的光学元件通过莫尔条纹将读数钢尺的刻度转换为电信号，应归入税号 9031.4900。

CMOS 图像传感器（手机摄像头用）是由安装有 CMOS 图像传感器的印刷电路板和塑料外壳构成，按其他零件归入税号 8529.9049。

第 103 天　【答案】A

【正确率】　本题正确率为 36%，选项 C 为最大干扰项。

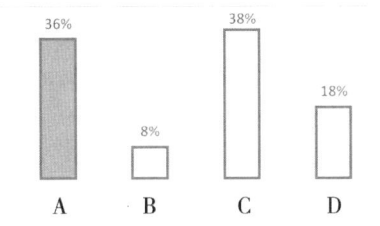

【解析】　该商品并非用于检测压力具体值，而是检测压力是否达到标准，当压力不足时导通电路，属于压力开关，应归入品目 85.36。本题正确答案为选项 A。

第 104 天　【答案】C

【正确率】　本题正确率为 47%，选项 A 为最大干扰项。

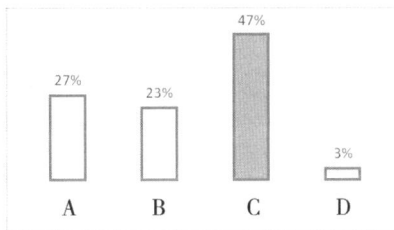

【解析】　这是一种小型电动机，一般为直流串绕型电动机。启动电机配有小齿轮，能在螺纹轴上来回移动；或配有某些其他机械装置，使之与内燃发动机暂时耦合，从而使内燃发动机启动，属于点燃式或压燃式内燃发动机用的电点火及电启动装置，应归入品目 85.11。本题正确答案为选项 C。

第 105 天　【答案】D

【正确率】　本题正确率为 27%，选项 A 为最大干扰项。

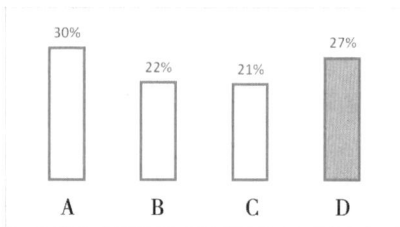

【解析】 电动推杆又名直线驱动器,主要是由电机推杆和控制装置等机构组成的一种新型直线执行机构,其工作原理是将电能转换为机械能,并且没有连接外部功能部件,符合《税则》品目85.01的描述。本题正确答案为选项D。

第十六周

第106天 【答案】A
【正确率】 本题正确率为33%,选项C为最大干扰项。

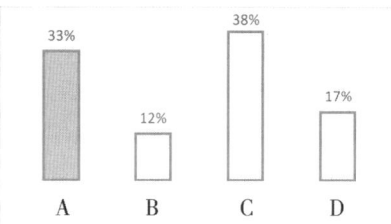

【解析】 该商品由电机和风机构成,装配在一起,属于吸尘器的心脏部件,符合品目84.14注释的描述"二、风机及风扇 这些机器不论自身是否装有原动机,用以在气压较低的状态下送出大量空气或其他气体;或者仅使周围空气流动"。运用归类总规则一,应将其归入品目84.14。本题正确答案为选项A。

第107天 【答案】A
【正确率】 本题正确率为78%,题目较容易。

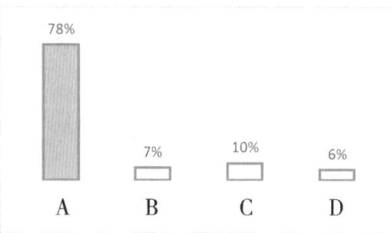

【解析】 该商品主要由泵体、螺杆和马达等部件组成,是利用螺杆的回转来吸排液体。马达提供旋转动力,主动螺杆转动时带动从动螺杆转动,依靠螺杆相互啮合形成空间的容积变化来输送液体。符合品目84.13注释的描述"(四)螺旋泵。在这种泵中,多节螺纹相互啮合并旋转产生压力,将液体从泵体内纵向排出(带两个及以上螺杆的泵、带螺旋轴的泵、循环螺旋泵)"。运用归类总规则一,应将其归入品目84.13。本题正确答案为选项A。

第108天 【答案】B

【正确率】 本题正确率为20%,选项A为最大干扰项。

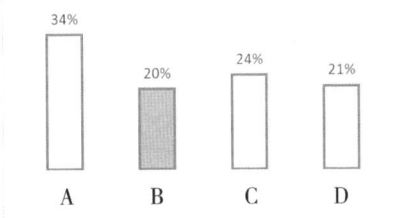

【解析】 该商品的行星齿轮减速机具有固定的传动比,根据《税则注释》品目84.83的排他条款"本品目不包括与动力机装配在一起的齿轮箱或其他变速装置;这些装置应与动力机一同归类"的规定,该商品不归入品目84.83。该商品已超出《税则》品目84.83和84.12所含商品的范围。运用归类总规则一,应按挖掘机的专用零件归入品目84.31。本题正确答案为选项B。

案例&启发

齿轮减速机具有固定的传动比,这与齿轮箱不同,后者属于齿轮及齿轮传动装置(包括摩擦轮)及链轮,按各个独立装置的齿轮齿数状况旋转运动,可以同速传送、加速传送或减速传送。

品目84.83为"齿轮箱及其他变速装置,包括扭矩变换器",可根据机器的不同要求,在一定范围内用手工或自动改变速度;齿轮箱中有几套齿轮可供变换选择;传动的速度可因齿轮组的不同而变化。

减速机并非变速装置,品目84.83不包括与动力机装配在一起的齿轮箱或其他变速装置;这类装置应与动力机一同归类。

品目85.01配有皮带轮、齿轮或齿轮箱,或配有软轴以驱动手工工具的电动机。

第109天 【答案】C

【正确率】 本题正确率为24%,选项A为最大干扰项。

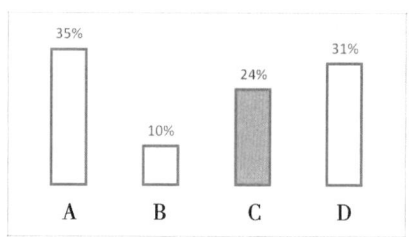

【解析】 《税则》品目85.01包括电动阀动器。这种装置由装有减速齿轮及传动轴的电动机所组成；有时还装有各种装置（电启动器、变压器、手动轮等），用于操纵阀塞。本题正确答案为选项C。

第110天 【答案】C

【正确率】 本题正确率为68%，题目较容易。

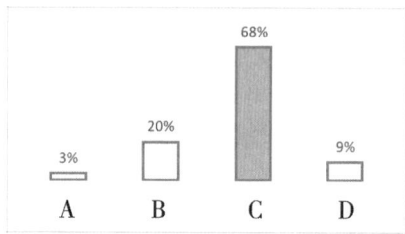

【解析】 该商品由齿轮、拉杆、固定件等组成，安装在电风扇马达上，带动风扇左右摆头。根据第十六类注释二（一），该商品符合品目84.83条文"齿轮及齿轮传动装置"的描述。运用归类总规则一，应将其归入品目84.83。本题正确答案为选项C。

第111天 【答案】B

【正确率】 本题正确率为28%，选项A为最大干扰项。

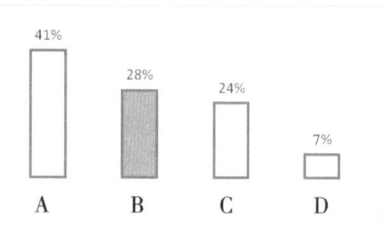

【解析】 该智能马桶盖，具有座圈加热、暖风干燥、按摩清洗、冷热SPA多种功能，为复合产品，以用于喷射水的机电家用装置和用于家庭的电加热装置为主要特征，不能区分哪个为主要特征，应按从后归类归入税号8516.7990。本题正确答案为选项B。

某企业以一般贸易方式向某海关申报出口智能马桶一批。该报关单号下共两项商品，其中第1项商品名称申报为：智能马桶，商品编码申报为：8516799000，商品数量申报为：250件。经查验核实，实际第1项商品编码应为：6910100000。当事人上述申报不实行为，影响海关统计准确性……科处罚款人民币0.1万元整。

该商品为组合商品，虽附带清洗等功能，但主要特征为陶瓷抽水马桶。运用归类总规则三（二），应按陶瓷抽水马桶归入品目69.10。

海关归类决定编号：D-1-0000-2009-0118。

归类时，不能因为马桶盖的电气特征，而忽略了商品的基本特征。如电动垃圾桶，应按其材质归类，塑料制电动垃圾桶归入品目39.24，钢铁制电动垃圾桶归入品目73.23。

第112天　【答案】C

【正确率】　本题正确率为48%，选项B为最大干扰项。

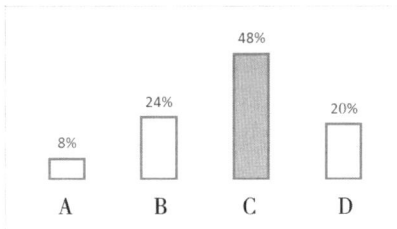

【解析】　该商品由304不锈钢内胆、树脂外壳、电子秤等构成，称重范围1g~2000g。智能狗碗可用于测量重量、牛奶量或水量。其本质特征为电子秤，符合品目84.23条文的描述"衡器（感量为50mg或更精密的天平除外），包括计数或检验用的衡器"。根据归类总规则一及六，应将其归入税号8423.1000。本题正确答案为选项C。

第十七周

第113天 【答案】A

【正确率】 本题正确率为32%,选项D为最大干扰项。

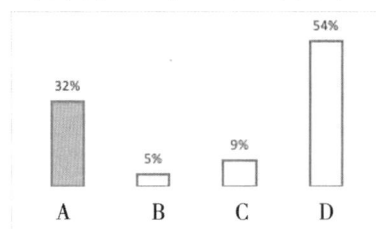

【解析】 该智能垃圾桶应按材质归类,符合品目39.24注释三的描述"其他家庭用具,例如,烟灰缸、热水瓶、火柴盒架、垃圾箱、桶、喷壶、食品储藏容器、窗帘、幕帘、台布及家具防尘罩套"。本题正确答案为选项A。

第114天 【答案】B

【正确率】 本题正确率为34%,选项A为最大干扰项。

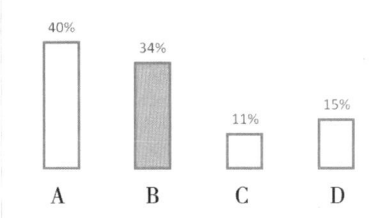

【解析】 该商品具有接收、转换并发送功能,应按照《税则》品目85.17"其他发送或接收声音、图像或其他数据用的设备"归类。运用归类总规则一及六,该商品应归入税号8517.6299。本题正确答案为选项B。

第115天 【答案】D

【正确率】 本题正确率为28%,选项A为最大干扰项。

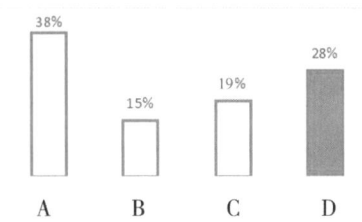

【解析】 扫地机器人为智能家用电器的一种,主要有清扫、吸尘、擦地

三种功能。运用归类总规则一、三（二）及六（第十六类注释三），应将其归入税号 8509.8090。本题正确答案为选项 D。

第 116 天 【答案】B

【正确率】 本题正确率为 33%，选项 A 为最大干扰项。

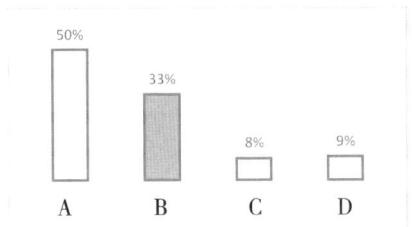

【解析】 该智能音箱为组合机器，根据《税则》第十六类注释三，应按其主要功能音箱归入税号 8518.2200。本题正确答案为选项 B。

尽管无线耳机（海关归类决定编号：D-1-0000-2015-0026）、智能复合腕表（海关归类决定编号：D-1-0000-2017-0075）、苹果手表（海关归类决定编号：D-1-0000-2015-0402）等归入子目 8517.62，智能音箱的归类仍存在品目 85.17、85.18、85.19 等思路，其主要功能不是在无线网络中接收和传输语音、音频文件或其他数据，而是将此类信号转换为声音，符合品目 85.18 扬声器的功能。

第 117 天 【答案】D

【正确率】 本题正确率为 25%，选项 B 为最大干扰项。

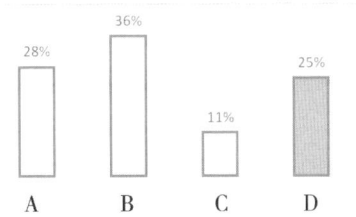

【解析】 该商品无机械钥匙结构，是一种多功能机器，具有品目 85.43 项下应激被动发射无线电信号进行身份识别的功能和品目 85.26 项下无线遥控功能，但无法确定其主要功能，根据《税则》第十六类注释三关于多功能机器归类的原则，应按从后归类归入税号 8543.7099。本题正确答案为选项 D。

第 118 天 【答案】A

【正确率】 本题正确率为 48%，选项 B 为最大干扰项。

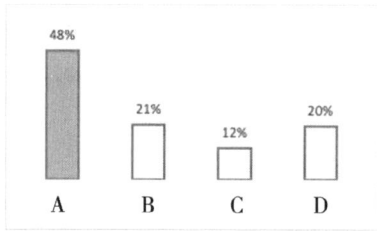

【解析】 该警示牌是由塑料反光材料做成的被动反光体,以提醒其他车辆注意避让,属于静止的发光标志,应按塑料材质归入税号 3926.9090。本题正确答案为选项 A。

第 119 天 【答案】C

【正确率】 本题正确率为 26%,选项 D 为最大干扰项。

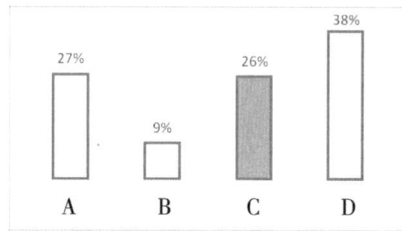

【解析】 该商品带有 LED 爆闪灯,具有主动警示的视觉信号装置,并非车辆专用,应归入税号 8531.8090。本题正确答案为选项 C。

安全应急灯,装配有当断电时启动电池的电路,供电电路停止供电时,才能通过自带电池使灯泡发亮,应归入品目 94.05。

海关归类决定编号:D-1-0000-2005-0350。

静态的标志,即使是电气照明的(例如,灯、提灯、发光板等),也不作为信号设备归类,应归入其相应品目(品目 83.10、94.05 等)。

第十八周

第 120 天 【答案】A

【正确率】 本题正确率为 54%，选项 D 为最大干扰项。

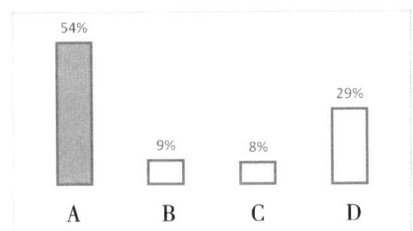

【解析】 该商品的灯带闪烁的视觉信号装置，应归入税号 8531.8090。本题正确答案为选项 A。

第 121 天 【答案】D

【正确率】 本题正确率为 19%，选项 A 为最大干扰项。

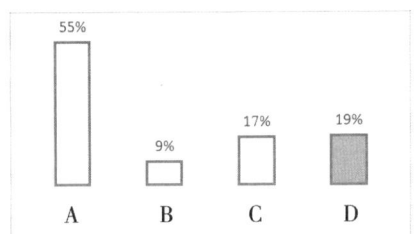

【解析】 该商品为长亮的指示灯，设计为仅使用发光二极管（LED）光源，属于用电气照明的静止标志，应归入子目 9405.61。本题正确答案为选项 D。

对于电气发光标志，如果其以恒定亮度发光，则应归入品目 94.05；如果其以非恒定亮度发光（例如，闪烁），则应酌情归入品目 85.30（用于铁道、电车道、道路或内河航道、停车场、港口或机场等环境或场所）或品目 85.31（用于其他环境或场所）。

第 122 天 【答案】C

【正确率】 本题正确率为 51%，题目较容易。

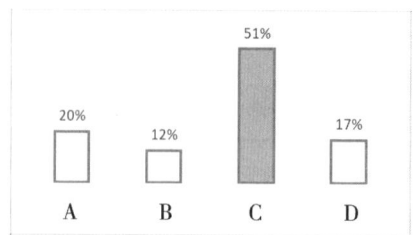

【解析】 双目放大镜和品目90.11的立体显微镜不同,它只有目镜而没有物镜。该商品应按第九十章其他品目未列名的光学仪器及器具归入品目90.13。本题正确答案为选项C。

第123天 【答案】B
【正确率】 本题正确率为47%,选项C为最大干扰项。

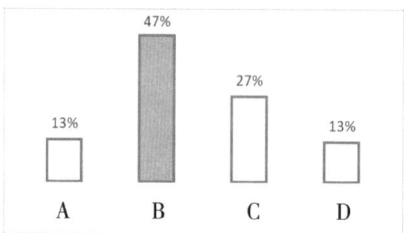

【解析】 根据题目描述,该商品其中一目为显微照相预留接口,已经构成用于显微摄像的特征,符合《税则》品目90.11的条文描述"复式光学显微镜,包括用于缩微照相、显微电影摄影及显微投影的"。运用归类总规则一及六,应将其归入税号9011.2000。本题正确答案为选项B。

第124天 【答案】D
【正确率】 本题正确率为56%,题目较容易。

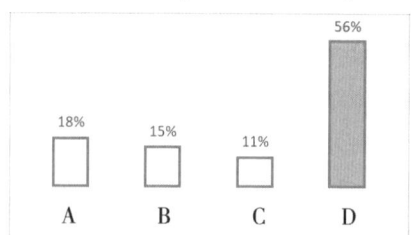

【解析】 该商品符合《税则注释》品目90.04的描述"可加装在其他眼镜(一般为矫正视力的眼镜)上,用作防护滤光镜或在某些情况下作附加视力矫正镜的活络眼镜(例如,太阳镜)",应将其归入税号9004.1000。本题正确答案为选项D。

第125天 【答案】A
【正确率】 本题正确率为18%,选项D为最大干扰项。

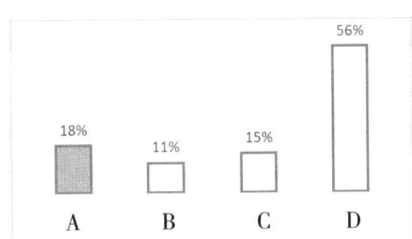

【解析】 该商品设计用于儿童,具有玩具性质,但其本身具有望远镜功能,符合《税则》品目 90.05 的条文描述"双筒望远镜、单筒望远镜、其他光学望远镜及其座架"。运用归类总规则一、三(一)及六,应按具体列名商品归入税号 9005.1000。本题正确答案为 A。

第 126 天 【答案】A
【正确率】 本题正确率为 24%,选项 D 为最大干扰项。

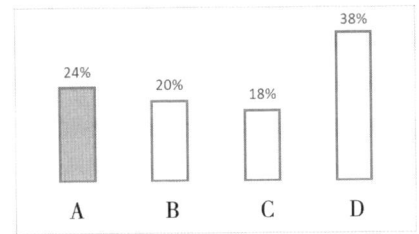

【解析】 该商品为天然形成的产品,包装前经过筛加工,根据《税则注释》品目 28.33 排他条款的规定"本品目不包括天然的钠的硫酸盐(钙芒硝矿、杂卤石、白钠镁石、白钠镁矾)(品目 25.30)",以及根据《税则》第二十五章注释一加工范围的规定,其符合品目 25.30 的条文描述"其他品目未列名的矿产品"。运用归类总规则一及六,应将其归入税号 2530.9099。本题正确答案为选项 A。

【归类参考】 海关归类决定编号:W2018-16。

第十九周

第 127 天 【答案】B
【正确率】 本题正确率为 40%,选项 D 为最大干扰项。

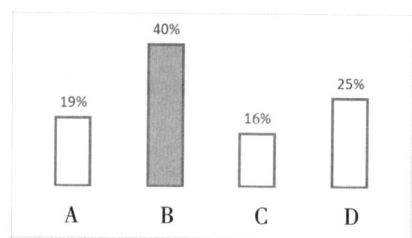

【解析】 该商品经过熔融（除水）、离心过滤、干燥等工序制得，其加工程度已超过《税则》第二十五章注释一的规定。其属于一种钠的硫酸盐，符合品目28.33的条文描述"硫酸盐"。运用归类总规则一及六，应将其归入税号2833.1100。本题正确答案为选项B。

【归类参考】 海关归类决定编号：W2018-18。

第128天 【答案】C

【正确率】 本题正确率为26%，选项B为最大干扰项。

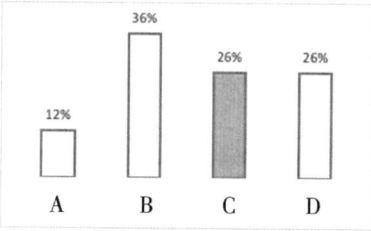

【解析】 根据本国子目注释描述，税号3901.4020的线型低密度聚乙烯是乙烯与α烯烃的聚合物，其中乙烯单体单元含量大于50%且小于95%，其密度小于0.94，主链呈直线型，主要用于注塑、制成薄膜、管材、板材等。硅石属于填料，不应计入。运用归类总规则一及六，该商品应归入税号3901.4020。本题正确答案为选项C。

第129天 【答案】B

【正确率】 本题正确率为27%，选项A为最大干扰项。

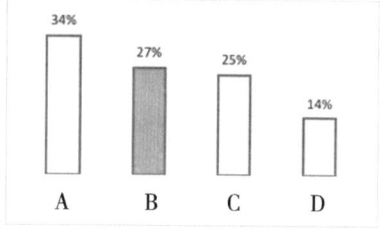

【解析】 根据第三十四章注释的描述"以一种或几种蜡为基本原料并含有油脂、树脂、矿物质或其他原料的具有蜡质特性的产品"，该商品是由矿物蜡与高分子蜡混合而成，应归入品目34.04"人造蜡及调制蜡"。运用归类总

规则一及六，应将其归入税号 3404.9000。本题正确答案为选项 B。

第 130 天 【答案】C

【正确率】 本题正确率为 23%，选项 C 为最大干扰项。

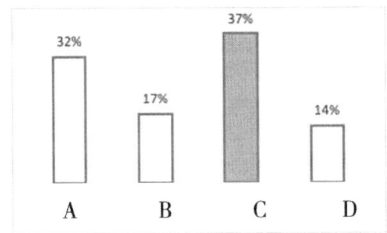

【解析】 该商品为物理方法洗衣，洗衣机运转产生的水流使洗衣球内的陶瓷粒（珠）因撞击而大量释放负离子、远红外线和磁力能，进而产生一连串的化学反应，发挥清洗及抗菌功能，磁石可产生强大的磁力，使五边形环状结构的水分子改变成六角环结构，提高清洗效率。该洗衣球以陶瓷粒（珠）构成基本特征。运用归类总规则一、三（二），应将其归入品目 69.12。本题正确答案为选项 C。

【归类参考】 海关归类决定编号：D-1-0000-2018-0044。

第 131 天 【答案】A

【正确率】 本题正确率为 31%，选项 C 为最大干扰项。

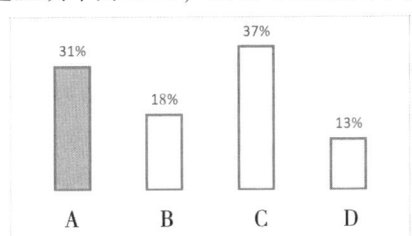

【解析】 该商品由无机颜料、有机溶剂组成，通过陶瓷烧制形成上色或遮光。其属于《税则注释》品目 32.07 项下"已调制的颜料、遮光剂及着色剂"，该商品符合《税则》品目 32.07 的条文描述"陶瓷、搪瓷及玻璃工业用的调制颜料、遮光剂、着色剂、珐琅和釉料、釉底料（泥釉）、光瓷釉，以及类似产品"。运用归类总规则一及六，应将其归入税号 3207.1000。本题正确答案为选项 A。

【归类参考】 海关归类决定编号：W2018-23。

第 132 天 【答案】A

【正确率】 本题正确率为 23%，选项 C 为最大干扰项。

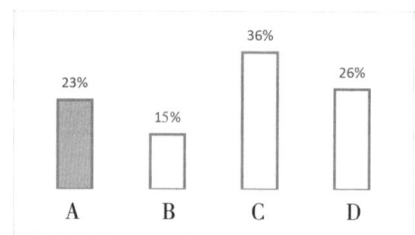

【解析】 该商品为读卡器,通过 USB 接口连接电脑,多系统兼容,支持 SD/TF/CF/MS 卡同时读取。其属于自动数据处理设备的其他部件,符合品目 84.71 的描述。运用归类总规则一及六,应将其归入税号 8471.8000。本题正确答案为选项 A。

第 133 天 【答案】D
【正确率】 本题正确率为 30%,选项 A 为最大干扰项。

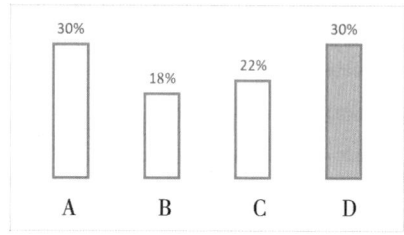

【解析】 该商品不含 IC 芯片,是一种无源设备,可将 DVI 类型的连接物理地更改为 HDMI 类型的连接,属于有接头电缆。依据归类总规则一及六,该商品应归入税号 8544.4211。本题正确答案为选项 D。

DVI 转 HDMI 接头,应归入税号 8536.9011。

DP 和 HDMI 虽然都是数字信号接口,但因为使用的协议不同,在 DP 转 HDMI 的时候需要通过芯片才能转换。通常 DP 转 HDMI 转接头、DP 转 HDMI 线都是内置了转换芯片的。DVI 是数字信号,必须要有芯片才能转 VGA 信号;如果不需要输出或者输入音频,HDMI 和 DVI 可基于 TMDS 技术互相转换,而且不需要芯片,两者转换可以理解为针脚"重新排序"。

第二十周

第 134 天 【答案】A

【正确率】 本题正确率为 43%,选项 D 为最大干扰项。

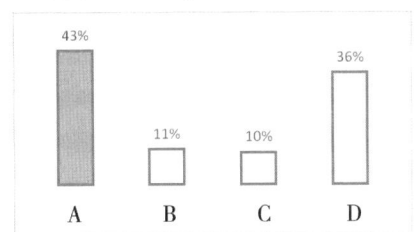

【解析】 该商品专用于苹果手机,带有成品线路板(PCBA),属于自动数据处理设备的其他部件,符合《税则》品目 84.71 及其子目条文的描述,应归入税号 8471.8000。本题正确答案为选项 A。

第 135 天 【答案】A

【正确率】 本题正确率为 28%,选项 C 为最大干扰项。

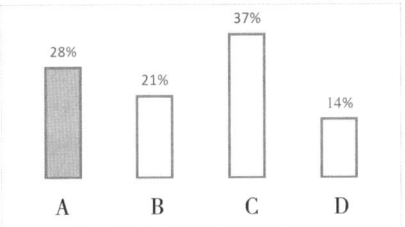

【解析】 品目 84.71 注释商品除包括中央处理部件及输入与输出部件以外,还包括信号转换部件。输入时可将外来信号转换成机器能识别的信号;输出时可将机器处理后输出的信号转换成可在外部使用的信号。该商品可实现 USB-C 格式数字转换为 HDMI 格式。运用归类总规则一及六,应将其归入子目 8471.80。本题正确答案为选项 A。

第 136 天 【答案】A

【正确率】 本题正确率为 41%,选项 D 为最大干扰项。

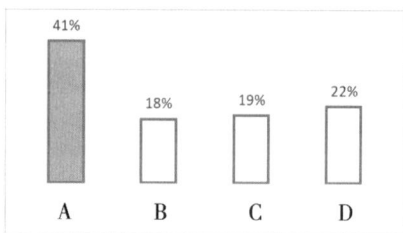

【解析】 该商品符合品目84.71注释描述"信号转换部件。输入时可将外来信号转换成机器能识别的信号;输出时可将机器处理后输出的信号转换成可在外部使用的信号"。根据归类总规则一及六,该商品应归入税号8471.8000。本题正确答案为选项A。

第137天 【答案】A
【正确率】 本题正确率为42%,选项B为最大干扰项。

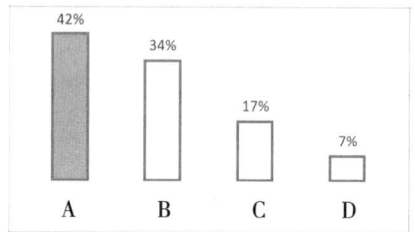

【解析】 该商品为平板电脑的扩展部件,包括键盘、XY坐标输入装置、USB扩展接口等,用于实现内部转换数据输入,根据第十六类注释二(一)及第八十四章注释五(三)的规定,该商品符合品目84.71的描述。根据归类总规则一及六,应将其归入子目8471.60。本题正确答案为选项A。

第138天 【答案】C
【正确率】 本题正确率为51%,选项D为最大干扰项。

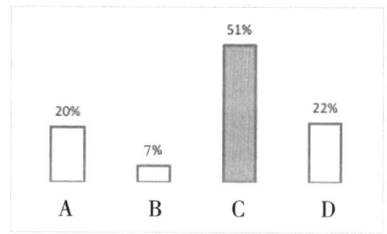

【解析】 品目36.06所称"易燃材料制品",只适用于"(一)聚乙醛、六亚甲基四胺(六甲撑四胺)及类似物质,已制成片、棒或类似形状作燃料用的;以酒精为基本成分的固体或半固体燃料及类似的配制燃料……"。凝胶甲醇属于类似配置燃料,应归入品目36.06。本题正确答案为选项C。

案例&启发

2017年11月10日至2019年7月4日，当事人向洋山海关、外港海关以一般贸易方式申报出口胶体火锅燃料、凝胶甲醇共70票，申报重量共计977960.24kg，申报税号均为29051100.00（出口退税率为13%），申报总价共计人民币7230389元。

经查，当事人申报出口的上述货物系用85%甲醇加入15%增稠剂，经搅拌后形成半固态的配制燃料。根据《税则注释》第三十六章注释，上述出口货物实际税号应为36069090.00（出口退税率为0）。当事人相关业务人员因缺乏对《税则》知识的了解，轻信他人，参照行业其他公司的错误税号进行申报，导致税号申报错误。经核定，当事人上述出口货物共计可能多退税款人民币939950.57元……对当事人科处罚款人民币400000元。

该案例来源于海关行政处罚案例，决定书中也指出了错误原因。

从归类角度看，该商品添加了15%增稠剂，不符合第二十九章描述，属于配制燃料。该案例的难点在于对第三十六章注释二（一）的理解，即"以酒精为基本成分的固体或半固体燃料及类似的配制燃料"，这句话可分两部分理解：

1. 以酒精为基本成分的固体或半固体燃料；
2. 类似的配制燃料。

如果只理解成以酒精为基本成分，则会导致归类错误。另外，如果未加入添加剂，即使用于燃料也不符合配制燃料的描述。例如，一种液体加热燃料，二甘醇，CAS号为111-46-6，通过从封闭的金属罐伸出的灯芯输送，点燃并燃烧产品的灯芯，为食物加热应用提供热量，该商品为纯的二甘醇，应归入子目2905.39。

第139天 【答案】B

【正确率】 本题正确率为39%，选项A为最大干扰项。

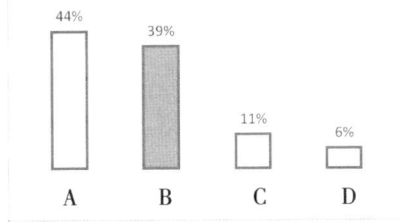

【解析】 该商品为多功能工具，构成一个不可分割的整体，指甲钳为基本特征。运用归类总规则一、三（二）及六，应将其归入税号8214.2000。本题正确答案为选项B。

第140天 【答案】C
【正确率】 本题正确率为56%，选项A为最大干扰项。

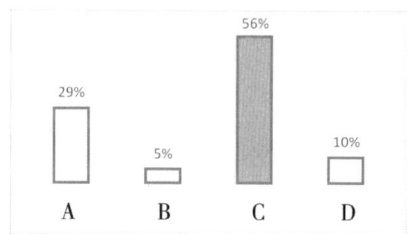

【解析】 根据《税则》第八十五章注释四，该商品应归入税号8509.8090。本题正确答案为选项C。

第二十一周

第141天 【答案】D
【正确率】 本题正确率为53%，选项A为最大干扰项。

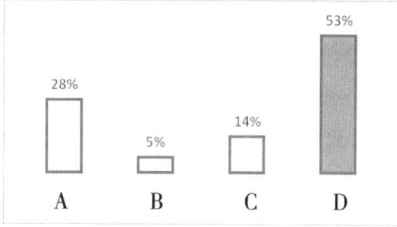

【解析】 该商品符合品目85.09注释描述"重量在20kg及以下的本品目物品，包括磨刀器及净刀器"。本题正确答案为选项D。

第142天 【答案】A
【正确率】 本题正确率为48%，题目较容易。

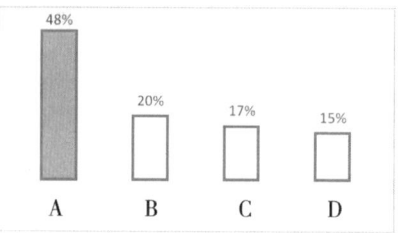

【解析】 该商品为安全帽，ABS塑料制，带双镜及尾灯，可充电，符合品目56.06的注释描述"本品目主要包括安全帽（例如，体育用帽、军事或消防员用的头盔、摩托车驾驶员、矿工或建筑工人用的头盔），不论是否装有

防护垫或（对于某些头盔）装有话筒或耳机"。带双镜及尾灯不改变安全帽的基本特征。运用归类总规则一及六，应将其归入税号6506.1000。本题正确答案为选项 A。

【归类参考】 海关归类决定编号：J2010-0007。

第 143 天 【答案】A

【正确率】 本题正确率为 29%，选项 D 为最大干扰项。

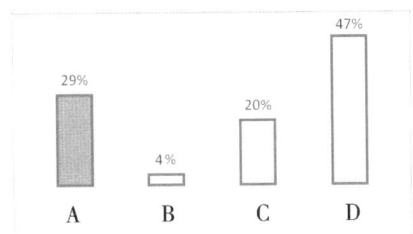

【解析】 该头盔用于消防员防护用，带有呼吸面罩、无线通信装置、护颈、热成像摄像装置等，附属的物品或装置未改变头盔的基本特征，符合品目 56.06 的注释描述"本品目主要包括安全帽（例如，体育用帽、军事或消防员用的头盔、摩托车驾驶员、矿工或建筑工人用的头盔），不论是否装有防护垫或（对于某些头盔）装有话筒或耳机"。运用归类总规则一，应将其归入品目 65.06。本题正确答案为选项 A。

【归类参考】 海关归类决定编号：J2010-0007。

第 144 天 【答案】B

【正确率】 本题正确率为 33%，选项 C 为最大干扰项。

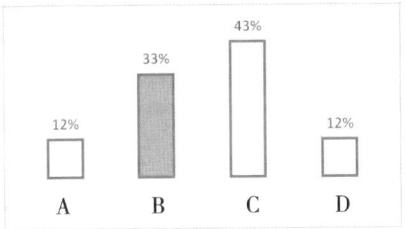

【解析】 该产品符合《税则》第七十二章注释一（五）不锈钢的定义，材质为不锈钢，直径 1mm，外观非盘卷状，不符合第七十二章注释一（十四）丝的定义，符合第七十二章注释一（十二）其他条、杆的定义。运用归类总规则一，应将其归入品目 72.22。本题正确答案为选项 B。

案例&启发

不锈钢丝，盘卷状，每卷长度约 165m，钢号 SUS434，直径 0.45mm。由直径 1.5mm 的不锈钢原材料丝坯通过拉丝模拉伸成 0.05mm，并将多股的

0.05mm裸线捻制成一根完整的钢丝，用于制作牵引绳索。

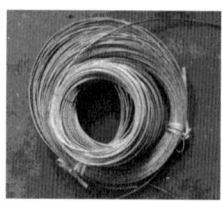

观点一：该商品符合不锈钢丝的注释描述，应按不锈钢丝归入品目72.23；

观点二：该商品不符合不锈钢丝的注释描述，属于非绝缘的钢铁绞股线，应归入品目73.12。

该不锈钢丝呈盘卷状，通过拉丝模冷加工成不锈钢丝后又经过绞股工序，已经超出品目72.23的注释描述，观点二正确。

钢铁丝必须满足以下几个特征：1. 不符合平板轧材定义；2. 全长截面均为同样形状；3. 盘卷；4. 冷成型；5. 实心产品；6. 不具有其他品目所列制品或产品的特征。

本案例不锈钢丝，是通过不锈钢丝经进一步绞股加工，属于品目73.12的绞股线，超出了不锈钢丝的加工工艺，因此不能再按不锈钢丝归类。

不能归入不锈钢丝的产品有很多：

1. 含金属的纱线归入品目56.05；用金属丝加强的绳索归入品目56.07；
2. 围篱用扭绞单股扁丝（不论是否带刺）归入品目73.13；
3. 已涂焊料的电焊条等归入品目83.11；
4. 绝缘电线（包括漆包线）归入品目85.44；
5. 乐器用弦归入品目92.09。

第145天　【答案】C

【正确率】 本题正确率为30%，选项A为最大干扰项。

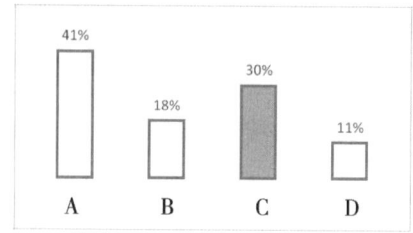

【解析】 非合金钢丝经冷成型加工，盘卷状，符合《税则》第七十二章注释一（十四）丝的定义，且根据品目72.17子目注释的有关规定，"如果产品经过一种以上方式涂层、镀层或包覆的，应按最后加工的方式归类"。该

产品外观是黑色PET塑料涂层，属于最后一道加工工艺。运用归类总规则一及六，该商品应按其他非合金钢丝归入税号7217.9000。本题正确答案为选项C。

第146天 【答案】A

【正确率】 本题正确率为57%，选项B为最大干扰项。

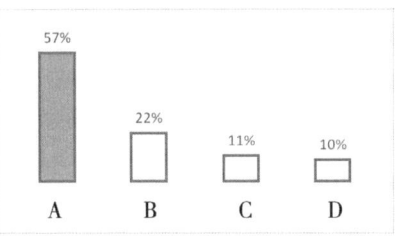

【解析】 该产品符合《税则》第七十二章注释一（五）不锈钢的定义，属于热轧不锈钢卷板，宽750mm、厚4mm，符合《税则注释》品目72.19条文描述"不锈钢平板轧材，宽度在600mm及以上"，含锰小于5.5%。运用归类总规则一及六，应将其归入税号7219.1319。本题正确答案为选项A。

案例&启发

热轧合金钢圆形钢板，材质为合金钢，将原材料钢板（长4m，宽1m，厚5mm）切割成圆形，直径为800mm~1000mm，经过除锈、打孔、打磨孔位加工制成，用于与锚杆配套使用，预埋在混凝土中，上部与钢结构体连接，钢结构体焊接在模板上，使钢结构体和混凝土地基结合牢固。对于该商品的归类，有两种意见：

观点一：该商品的用途符合钢铁结构体特征，应归入品目73.08；

观点二：该商品并未与其他材料焊接或者铆接，打孔、磨光符合品目72.08的非合金钢平板轧材。

该商品材质为热轧合金钢，形状为直径800mm~1000mm的圆形钢板，经过除锈、打孔、打磨孔位加工制成，其加工工艺符合品目72.08的注释描述，因此观点二正确。

需注意，以下产品不能按平板轧材归入第七十二章：连续铸造的实心产品，不论是否初步热轧；其他实心产品，除经初步热轧或锻造粗制成形以外未经进一步加工，如大方坯、小方坯、圆材坯、厚板坯及薄板坯应按钢铁制半制成品归类；贵金属包层的平板轧材应按贵金属归入第七十一章；通过拉伸具有平行切割口的钢铁薄板或钢铁带材制成的呈菱形网眼的网状物的网眼钢铁板归入品目73.14。

第147天 【答案】C
【正确率】 本题正确率为40%，选项A为最大干扰项。

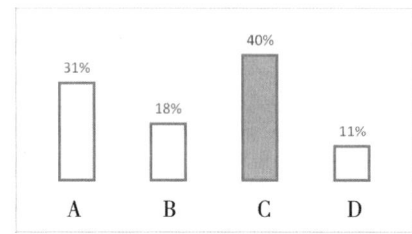

【解析】 该浴室墙砖由大约71%的天然白云石与塑料黏合剂均匀团聚而成，根据品目68.02注释排他条款"用水泥或其他黏合剂（例如，塑料）黏聚天然石料块制成的石板、砖瓦之类的物品……，应作为人造石制品归入品目68.10"，其符合品目68.10的注释描述"人造石是一种天然石料的仿制品，通常用石灰、水泥或其他黏合剂（例如，塑料）将天然石料（石灰石、大理石、花岗石、斑岩、蛇纹石等）的片块或粉末加以黏聚而成。人造石制品包括'水磨石''人造花岗石'等"。运用归类总规则一，应将其归入品目68.10。本题正确答案为选项C。

第二十二周

第148天 【答案】C
【正确率】 本题正确率为30%，选项B为最大干扰项。

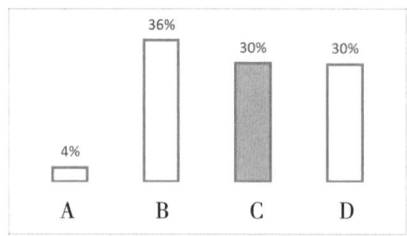

【解析】 根据《税则》第九十五章注释五的规定，"品目95.03不包括因其设计、形状或构成材料可确认为专供动物使用的物品，例如，'宠物玩具'（归入其适当品目）"，该商品除了驯犬用，与传统的"飞盘状"玩具相同，可作为娱乐性投掷或抛取式玩具使用。该商品并非专供动物使用，应归入子目9503.00。本题正确答案为选项C。

第 149 天 【答案】 B

【正确率】 本题正确率为20%，选项C为最大干扰项。

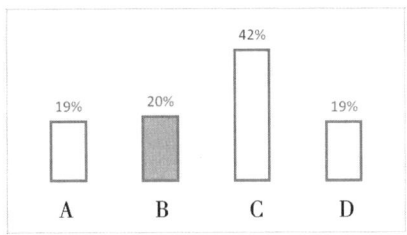

【解析】 该产品为镀18克拉金的锌手镯，根据《税则》第七十一章注释六的规定，"除条文另有规定的以外，本协调制度所称贵金属应包括上述注释五所规定的贵金属合金，但不包括包贵金属或表面镀以贵金属的贱金属及非金属"，该手镯不属于贵金属制品，手镯上嵌有立方氧化锆（CZ），为人工合成宝石和半贵重宝石，不符合注释十一仿首饰的规定，根据第七十一章注释一（一）的描述，以及运用归类总规则一及六，应将其归入税号7116.2000。本题正确答案为选项B。

第 150 天 【答案】 D

【正确率】 本题正确率为21%，选项A为最大干扰项。

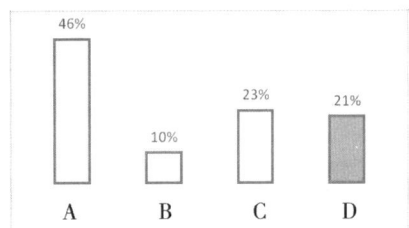

【解析】 男式针织Polo衫，半开襟，有衣领，各方向每厘米8针，根据《税则》第六十一章注释四的规定，"品目61.05的男式衬衫不包括其织物至少在10cm×10cm的面积内沿各方向的直线长度上平均每厘米少于10针的服装"，该商品不符合男式衬衫的定义。运用归类总规则一及六，应按其他针织开襟衫归入子目6110.20。本题正确答案为选项D。

第 151 天 【答案】 D

【正确率】 本题正确率为29%，选项C为最大干扰项。

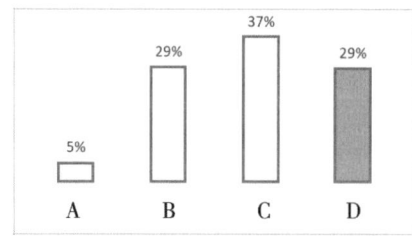

【解析】 本商品符合《税则注释》品目90.17的排他条款"手用长度测量器具,本组不包括没有调节装置,仅用于量测零件或检验角度、形状等的量规(例如,柱形测孔规、环规)(品目90.31)"。本题正确答案为选项D。

第152天 【答案】C

【正确率】 本题正确率为18%,选项D为最大干扰项。

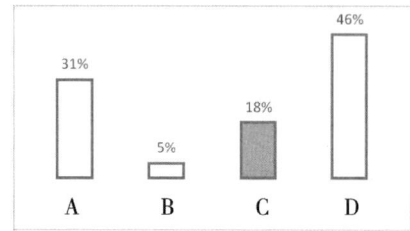

【解析】 根据《税则》第八十二章注释一,该商品工作部件为贱金属,应按非家用手工工具归入税号8205.5900。本题正确答案为选项C。

第153天 【答案】A

【正确率】 本题正确率为18%,选项D为最大干扰项。

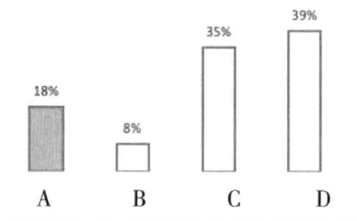

【解析】 该齿轮毛坯由45#钢经锻造而成,未经切齿加工,不具有齿轮的基本特征,需经铣齿、剃齿等进一步深加工后才能制成齿轮,符合《税则注释》品目72.07非合金钢"粗锻件"的描述。运用归类总规则一,应将其归入品目72.07。本题正确答案为选项A。

【归类参考】 海关归类决定编号:D-1-0000-2006-1530。

第154天 【答案】D

【正确率】 本题正确率为36%,选项A为最大干扰项。

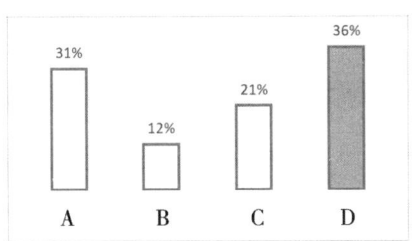

【解析】 该曲轴锻坯为45#钢在模具中锻造而成，进口后经进一步加工制成成品。曲轴锻坯虽然需经进一步加工才能成为成品，但其外形结构已具备了曲轴的基本特征。曲轴锻坯属于曲轴的未制成品。运用归类总规则二（一），应将其归入品目84.83。本题正确答案为选项D。

【归类参考】 海关归类决定编号：D-1-0000-2006-1530。

第二十三周

第155天 【答案】C

【正确率】 本题正确率为20%，选项D为最大干扰项。

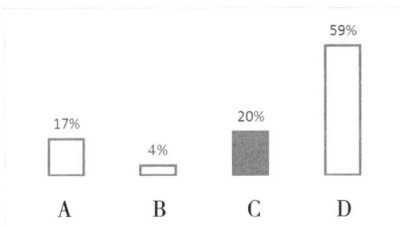

【解析】 根据《税则注释》品目73.26描述"但本章其他品目所列货品、第十五类注释一所列货品、第八十二章或第八十三章所列货品或本协调制度其他品目更为具体列名的货品除外"，该商品仅锻造成扳手的轮廓，需要进一步加工才能具有扳手的基本特征，不属于最终的扳手。运用归类总规则一，应将其归入品目73.26。本题正确答案为选项C。

第156天 【答案】B

【正确率】 本题正确率为20%，选项C为最大干扰项。

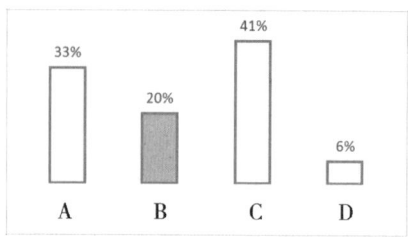

【解析】 该商品为摇臂轴毛坯,进口前需经一系列工艺加工,进口后还需经进一步加工才能作为成品使用,加工工艺已经超出了第七十三章范围,已具备发动机专用零件成品特征。根据第十六类注释二(二)的规定,该商品符合品目 84.09 的描述。运用归类总规则一及二(一),应将其归入品目 84.09。本题正确答案为选项 B。

第 157 天 【答案】C
【正确率】 本题正确率为 70%,题目较容易。

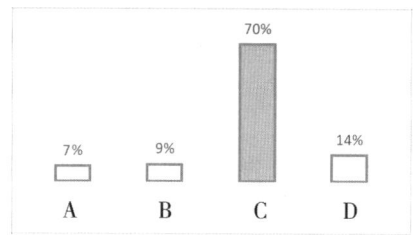

【解析】 根据《税则注释》子目 8704.21、8704.22、8704.23、8704.31 及 8704.32 的描述,"车辆总重量是指由生产厂家规定作为车辆最大设计载重量能力的车辆使用重量。该重量为车辆自重、最大设计载荷、驾驶员及装满燃油的油箱重量的总和"。该车车身总质量 2350kg,汽油型属于点燃式活塞内燃发动机。运用归类总规则一及六,应将其归入税号 8704.3100。本题正确答案为选项 C。

第 158 天 【答案】D
【正确率】 本题正确率为 39%,选项 B 为最大干扰项。

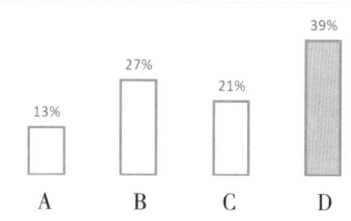

【解析】 该商品为碳钢制,倒 T 型,长 5012mm×宽 89mm×高 64mm,需经热轧、校直、锯断为标准尺寸,进口后还需经过刷漆、顶面及侧面刨削、

两端分别开阴榫槽和阳榫、背面铣台阶、两端各开 4 个孔等加工。根据第十六类注释二，该商品符合品目 84.31 的描述，虽然进口后仍需进行部分加工，但其已具备电梯导轨的基本特征。根据归类总规则一及二（一），应将其归入品目 84.31。本题正确答案为选项 D。

第 159 天　【答案】B

【正确率】　本题正确率为 20%，选项 C 为最大干扰项。

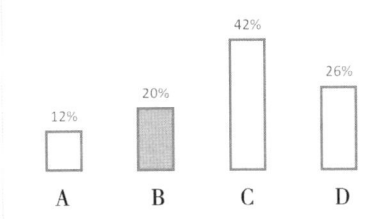

【解析】　直升机发动机后安装节为发动机与飞机的连接件，该商品属于后安装节毛坯，仅经过锻造工艺加工，使用时再切割为精确尺寸，不具有条、杆的基本特征，属于不锈钢半制成品。运用归类总规则一，应将其归入品目 72.18。本题正确答案为选项 B。

第 160 天　【答案】A

【正确率】　本题正确率为 54%，选项 B 为最大干扰项。

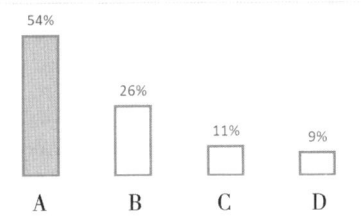

【解析】　该商品是一种纯净的二氧化硅，根据《税则》第二十八章注释一（一）的描述"单独的化学元素及单独的已有化学定义的化合物，不论是否含有杂质"，以及本国子目注释的描述，税号 2811.2210 的硅胶，化学分子式为 $m\mathrm{SiO}_2 \cdot n\mathrm{H}_2\mathrm{O}$，名称为 Silica Gel（硅胶），CAS 号为 112926-00-8，其符合品目 28.11 的条文描述"其他无机酸及非金属无机氧化物"。运用归类总规则一及六，应将其归入税号 2811.2210。本题正确答案为选项 A。

第 161 天　【答案】D

【正确率】　本题正确率为 20%，选项 B 为最大干扰项。

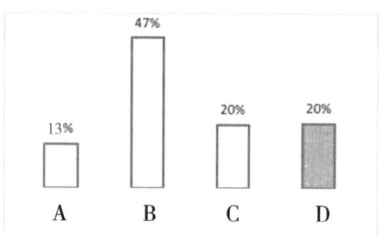

【解析】 该商品添加物质为第三十九章允许添加的物质。挥发性有机溶剂含量小于50%。运用归类总规则一及六,该商品应归入税号3910.0000。本题正确答案为选项D。

第二十四周

第162天 【答案】D
【正确率】 本题正确率为24%,选项C为最大干扰项。

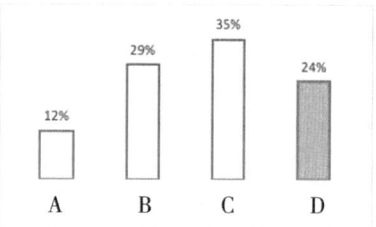

【解析】 该商品属于硅油复配乳化剂,乳化剂起稳定分散作用,属于第三十九章允许添加的物质。根据归类总规则一及六,应将其归入税号3910.0000。本题正确答案为选项D。

第163天 【答案】B
【正确率】 本题正确率为23%,选项D为最大干扰项。

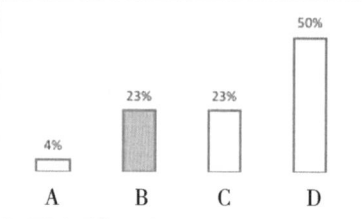

【解析】 根据品目34.07注释描述,塑型膏通常是有色的,报验时常呈散装形状或块状、条状、片状等。品目34.07适用于各式塑型用膏,包括儿童娱乐用的成套塑型用膏。本题正确答案为选项B。

第 164 天 【答案】D

【正确率】 本题正确率为 37%，选项 C 为最大干扰项。

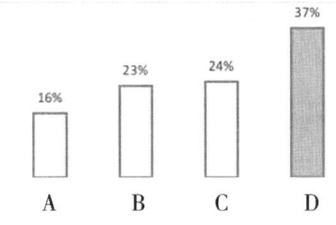

【解析】 二氟乙烷和四氟乙烷都属于 HFCs 类制冷剂。2022 年版《协调制度》为《蒙特利尔议定书》管制的臭氧层消耗物质新增品目 38.27，该品目主要包括其他品目未列名的含甲烷、乙烷或丙烷的卤化衍生物的混合物。运用归类总规则一及六，应将其归入子目 3827.6。本题正确答案为选项 D。

第 165 天 【答案】A

【正确率】 本题正确率为 23%，选项 D 为最大干扰项。

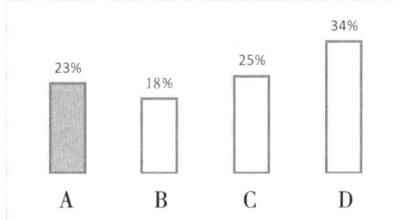

【解析】 鱼竿架主要材质为不锈钢，属于放置鱼竿、悬挂鱼箱等物品的架座。其不属于品目 95.05 注释列名的钓鱼用品，也不符合品目 96.20 的描述，非独脚架、双脚架、三脚架及类似品。"类似品"，是指配有四条腿及以上、在减轻晃动方面具有与独脚架、双脚架及三脚架相同功能的器械。该商品应考虑按其他钢铁制品归入品目 73.26。本题正确答案为选项 A。

【归类参考】 美国海关归类决定编号：L81413。

鱼竿三脚架，铝合金制，应归入品目 96.20。

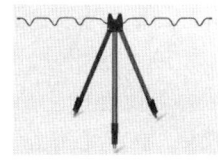

品目 96.20 包括独脚架、双脚架、三脚架及类似品。分析时，需要注意品目商品的特征，具体详见下图。

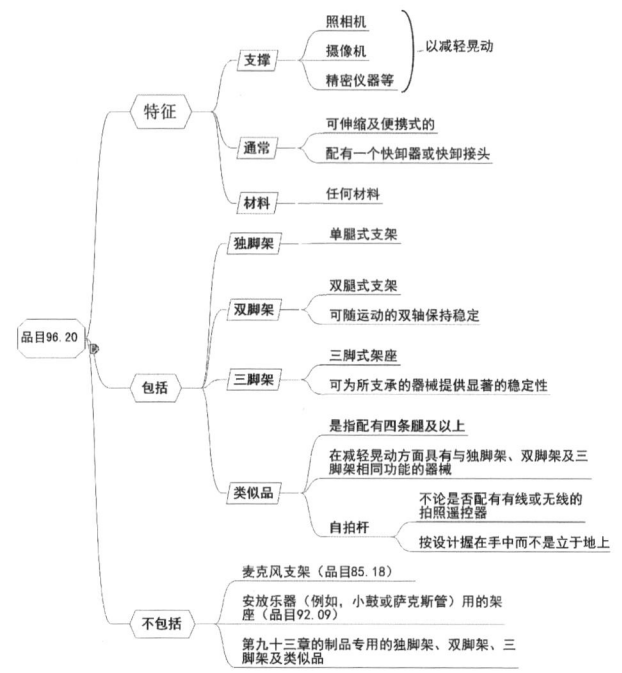

品目95.07包括钓鱼竿及其他钓鱼用具（Line fishing rods and tackle）。钓鱼用具包括绕线轮及线轮架；人造诱饵（例如，假鱼、假蝇、假虫或假蚯蚓）及装有此类诱饵的钓鱼钩；旋转饵；装好的线及投掷器；钓鱼浮子（软木、玻璃、羽毛管等），包括发光浮子；绕线架；自动拉钓装置；装配好的钓鱼环（宝石或半宝石镶嵌的环除外）；坠子及安装于或附在外部夹具、夹子或其他器具上的钓竿铃。

第166天 【答案】B

【正确率】 本题正确率为55%，题目较容易。

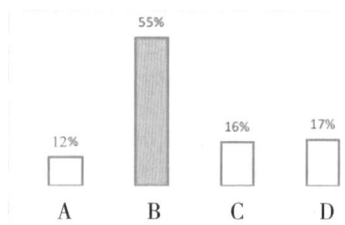

【解析】 该商品经施加外力可拉伸产生形变，且外力撤销之后不易恢复成原状态，其特征不符合《税则》第三十九章注释的有关规定，不应按塑料制品归类。该商品是具有导热、散热功能的化工品。根据归类总规则一，该商品应按未列名化工品归入品目38.24。本题正确答案为选项B。

03 答案详解

第 167 天 【答案】A

【正确率】 本题正确率为 57%，选项 C 为最大干扰项。

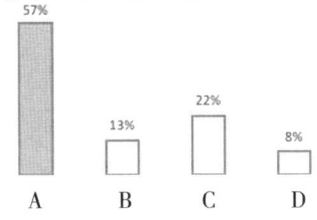

【解析】 依据第三十八章注释三（四）及品目 38.24 注释描述，该修正带应归入子目 3824.99。本题正确答案为选项 A。

第 168 天 【答案】A

【正确率】 本题正确率为 26%，选项 C 为最大干扰项。

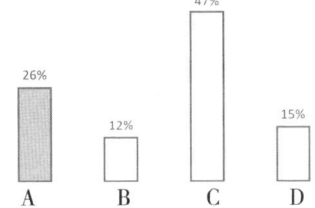

【解析】 第三十八章注释三（四）包括"零售包装的蜡纸改正液、其他改正液及改正带"。品目 38.24 注释描述为"修正带，通常装在一个塑料分配器内"。该修正带有分配器，用于放置带芯，为零售包装的修正带，符合章注释描述。如品目条文或类、章注释无其他规定，归类时则按规则二、三、四及五的规定确定。该商品应归入品目 38.24，只用规则一即可判断，无须运用规则五。本题正确答案为选项 A。

案例&启发

放入分配器的双面胶带，归入税号 3506.1000，运用了归类总规则一及六。这里也未运用到规则五，因为品目 35.06 也有关于零售包装的描述。

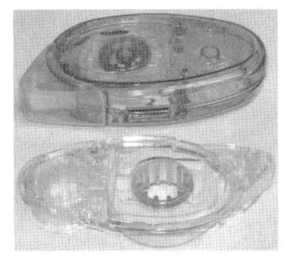

若商品的"零售包装"在《税则》和《税则注释》中做了相关的规定，

则应以相关的规定作为界定标准;若商品的"零售包装"在《税则》和《税则注释》中没有相关的规定,则以商品在报验时是否具有消费环节所需的标识作为标准确定,当中还需参照具体用途、销售对象等来进行归类。

综上所述,在归类总规则一未明确时,才能运用归类总规则五,即品目条文或类、章注释无其他规定,则按规则二、三、四及五的规定确定。另外,归类总规则三(二)中也有"零售成套货品",如果符合条件,也无须运用归类总规则五。

第二十五周

第169天 【答案】A

【正确率】 本题正确率为16%,选项B为最大干扰项。

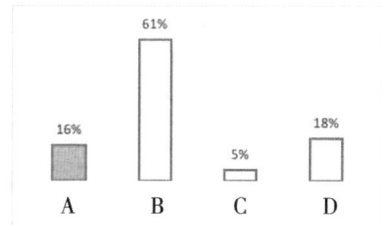

【解析】 根据品目39.23条文描述"塑料制的塞子、盖子及类似品"且修正带分配器属于卷轴、纡子、筒管及类似品。运用归类总规则一及六,应将其归入税号3923.4000。本题正确答案为选项A。

第170天 【答案】D

【正确率】 本题正确率为54%,选项C为最大干扰项。

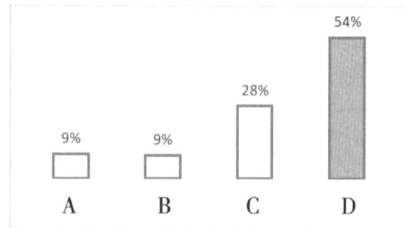

【解析】 该商品为修正带用出带轮,边缘带齿,用于与收带轮配合使用。根据第三十九章注释二(十八)"二、本章不包括:……(十八)第十六类的物品(机器、机械器具或电气器具)",该商品符合品目84.83的描述。根据归类总规则一及六,应将其归入子目8483.90。本题正确答案为选项 D。

第 171 天 【答案】D

【正确率】 本题正确率为 26%，选项 B 为最大干扰项。

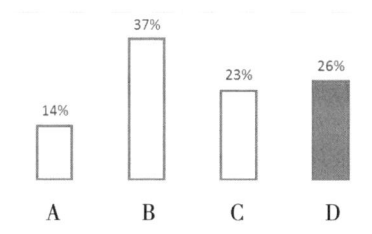

【解析】 该商品安装在汽车方向盘与前挡风玻璃之间的车辆内部，利用光学反射的原理，将重要的汽车行驶相关信息实时投射在车前挡风玻璃上面，属于车辆用的专用零件，符合《税则》品目 87.08 的描述。运用归类总规则一及六，应将其归入税号 8708.2990。本题正确答案为选项 D。

第 172 天 【答案】B

【正确率】 本题正确率为 28%，选项 D 为最大干扰项。

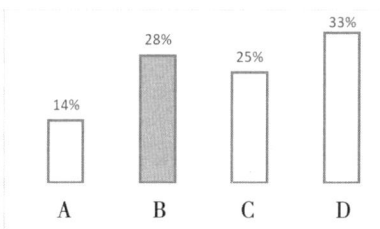

【解析】 三文鱼，又名大马哈鱼、鲑鱼等。该商品经去皮、去骨、冷藏工序，属于一种切割成块的冷鱼片，符合《税则》品目 03.04 的条文描述"鲜、冷、冻鱼片及其他鱼肉（不论是否绞碎）"，以及《税则注释》品目 03.04 的条文描述"切割成块的鱼片也作为鱼片归入本品目"。运用归类总规则一及六，应将其归入子目 0304.41。本题正确答案为选项 B。

第 173 天 【答案】D

【正确率】 本题正确率为 40%，选项 C 为最大干扰项。

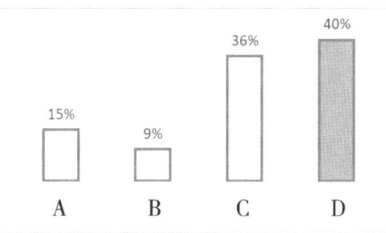

【解析】 该商品由 7 羽扇叶、导流风罩、无刷电机、LED 灯芯、锂电

池、主板、外壳等构成，该风扇叶片运转时，发光二极管以变化的模式闪烁。该商品主要是风扇功能，设计主要为挂脖使用，其符合品目84.14条文的描述"空气泵或真空泵、空气及其他气体压缩机、风机、风扇……"。根据归类总规则一及六，应将其归入税号8414.5990。本题正确答案为选项D。

【归类参考】 美国海关归类决定编号：NY L84570。

第174天 【答案】A

【正确率】 本题正确率为27%，选项B为最大干扰项。

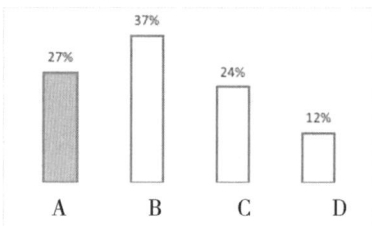

【解析】 该商品为复印纸，符合品目48.02的描述"书写、印刷或类似用途的未经涂布的纸"，其不含机械或化学-机械方法制得的纤维，70g/m²，210mm×297mm，成张。运用归类总规则一（第四十八章注释五）及六，该商品应归入税号4802.5600。本题正确答案为选项A。

第175天 【答案】C

【正确率】 本题正确率为28%，选项A为最大干扰项。

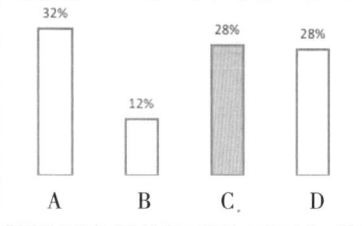

【解析】 该商品不符合第四十八章注释八的规定。运用归类总规则一及六，应按切成一定尺寸的其他纸归入税号4823.9090。本题正确答案为选项C。

第二十六周

第176天 【答案】B

【正确率】 本题正确率为28%，选项D为最大干扰项。

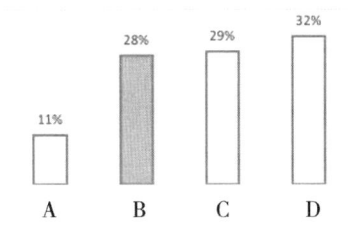

【解析】 该商品为经热敏剂涂布的纸,成卷,符合品目 48.11 的描述"成卷或成张矩形(包括正方形)的任何尺寸的……纸、纸板……"。运用归类总规则一及六,该商品应归入税号 4811.9000。本题正确答案为选项 B。

第 177 天 【答案】B

【正确率】 本题正确率为 34%,选项 C 为最大干扰项。

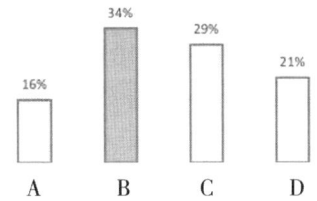

【解析】 该商品属于塑料与纺织品以外其他材料的复合制品,具有硬质特征,应按塑料材质归类。运用归类总规则一、三(二)及六,应归入税号 3921.9090。本题正确答案为选项 B。

第 178 天 【答案】C

【正确率】 本题正确率为 40%,选项 D 为最大干扰项。

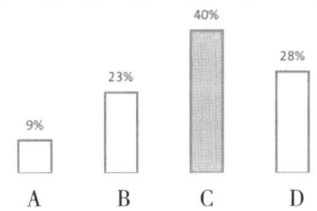

【解析】 该商品用于礼品包装,不具有塑料硬质特征,具有纸张的基本特征。依据归类总规则一、三(二)及六,该商品应按经塑料覆盖的纸张归入税号 4811.5991。本题正确答案为选项 C。

第 179 天 【答案】C

【正确率】 本题正确率为 27%,选项 A 为最大干扰项。

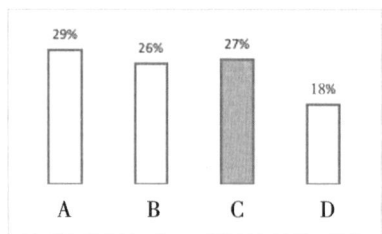

【解析】 杀菌剂是防止真菌生长的产品或用以消灭已有真菌的物质；消毒剂是破坏或不可逆地灭活通常在无生命体上的不良细菌、病毒或其他微生物的制剂，包括卫生洗涤剂、抑菌剂及消毒剂。该商品属于零售包装的抑菌剂。运用归类总规则一及六，应将其归入税号3808.9400。本题正确答案为选项C。

第180天 【答案】C

【正确率】 本题正确率为17%，选项D为最大干扰项。

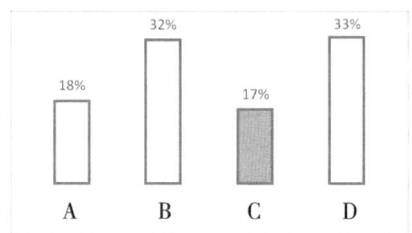

【解析】 该电池隔膜纸，主要由化学纤维抄造而成，根据《税则注释》第四十八章总注释规定，"纸主要是由第四十七章的纤维素纤维纸浆毡合成片构成。由纤维素纤维及纺织纤维混合组成的纸品，如果这些材料按重量计以纺织纤维为主，则不作为纸，而应作为无纺织物归类（品目56.03）"。该商品以纺织纤维为主，属于品目56.03无纺织物的商品范畴。运用归类总规则一及六，应将其归入品目56.03。本题正确答案为选项C。

第181天 【答案】A

【正确率】 本题正确率为26%，选项D为最大干扰项。

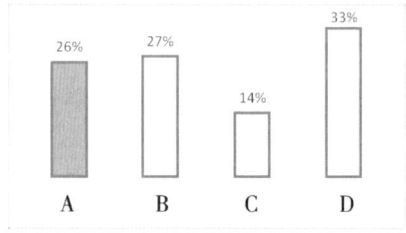

【解析】 根据《税则》第八十四章注释一（四）及品目84.19注释排他条款，该商品符合《税则》品目73.22条文描述"非电热的钢铁制空气加

热器、暖气分布器……装有电动风扇或鼓风机"。空气加热器可以装有各种辅助装置,运用归类总规则一及六,该商品应归入税号 7322.9000。本题正确答案为选项 A。

第 182 天 【答案】C

【正确率】 本题正确率为 30%,选项 D 为最大干扰项。

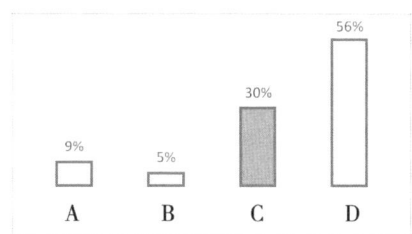

【解析】 逗猫棒是一种深受猫咪喜爱的玩具,根据《税则》第九十五章注释五的规定"五、品目 95.03 不包括因其设计、形状或构成材料可确认为专供动物使用的物品,例如,'宠物玩具'(归入其适当品目)",该产品利用弹力绳足够的弹性,使得前端羽毛能快速移动,吸引猫咪的注意,羽毛和弹性绳为产品的基本特征且无法区分主要特征。其羽毛带金属结,并不影响羽毛制品的特征。运用归类总规则二(二),应将其按羽毛制品归入税号 6701.0000。本题正确答案为选项 C。

第二十七周

第 183 天 【答案】D

【正确率】 本题正确率为 47%,题目较容易。

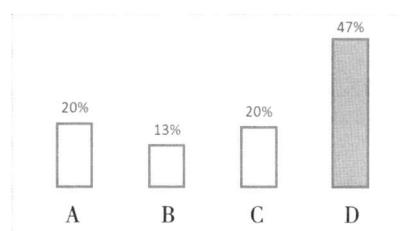

【解析】 汽车点烟器既属于汽车零件,又符合品目 96.13 的电气打火器。根据《税则注释》品目 96.13 的商品描述"四、非机械打火机……本品目也包括汽车或其他车辆用的点烟器"。运用归类总规则一、三(一)及六,汽车点烟器应归入税号 9613.8000。本题正确答案为选项 D。

第184天 【答案】D
【正确率】 本题正确率为52%,选项A为最大干扰项。

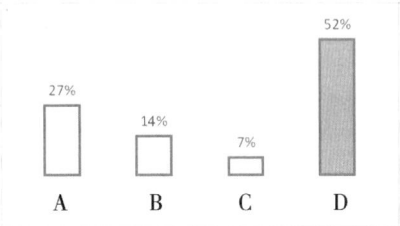

【解析】 《税则注释》品目85.43商品包括"十五、电视机、视频录像机或其他电器设备的遥控器用无绳红外线器件"。本题正确答案为选项D。

第185天 【答案】C
【正确率】 本题正确率为26%,选项B为最大干扰项。

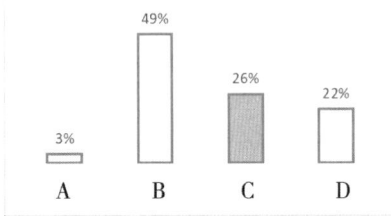

【解析】 自动遥控驻车锁,是一种安装在地面上,用遥控器控制的可以升降的自动化机械装置,以防止未经授权者停泊车位。车位地锁是一种私人停车物品(类似:停车筒),本身不是安装在路口中,不能起到信号指引或交通管理的作用,应按未列名机械装置归入品目84.79。运用归类总规则一及六,应将其归入税号8479.8999。本题正确答案为选项C。

第186天 【答案】A
【正确率】 本题正确率为64%,选项B为最大干扰项。

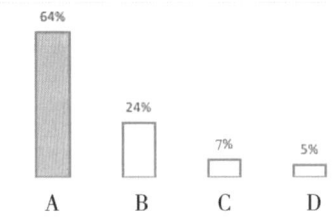

【解析】 该商品用于汽车发动机机油泵。根据本国子目注释,税号4016.9310中"机器及仪器用"垫片、垫圈及其他密封垫,是指除硬质橡胶以外的非海绵硫化橡胶制的,可用于《税则》第八十四、八十五及九十章品目所列的商品的垫片、垫圈及其他密封垫。该商品符合本国子目注释定义。

本题正确答案为选项 A。

第 187 天　【答案】A

【正确率】　本题正确率为 22%，选项 C 为最大干扰项。

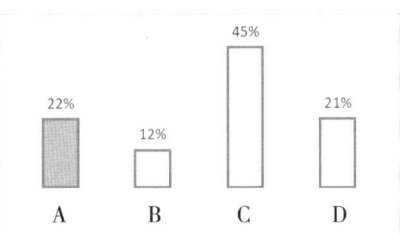

【解析】　该商品为贱金属制用钥匙开启的搭扣锁，符合品目 83.01 注释"本品目主要包括：一、各种类型的挂锁，供门、行李箱、钱箱、袋子、自行车等用，包括用钥匙开启的搭扣锁"的描述。运用归类总规则一及六，应将其归入税号 8301.1000。本题正确答案为选项 A。

第 188 天　【答案】C

【正确率】　本题正确率为 55%，选项 D 为最大干扰项。

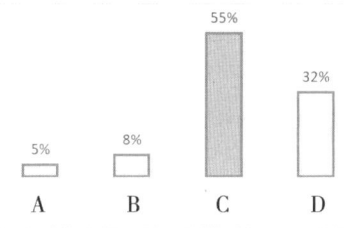

【解析】　该商品为由牛肉和其他配料制成的调味品，根据《税则》第十六章注释二的规定"本章的食品按重量计必须含有 20% 以上的香肠、肉、食用杂碎、动物血、昆虫、鱼、甲壳动物、软体动物或其他水生无脊椎动物及其混合物……但本条规定不适用于品目 19.02 的包馅食品和品目 21.03 及 21.04 的食品"，其符合品目 21.03 的条文描述"混合调味品"。运用归类总规则一及六，应将其归入税号 2103.9090。本题正确答案为选项 C。

第 189 天　【答案】D

【正确率】　本题正确率为 55%，选项 C 为最大干扰项。

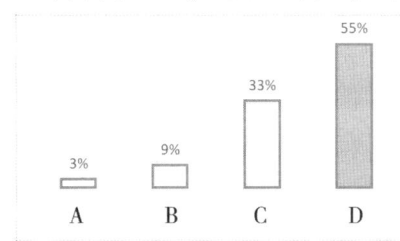

【解析】 在制作腐乳的过程中,已使得大豆的基本特征发生根本变化。该商品为一种未列名的食品,其符合《税则》品目 21.06 的条文描述"其他品目未列名的食品"。运用归类总规则一及六,应将其归入税号 2106.9090。本题正确答案为选项 D。

【归类参考】 海关归类决定编号:J2009-0001。

第二十八周

第 190 天 【答案】B

【正确率】 本题正确率为 45%,选项 D 为最大干扰项。

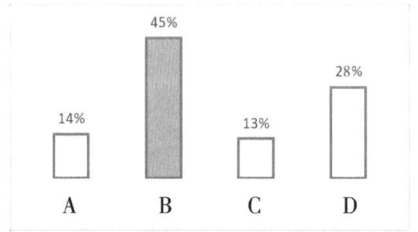

【解析】 该商品需用水稀释并加热后才作为饮料饮用,其属于一种配制饮料用的浓缩液,符合《税则》品目 21.06 的条文描述"其他品目未列名的食品"。运用归类总规则一及六,应将其归入税号 2106.9090。本题正确答案为选项 B。

第 191 天 【答案】C

【正确率】 本题正确率为 38%,选项 D 为最大干扰项。

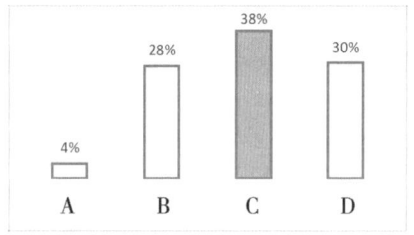

【解析】 该商品属于一种经制作的植物子仁,其加工工艺已超过《税则注释》第十二章总注释的加工范畴。该商品符合《税则》品目 20.08 的条文描述"用其他方法制作或保藏的其他品目未列名水果、坚果及植物的其他食用部分,不论是否加酒、加糖或其他甜物质"。运用归类总规则一及六,应将其归入税号 2008.1999。本题正确答案为选项 C。

第 192 天 【答案】B

【正确率】 本题正确率为26%，选项D为最大干扰项。

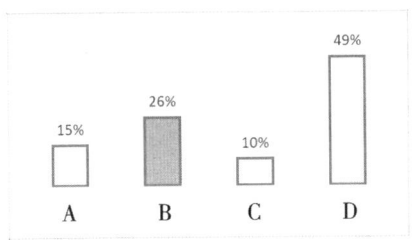

【解析】 该商品属于零售的成套货品，由装于同一餐盒内的一包未煮的红薯粉丝（品目19.02）、一袋调料包（品目21.03）、一袋肉包（品目16.02）及一袋蔬菜包（品目20.05）等组成，而其中的红薯粉丝构成整套货品的基本特征，符合《税则》品目19.02的条文描述"面食，不论是否煮熟、包馅（肉馅或其他馅）或其他方法制作，例如，通心粉、面条、汤团、馄饨、饺子、奶油面卷"。运用归类总规则一、三（二）及六，应将其归入税号1902.3020。本题正确答案为选项B。

第 193 天 【答案】D

【正确率】 本题正确率为42%，选项B为最大干扰项。

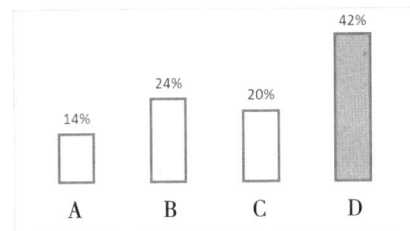

【解析】 南美白虾，即南美白对虾，是对虾科、对虾属甲壳动物，不属于冷水小虾及对虾（长额虾属、褐虾），其符合《税则》品目03.06的条文描述"带壳或去壳的甲壳动物，活、鲜、冷、冻、干、盐腌或盐渍的"。运用归类总规则一及六，应将其归入税号0306.1729。本题正确答案为选项D。

第 194 天 【答案】B

【正确率】 本题正确率为22%，选项C为最大干扰项。

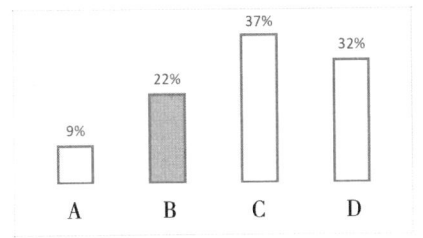

【解析】 该商品属于一种已配定剂量的中式成药,根据《税则注释》第三十三章总注释排他条款的规定"(二)具有芳香料制品、化妆品或盥洗品等辅助用途的药品(品目30.03或30.04)",其符合《税则》品目30.04的条文描述"由混合或非混合产品构成的治病或防病用药品(不包括品目30.02、30.05或30.06的货品),已配定剂量(包括制成皮肤摄入形式的)或制成零售包装"。运用归类总规则一及六,应将其归入税号3004.9059。本题正确答案为选项B。

【归类参考】 美国海关归类决定编号：NY R00681。

第195天 【答案】C

【正确率】 本题正确率为27%,选项D为最大干扰项。

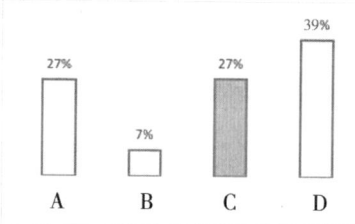

【解析】 根据《税则》第三十九章注释三(一)的规定,该商品属于第三十九章的商品范畴。依据归类总规则一及六,该商品应归入品目39.02。本题正确答案为选项C。

第196天 【答案】B

【正确率】 本题正确率为55%,选项A为最大干扰项。

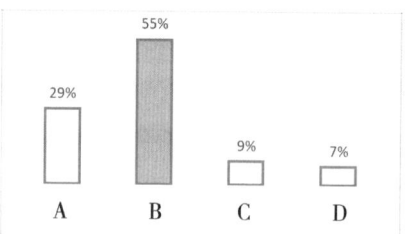

【解析】 该商品用于油缸的进口压力控制。油缸一般指液压缸,是将液压能转变为机械能的、做直线往复运动(或摆动运动)的液压执行元件。根据第八十四章子目注释三的规定"子目8481.20所称'油压或气压传动阀'……这些阀门可以具有各种形式(例如,减压阀、止回阀)。子目8481.20优先于品目84.81的所有其他子目",该商品为油压传动阀,符合该规定。运用归类总规则一及六,应将其归入税号8481.2010。本题正确答案为选项B。

第二十九周

第 197 天 【答案】A

【正确率】 本题正确率为 45%，选项 C 为最大干扰项。

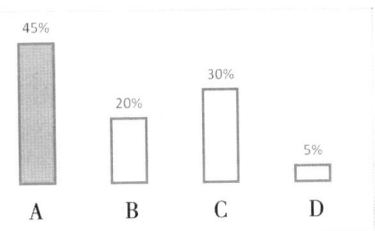

【解析】 《税则》品目 85.12 包括"机动车辆用喇叭、汽笛及其他电气音响信号装置"。该商品适用于汽车和摩托车，应归入品目 85.12。本题正确答案为选项 A。

第 198 天 【答案】B

【正确率】 本题正确率为 62%，选项 A 为最大干扰项。

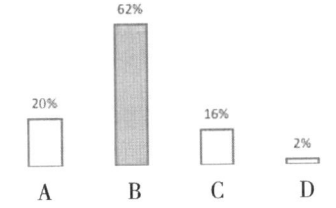

【解析】 车用机油即汽车发动机用润滑油，该润滑油并不是石油产品，而是化学合成产品，应按化工品归入品目 34.03。本题正确答案为选项 B。

当事人于 2020 年 8 月 5 日向海关以一般贸易方式申报进口润滑油共 13 项（申报成分含量均为：合成油 77.99%、矿物油 10%、添加剂 12%），申报商品编号为 34031900.00（关税税率 8%，增值税税率 13%），申报总价为 CIF154470 美元……

经查，上述第二至第十三项货物共计 103900 升，总价共计 CIF140484 美元，矿物油成分含量均大于 70%，应当归入商品编号 27101991.00（关税税率 6%，消费税 1.52 元/升，增值税税率 13%），且需向海关申报入境检验检疫，与实际申报不符。经海关核定，上述货物漏缴税款共计人民币 156239.78 元……对当事人科处罚款人民币 125000.00 元。

本案例难点是对"以石油或从沥青矿物提取的油类为基本成分"的理解与确定，品目 34.03 常与品目 27.10 产生混淆，而导致归类错误。

在确定润滑油归类时，不仅要区分合成油和矿物油，同时还要根据含量来确定编码。另外，也可从价格上验证商品编码，因为合成油的基础油生产成本很高。

第 199 天　【答案】A

【正确率】　本题正确率为 58%，选项 C 为最大干扰项。

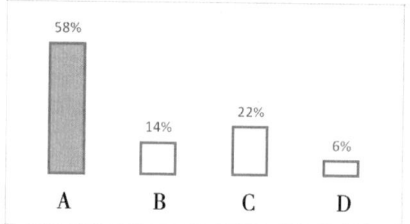

【解析】　该商品由合金钢锻造而成，符合《税则》品目 73.26 条文及其注释条文的描述"锻造吊钩，例如，供起重机用的；各种用途的弹簧扣"。运用归类总规则一，应将其归入品目 73.26。本题正确答案为选项 A。

第 200 天　【答案】D

【正确率】　本题正确率为 68%，题目较容易。

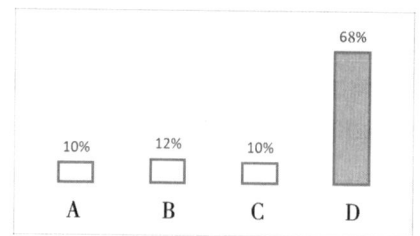

【解析】　车顶行李箱（Roof-box），设计为扩展收纳空间，常被安装在汽车车顶，用于携带更多自驾装备、行李等。车顶行李箱应按车辆附件归入品目 87.08。本题正确答案为选项 D。

【归类参考】　海关归类决定编号：W2016-051。

第 201 天　【答案】B

【正确率】　本题正确率为 38%，选项 C 为最大干扰项。

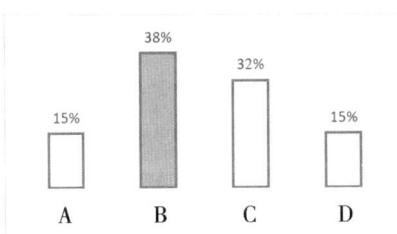

【解析】 该商品为探鱼器，根据《税则注释》品目 90.14 的描述"（二）其他海洋或内河航行专用导航仪器，例如：……7. 超声波探测或搜索设备，例如，防潜仪、声呐及类似设备，用于普通测深、海底地貌测绘、搜索潜艇、失事残骸、鱼群等"，运用归类总规则一及六，应将其归入税号 9014.8000。本题正确答案为选项 B。

第 202 天 【答案】B

【正确率】 本题正确率为 54%，选项 D 为最大干扰项。

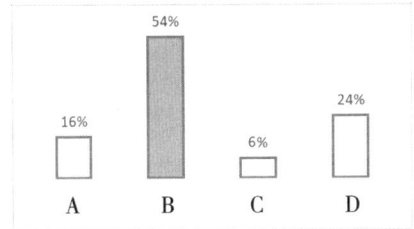

【解析】 该商品已收录在《中国药典》中，属于药品，不应作为适合供人食用的肉归入《税则》第二章。其符合品目 05.10 的条文描述"供配制药用的腺体及其他动物产品，鲜、冷、冻或用其他方法暂时保藏的"。运用归类总规则一，应将其归入品目 05.10。本题正确答案为选项 B。

【归类参考】 海关归类决定编号：Z2006-0011。

第 203 天 【答案】D

【正确率】 本题正确率为 55%，选项 C 为最大干扰项。

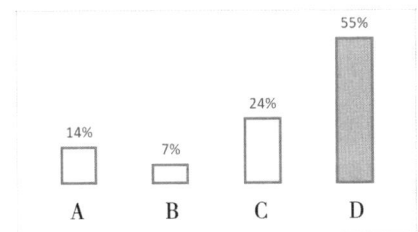

【解析】 该商品具备加热（85.16）和电刺激（85.43）两种功能，根据第十六类注释三及总注释描述，无法确定主要功能的商品，应运用归类总规则三（三）确定。本题正确答案为选项 D。

【归类参考】 海关归类预裁定编号：R-2-5100-2020-0001 眼部美容仪 8543.7099。

第三十周

第 204 天 【答案】C

【正确率】 本题正确率为 39%，选项 B 为最大干扰项。

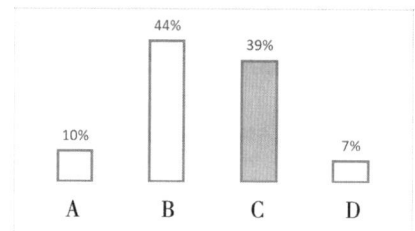

【解析】 运用归类总规则三（二），对于不同的货品，确定其基本特征的因素会有所不同。例如，可根据其所含材料或部件的性质、体积、数量、重量或价值来确定货品的基本特征，也可根据所含材料对货品用途的作用来确定货品的基本特征。本题为一次性烧烤炉，应以机制炭为产品基本特征进行归类。本题正确答案为选项 C。

【归类参考】 海关归类决定编号：D-1-0000-2008-0355。

烤肉架的机制炭是采用锯末、稻壳等原料，使用玉米黏合剂黏合而成，合成炭含量 90%，黏合剂含量 10%。使用时将食物置于铁丝网上，下面用炭燃烧进行加热。根据归类总规则一、三（二）及六，该商品应归入税号 4402.9000。

归类总规则三（二）的归类方法涉及以下几点：

1. 混合物。

例：混合液化烃类气，主要成分为丁烷 8.4%、丁烯 43.43%、丁二烯 43.05%、戊烷 1.52%、乙炔 1.76%。

因其中的丁烯、丁二烯含量合计共占混合物的 80% 以上，可视其为构成该混合烃类气基本特征的组分商品。运用归类总规则三（二），应将其归入品目 27.11。

海关归类决定编号：D-1-0000-2007-0645。

2. 不同材料的组合货品。

例：硫酸钙地板，表层仅起装饰和导静电作用，底层起保护板芯和增加承重的作用，而板芯决定了商品的属性。运用归类总规则三（二），应将其归入品目 68.09。

海关归类决定编号：D-1-0000-2009-0117。

3. 不同部件的组合货品。

例：地板革（带电阻丝），为铺地制品和加热电阻器的组合物。运用归类总规则三（二），应将其归入品目 85.16。

海关归类决定编号：D-1-0000-2015-0418。

4. 零售的成套货品。

例：维修套件，汽车备件套件包括硫化橡胶同步带（品目 40.10）、张紧器（品目 84.09）和收卷轮（品目 84.83），供零售。该商品符合零售成套货品定义，但由于无法判断其基本特征，应按归类总规则三（三）将其归入品目 84.83。

第 205 天 【答案】A

【正确率】 本题正确率为 42%，选项 B 为最大干扰项。

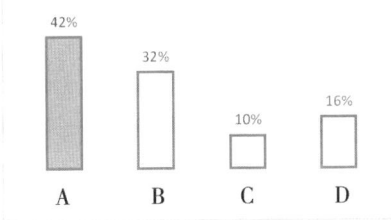

【解析】 该烧烤炉使用太阳能作为燃料加热食物，非电力，其材质为不锈钢制，符合《税则》品目 73.21 条文描述。运用归类总规则一及六，应将其按其他炊事器具归入子目 7321.19。本题正确答案为选项 A。

【归类参考】 海关归类决定编号：D-1-0000-2008-0492。

第 206 天 【答案】C

【正确率】 本题正确率为 50%，选项 A 为最大干扰项。

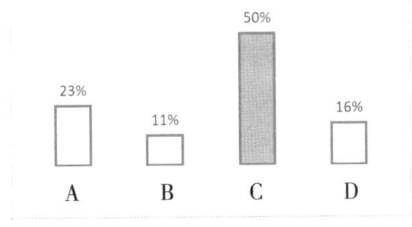

【解析】 该商品由钩头、滑轮、外壳三部分组成，用钢丝绳连接在起重

机上,直接用于重物的钩取。该商品设计用于起重机,根据第十六类注释二(二)的规定,该商品符合品目84.31的描述。依据归类总规则一及六,应将其归入税号8431.4999。本题正确答案为选项C。

【归类参考】 海关归类预裁定编号:R-2-3500-2020-0005。

第207天 【答案】D

【正确率】 本题正确率为52%,选项B为最大干扰项。

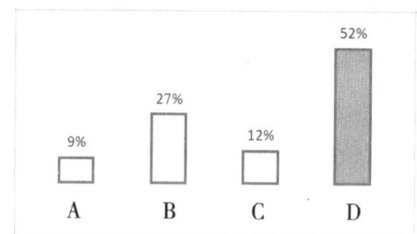

【解析】 该商品为专用于汽车轮毂的中心盖,材质为塑料制,其符合《税则》品目87.08的条文描述"机动车辆的零件、附件,品目87.01至87.05所列车辆用",装饰盖应按车轮的零件、附件归入子目8708.70,且用于面包车,最终归入税号8708.7099。本题正确答案为选项D。

第208天 【答案】B

【正确率】 本题正确率为57%,选项C为最大干扰项。

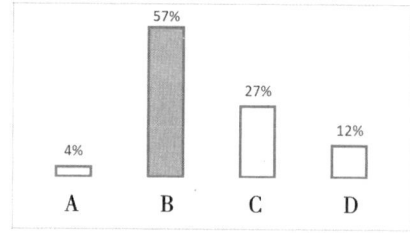

【解析】 该商品为塑料制鼓风机叶轮,符合专用零件的特征。根据第十六类注释二(二)的规定,其符合品目84.14的描述。运用归类总规则一及六,应将其归入税号8414.9090。本题正确答案为选项B。

第209天 【答案】C

【正确率】 本题正确率为34%,选项D为最大干扰项。

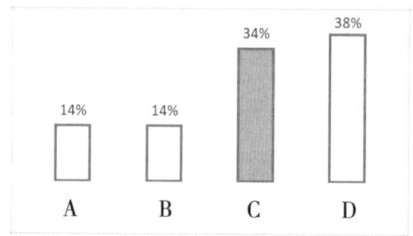

【解析】 光学照相机用的镜头盖，既属于照相机的附件，又属于品目90.02镜头的附件，因其最小单元整机是镜头，所以将镜头盖归入品目90.02，而不按光学照相机的附件归入品目90.06。相机镜头盖，属于镜头用的配件。运用归类总规则一及六，应将其按镜头用配件归入税号9002.1990。本题正确答案为选项C。

第210天 【答案】D

【正确率】 本题正确率为37%，选项A为最大干扰项。

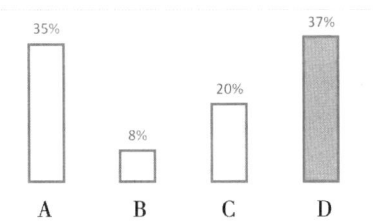

【解析】 该商品已经通过化学气相沉积法生长了各个层，并形成了独立的导电区，用于制发光二极管，属于发光二极管的未制成品，符合《税则》85.41品目的描述。根据2022年版《协调制度》并运用归类总规则一、二（一）及六，应将其归入税号8541.4100。本题正确答案为选项D。

第三十一周

第211天 【答案】A

【正确率】 本题正确率为64%，选项B为最大干扰项。

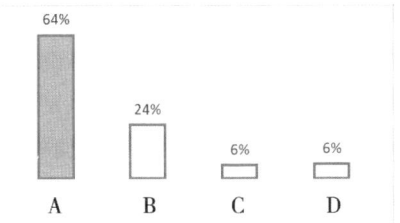

【解析】 该商品为不规则块状，天然开采未加工，呈黄色、橙黄色，加工首饰用。根据《税则》第二十五章注释一、四的规定，其符合品目25.30的条文描述"其他品目未列名的矿产品"。运用归类总规则一及六，应将其归入税号2530.9099。本题正确答案为选项A。

第 212 天 【答案】A

【正确率】 本题正确率为 25%,选项 B 为最大干扰项。

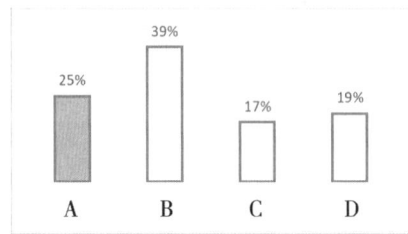

【解析】 该商品通过蒸发天然盐水制得,没有改变产品结构和氯化锂的化学结构。根据《税则》第二十五章注释一的规定,其符合品目 25.30 的条文描述"其他品目未列名的矿产品"。运用归类总规则一及六,应将其归入税号 2530.9099。本题正确答案为选项 A。

第 213 天 【答案】D

【正确率】 本题正确率为 44%,选项 A 为最大干扰项。

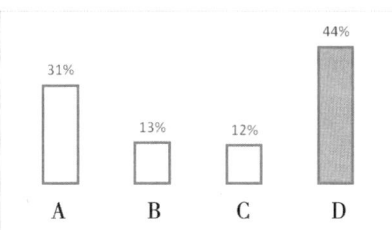

【解析】 珍珠粉是天然珍珠磨成的粉末,符合《税则》品目 71.01 的注释描述"本品目包括天然或养殖珍珠,不论其是未经加工……或经过加工"。运用归类总规则一,应将其归入品目 71.01。本题正确答案为选项 D。

【归类参考】 海关归类决定编号:D-1-0000-2007-0701。

其他用途的珍珠粉,如已制成特定商品,应按具体列名归类。如已经配定剂量,具有药用特征的,应归入《税则》第三十章。如制成零售包装,起到美容作用,应按护肤品归入品目 33.04。

第 214 天 【答案】D

【正确率】 本题正确率为 10%,选项 B 为最大干扰项。

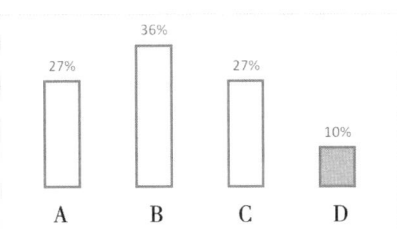

【解析】 蛇纹石玉,亦称岫玉,与和田玉、绿松石、独山玉并称为中国四大名玉。蛇纹石被列入了归入品目 71.03 的宝石或半宝石清表,且符合品目 71.03 注释的描述"本品目包括未加工和已加工的宝石和半宝石"。运用归类总规则一,应将其归入品目 71.03。本题正确答案为选项 D。

第 215 天 【答案】D

【正确率】 本题正确率为 63%,题目较容易。

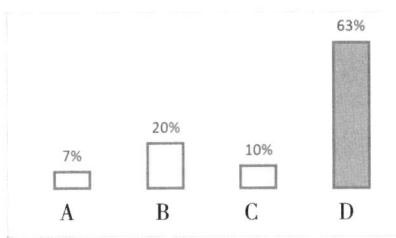

【解析】 本商品设计安装在单车上用于防盗,其组成结构为带钩扣可移动框架的近圆形夹具、控制芯片、移动通信芯片、蓝牙、GPS、机械结构等,可通过 GPRS 或者蓝牙方式实现解锁。其符合品目 83.01 条文的描述"带锁的扣环及扣环框架"。依据归类总规则一及六,应将其归入税号 8301.5000。本题正确答案为选项 D。

第 216 天 【答案】D

【正确率】 本题正确率为 67%,题目较容易。

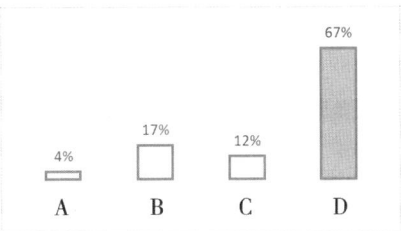

【解析】 根据《税则注释》品目 95.06 的描述"二、其他运动及户外运动用具:体育运动及比赛用保护用具(例如,击剑面具及护胸、护肘及护膝、板球护垫、护胫和内置护具及护垫的冰球裤)",该商品应归入第九十五章。本题正确答案为选项 D。

235

第 217 天 【答案】C

【正确率】 本题正确率为 12%，选项 D 为最大干扰项。

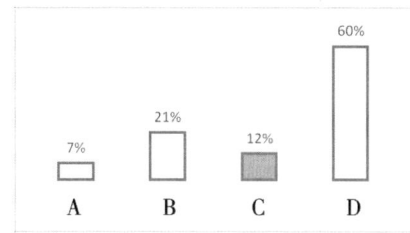

【解析】 吊坠（片、球等），用于照明装置，岩晶石英制，该岩晶石英已被列入归入品目 71.03 的宝石或半宝石清表。根据《税则》第九十四章注释一（五）的排他规定"本章不包括第七十一章的物品"，该吊坠属于品目 71.03 岩晶石英的制品。运用归类总规则一，应将其归入品目 71.16。本题正确答案为选项 C。

【归类参考】 海关归类决定编号：D-1-0000-2015-0225。

第三十二周

第 218 天 【答案】C

【正确率】 本题正确率为 32%，选项 A 为最大干扰项。

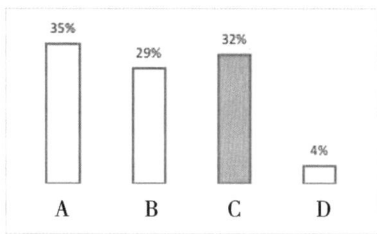

【解析】 该商品所含的锡不符合《税则》第二十八章总注释关于"杂质"的定义。运用归类总规则一及六，应将其归入品目 38.24。本题正确答案为选项 C。

第 219 天 【答案】B

【正确率】 本题正确率为 18%，选项 D 为最大干扰项。

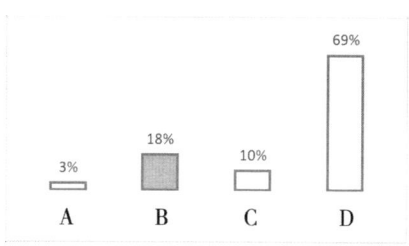

【解析】 钴铬钼合金是具有优异的耐腐蚀性和生物相容性的可植入人体的假体金属材料，是高端骨科植入物的重要候选材料之一。该商品成分含量：钴63%，铬30%，钼7%，为直径小于1mm的金属合金球，根据第十五类注释五的规定"（一）贱金属的合金按其所含重量最大的金属归类"，该商品应按钴制品归类。根据归类总规则一，应将其归入品目81.05。本题正确答案为选项B。

第220天 【答案】D

【正确率】 本题正确率为23%，选项B为最大干扰项。

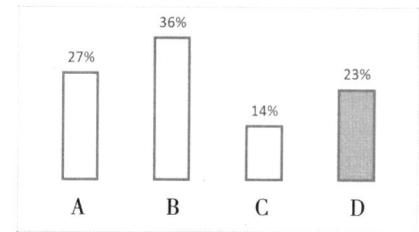

【解析】 该商品为人造人体部分的半成品，进口作进一步加工后作为人造人体部件植入体内。根据归类总规则二（一）关于"毛坯"的定义，该商品属于人造人体部分的未制成品，已具备人造人体部分制成品的基本特征。运用归类总规则一、二（一）及六，应将其按其他人造人体部分归入子目9021.39。本题正确答案为选项D。

第221天 【答案】A

【正确率】 本题正确率为46%，选项D为最大干扰项。

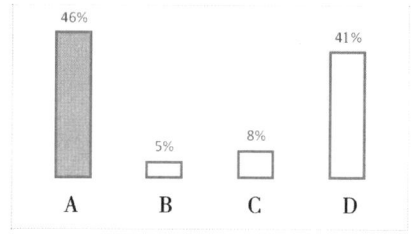

【解析】 该金色火球，玻璃材质，由人工吹制成型，用于装饰摆设，不符合《税则注释》品目97.03关于雕塑品的定义，不能归入品目97.03。其属

于玻璃装饰制品,符合《税则注释》品目70.13的条文描述。运用归类总规则一,应将其归入品目70.13。本题正确答案为选项A。

【归类参考】 海关归类决定编号:D-1-0000-2006-1494。

第222天 【答案】C

【正确率】 本题正确率为42%,选项D为最大干扰项。

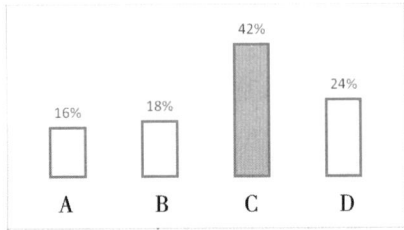

【解析】 该锻制小球采用相应规格的铬合金钢盘圆用专用吨锻设备锻制成小球状。依据《税则注释》对品目72.05小球粒的解释,该品目所列商品从加工工艺、用途等方面均有明确的规定,从商品的相关特征判断,此锻制小球不属此范畴,而应属于其他钢铁制品范围。运用归类总规则一及六,应将其归入子目7326.19。本题正确答案为选项C。

【归类参考】 海关归类决定编号:D-1-0000-2006-1628。

第223天 【答案】D

【正确率】 本题正确率为42%,选项A为最大干扰项。

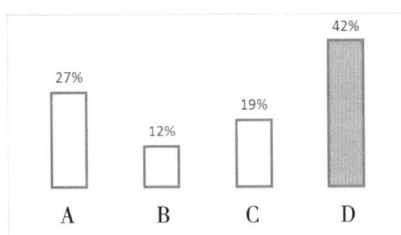

【解析】 该商品具有GPS(品目85.26)、声呐探鱼(品目90.14)、释放诱饵(品目95.07)三种功能。但是,该商品无论看上去有多少种功能,实际上为《税则》品目95.07中所列出的钓鱼用具,且该商品本身不替代鱼竿,是一个辅助用具。运用归类总规则一、三(二)及六,应将其归入品目95.07。本题正确答案为选项D。

第224天 【答案】A

【正确率】 本题正确率为9%,选项D为最大干扰项。

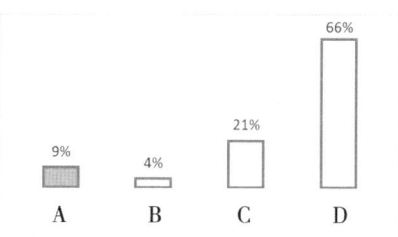

【解析】 该商品为一套完整的渔（农）业用钓鱼装置，是一种农业生产装置，并非休闲、运动用钓鱼用具，故不应归入品目95.07。该商品属于农业用机器，符合《税则》品目84.36及其子目条文的描述。根据归类总规则一，应将其归入品目84.36。本题正确答案为选项A。

【归类参考】 海关归类决定编号：D-1-0000-2010-0029。

第三十三周

第225天 【答案】C

【正确率】 本题正确率为51%，选项A为最大干扰项。

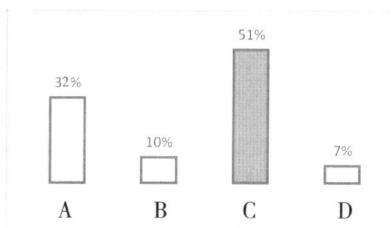

【解析】 该商品符合归类总规则三（二）零售成套物品的定义，其中摄像机为其基本特征，其带存储、可录像，专用于水下摄像，符合品目85.25中"特种用途"的定义。根据2022年版《协调制度》并运用归类总规则一、三（二）及六，应将其归入子目8525.89。本题正确答案为选项C。

第226天 【答案】C

【正确率】 本题正确率为49%，选项D为最大干扰项。

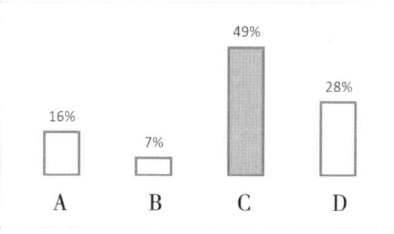

【解析】 该商品的设计使其无法适用多种运输方式，安装在车辆上后不会随意搬离，不属于"门对门"货物运输方式，不应归入《税则》品目86.09。该商品由箱体、仪表、充氧机及空气泵组装而成，为鱼在运输过程中存活提供了一个良好的环境，其功能在第八十四章其他税号中无具体列名，符合《税则》品目84.79及其子目条文的描述。运用归类总规则一及六，应将其归入品目84.79。本题正确答案为选项C。

【归类参考】 海关归类决定编号：D-1-0000-2008-0399。

第227天 【答案】C

【正确率】 本题正确率为50%，选项B、D为最大干扰项。

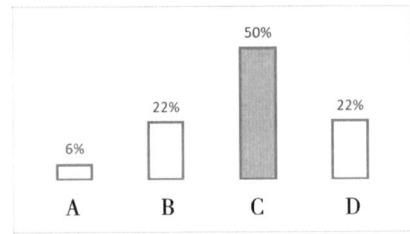

【解析】 红虫，中文学名为血红虫，又叫摇蚊幼虫，是一种昆虫，状态为干，用作鱼饵料、饲料而非供人食用，符合《税则》品目05.11的条文描述"其他品目未列名的动物产品"。运用归类总规则一及六，应将其归入税号0511.9990。本题正确答案为选项C。

2022年版《协调制度》新增注释明确了死昆虫的归类：第二章注释二"可食用的死昆虫"（品目04.10），第四章注释五（一）"不适合供人食用的死昆虫"（品目05.11），第四章注释六"品目04.10所称'昆虫'是指全部或部分食用的死昆虫，新鲜的、冷藏的、冷冻的、干燥的、烟熏的、盐腌或盐渍的"，以及"适合供人食用的昆虫的细粉和粗粉"。但品目04.10不包括用其他方法制作或保藏的食用的死昆虫（第四类）。

第228天 【答案】B

【正确率】 本题正确率为50%，选项D为最大干扰项。

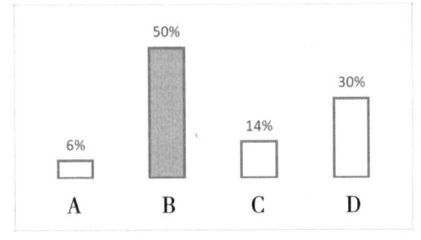

【解析】 该商品属于零售包装的成套货品，由经腌制的鱼片（品目 16.04）和酱料包（品目 21.03）组成，而其中的腌制鱼片构成商品的基本特征。根据《税则注释》第三章总注释关于"本章货品与第十六章货品的区别"的规定，腌制已超出第三章的加工范畴，该商品符合《税则》品目 16.04 的条文描述"制作或保藏的鱼"。运用归类总规则一、三（二）及六，应将其归入税号 1604.1920。本题正确答案为选项 B。

第 229 天 【答案】 D

【正确率】 本题正确率为 17%，选项 B 为最大干扰项。

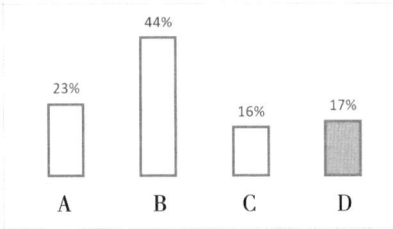

【解析】 该商品经臭氧消毒加工，根据《税则注释》品目 16.04 的描述"三、在品目 03.02 至 03.05 所列加工范围以外经制作或保藏的鱼，例如……经杀菌或消毒的鱼"，其符合《税则》品目 16.04 的条文描述"制作或保藏的鱼"。运用归类总规则一及六，应将其归入税号 1604.1990。本题正确答案为选项 D。

第 230 天 【答案】 B

【正确率】 本题正确率为 40%，选项 A 为最大干扰项。

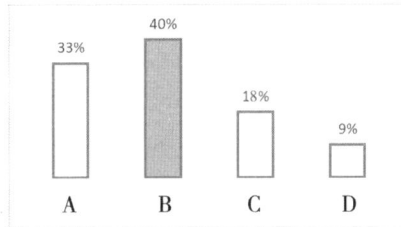

【解析】 该商品为种用饲料高粱，根据《税则注释》品目 10.07 的描述"本品目仅包括名为食用高粱的品种"，以及其排他条款"本品目不包括饲料高粱……上述产品如作种用，应归入品目 12.09……"的规定，该商品符合《税则》品目 12.09 的条文描述"种植用的种子、果实及孢子"。运用归类总规则一，应将其归入品目 12.09。本题正确答案为选项 B。

第 231 天 【答案】 B

【正确率】 本题正确率为 56%，选项 C 为最大干扰项。

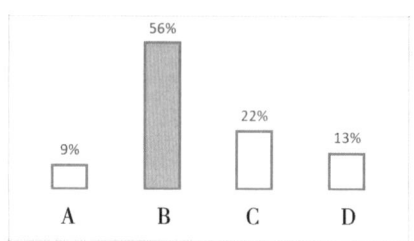

【解析】 该商品由各种植物原料组成,符合《税则》品目14.04的条文描述"其他品目未列名的植物产品"。运用归类总规则一,应将其归入品目14.04。本题正确答案为选项B。

第三十四周

第232天 【答案】C
【正确率】 本题正确率为13%,选项A为最大干扰项。

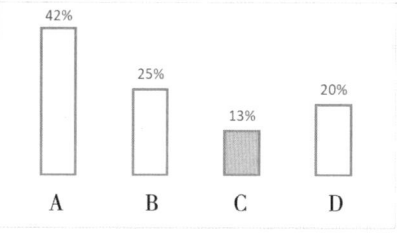

【解析】 该商品作为膳食补充剂供人类食用,还用于动物饲料,其不符合《税则注释》品目10.07"仅包括名为食用高粱的品种"的规定。这里的食用高粱,是禾本科一年生草本植物,主要价值为食用、药用、营养。该商品属于一种主要用作药料的植物,符合《税则》品目12.11的条文描述"主要用作香料、药料、杀虫、杀菌或类似用途的植物或这些植物的某部分(包括子仁及果实),鲜、冷、冻或干的,不论是否切割、压碎或研磨成粉"。运用归类总规则一,应将其归入品目12.11。本题正确答案为选项C。

【归类参考】 美国海关归类决定编号:N295395。

第233天 【答案】C
【正确率】 本题正确率为45%,选项A为最大干扰项。

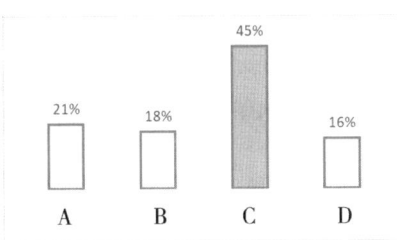

【解析】 该商品加入盐和白砂糖调味，可直接用作食物，根据《税则注释》品目22.09的描述"第二十二章注释第一（四）款的规定不适用于含醋酸重量一般在10%～15%之间的溶液。这类溶液加有香料和色料，可用作食物的醋代用品，仍归入本品目"，其符合《税则》品目22.09的条文描述"醋及用醋酸制得的醋代用品"。运用归类总规则一，应将其归入品目22.09。本题正确答案为选项C。

第234天 【答案】B

【正确率】 本题正确率为23%，选项C为最大干扰项。

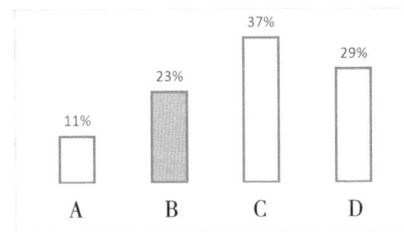

【解析】 该商品需兑水后才能使用，主要用于食品调味，属于一种由食物组成的用于制造食品的制品，符合《税则》品目21.06的条文描述"其他品目未列名的食品"。运用归类总规则一，应将其归入品目21.06。本题正确答案为选项B。

第235天 【答案】C

【正确率】 本题正确率为47%，选项B为最大干扰项。

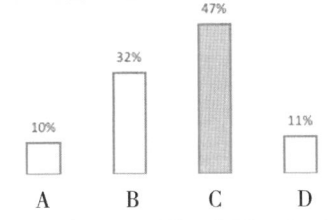

【解析】 该货品不是单独的已有化学定义的有机化合物或第二十九章明确包括的任何其他项目，所以不包含在第二十九章中（第二十九章注释一），也不是聚合物，所以也不包含在第三十九章的注释三（三）中。根据归类总

规则一,应将其归入品目 38.12。本题正确答案为选项 C。

第 236 天 【答案】D

【正确率】 本题正确率为 20%,选项 C 为最大干扰项。

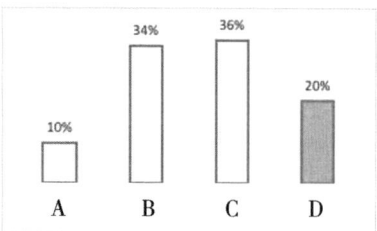

【解析】 该货品不是单独的已有化学定义的有机化合物或第二十九章明确包括的任何其他项目,所以不包含在第二十九章中(第二十九章注释一)。其符合第三十九章注释三(三)的描述"平均至少有五个单体单元的其他合成聚合物"。根据归类总规则一,应将其归入品目 39.11。本题正确答案为选项 D。

第 237 天 【答案】C

【正确率】 本题正确率为 44%,选项 D 为最大干扰项。

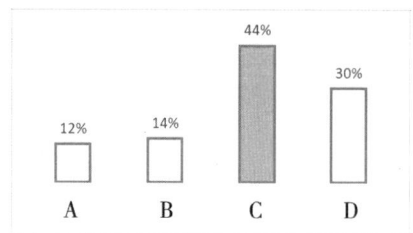

【解析】 该商品由风扇(品目 84.14)和照明灯(品目 94.05)两部分组合而成,以吊顶式照明灯具为基本特征。依据 2022 年版《协调制度》并运用归类总规则一、三(二)及六,应将其归入子目 9405.19。本题正确答案为选项 C。

第 238 天 【答案】D

【正确率】 本题正确率为 53%,题目较容易。

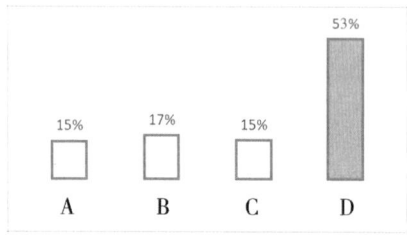

【解析】 该商品属于一种供人食用的果仁,符合《税则》品目 12.12 的

条文描述"主要供人食用的其他品目未列名的果核、果仁及其他植物产品"。运用归类总规则一,应将其归入品目 12.12。本题正确答案为选项 D。

第三十五周

第 239 天　【答案】D
【正确率】　本题正确率为 30%,选项 C 为最大干扰项。

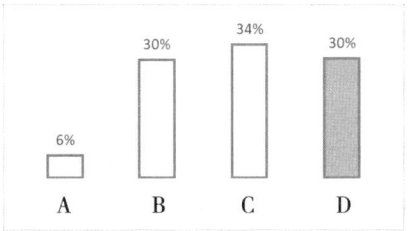

【解析】　该商品的工作原理为主电机带动大风轮转动,后壳进风,进风处有湿帘,水泵抽水淋湿湿帘,进风经过湿帘可以蒸发水分,实现降温和调湿。根据《税则注释》品目 84.14 的描述"如果风机及风扇除装有原动机或外壳以外,还装有其他品目所列更为复杂机器特征的其他装置……则不应归入本品目"的规定,该商品符合品目 84.79"三、杂项机器　本组包括:……(三十)蒸发式空气冷却器"的描述。运用归类总规则一,应将其归入品目 84.79。本题正确答案为选项 D。
【归类参考】　海关归类预裁定编号:R-2-5300-2018-0026。

第 240 天　【答案】B
【正确率】　本题正确率为 8%,选项 A 为最大干扰项。

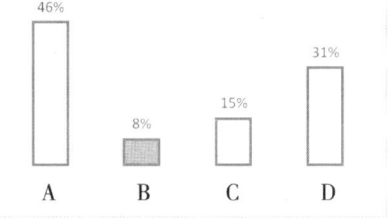

【解析】　该商品为零售成套货品,测速仪构成基本特征,其具有雷达测速、超速拍照功能,符合《税则》第十六类注释三的描述,应按其主要功能雷达测速归类,应归入品目 85.26。本题正确答案为选项 B。

第 241 天 【答案】 D

【正确率】 本题正确率为 34%，选项 A 为最大干扰项。

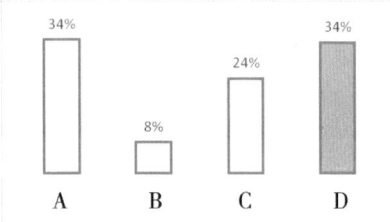

【解析】 该商品属于磁化后准备制永磁铁的物品，符合《税则》品目 85.05 的描述。根据其形状及成分，应将其归入品目 85.05。本题正确答案为选项 D。

第 242 天 【答案】 D

【正确率】 本题正确率为 29%，选项 C 为最大干扰项。

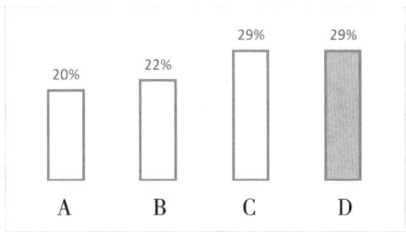

【解析】 该商品用于把不定型的磁粉和黏结剂的混合物施压，制成模具形状的压坯，属于矿物材料用型模。其符合品目 84.80 条文的描述"……金属用型模（锭模除外）、硬质合金、玻璃、矿物材料、橡胶或塑料用型模"。根据归类总规则一及六，应将其归入税号 8480.6000。本题正确答案为选项 D。

【归类参考】 海关归类决定编号：D-1-0000-2007-1215。

第 243 天 【答案】 C

【正确率】 本题正确率为 27%，选项 D 为最大干扰项。

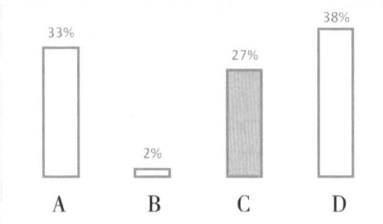

【解析】 该商品为由多种材质构成的磁力项圈，用于磁疗、防辐射，具有供人佩戴首饰的特征，应按仿首饰归入品目 71.17。本题正确答案为选

项 C。

第 244 天 【答案】D

【正确率】 本题正确率为 66%，题目较容易。

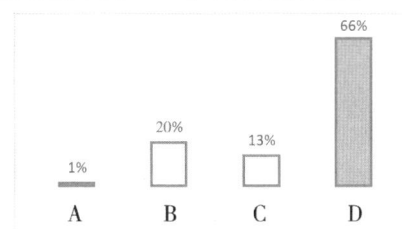

【解析】 该商品集圆珠笔（品目 96.08）、LED 灯（品目 85.13）、破窗器（品目 82.05）于一体，用于日常携带救生装备，由于无法区分其基本特征，运用归类总规则一、三（三），应按从后归类将其归入品目 96.08。本题正确答案为选项 D。

第 245 天 【答案】D

【正确率】 本题正确率为 49%，题目较容易。

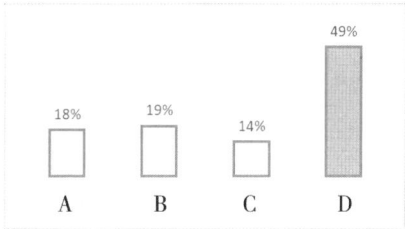

【解析】 该商品由人偶和笔包装于同一盒内，但两者没有直接的交互，即玩具和书写属于两种活动，不符合归类总规则三（二）"零售的成套货品"的定义（二），因此应分别归类。本题正确答案为选项 D。

第三十六周

第 246 天 【答案】A

【正确率】 本题正确率为 41%，选项 D 为最大干扰项。

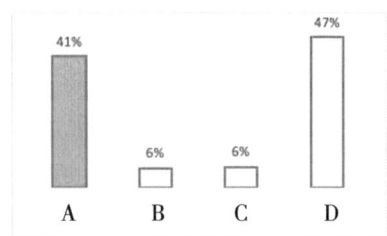

【解析】 该商品由笔记本、笔以套装形式出售,主要特征为笔记本,符合归类总规则三(二)"零售的成套货品"的定义,因此一并按笔记本归入品目48.20。本题正确答案为选项A。

第247天 【答案】A

【正确率】 本题正确率为62%,选项D为最大干扰项。

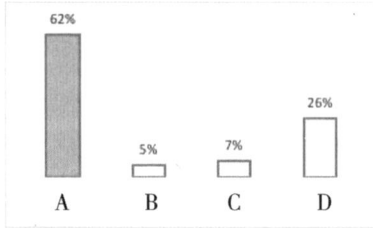

【解析】 该商品构成零售成套物品,日记本决定了其基本特征,应按日记本归入品目48.20。本题正确答案为选项A。

第248天 【答案】B

【正确率】 本题正确率为32%,选项A为最大干扰项。

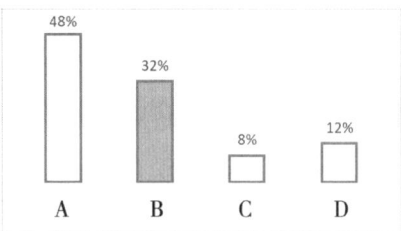

【解析】 该商品为夏普交互显示系统用触控笔,用于在交互显示系统上进行书写、绘图、控制PC应用程序等操作。交互显示系统被设计为直接连接到自动数据处理机器,以便在自动数据处理系统中执行输入和输出功能,应按自动数据输入输出部件归入子目8471.60。触控笔是专用于该交互显示系统的附件,其符合品目84.73的描述。运用归类总规则一及六,应将其归入品目84.73。本题正确答案为选项B。

【归类参考】 美国海关归类决定编号:NY N283564。

第 249 天 【答案】 D

【正确率】 本题正确率为 26%，选项 A 为最大干扰项。

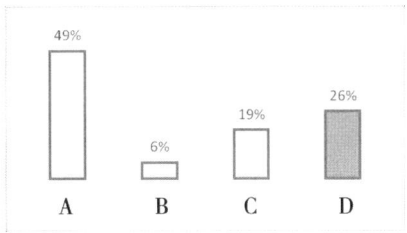

【解析】 该商品无任何电子元器件，不具备信号输入输出功能，用来触控电容式屏幕完成人机对话操作。运用归类总规则一，应将其按其他品目未列名的电气零件归入品目 85.48。本题正确答案为选项 D。

第 250 天 【答案】 B

【正确率】 本题正确率为 21%，选项 A 为最大干扰项。

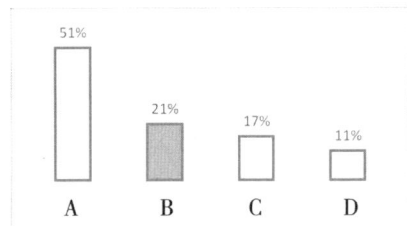

【解析】 该商品具有多种功能，主要用于演示，无线遥控为主要功能。运用归类总规则一、三（二），应将其归入品目 85.26。本题正确答案为选项 B。

第 251 天 【答案】 B

【正确率】 本题正确率为 26%，选项 C 为最大干扰项。

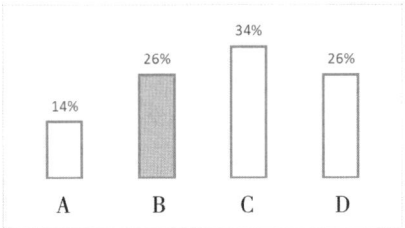

【解析】 该商品是已有化学定义的有机化合物，具有抗菌作用。根据《税则注释》品目 29.41 排他条款的规定"（三）喹啉羧酸衍生物、硝基呋喃、磺酰胺及其他归入本章前面各品目所列具有抗菌作用并且已有化学定义的有机化合物"，该商品不符合《税则》品目 29.41 的描述。该商品含有哌嗪、喹啉结构，符合品目 29.33 的条文描述"仅含氮杂原子的杂环化合物"。

运用归类总规则一及六,应将其归入子目 2933.59。本题正确答案为选项 B。

第 252 天 【答案】D

【正确率】 本题正确率为 38%,选项 B 为最大干扰项。

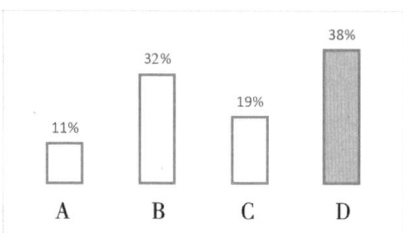

【解析】 该商品是已有化学定义的有机化合物,化学结构含有氧和氮的杂环,其符合《税则》品目 29.34 的条文描述"其他杂环化合物"。运用归类总规则一及六,应将其归入子目 2934.99。本题正确答案为选项 D。

第三十七周

第 253 天 【答案】D

【正确率】 本题正确率为 36%,选项 C 为最大干扰项。

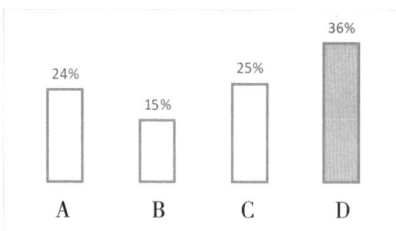

【解析】 该商品为已配定剂量有化学定义的药品,根据《税则》第六类注释二的规定,其不含抗菌素,符合品目 30.04 的条文描述"由混合或非混合产品构成的治病或防病用药品(不包括品目 30.02、30.05 或 30.06 的货品),已配定剂量(包括制成皮肤摄入形式的)或制成零售包装"。运用归类总规则一及六,应将其归入子目 3004.90。本题正确答案为选项 D。

第 254 天 【答案】A

【正确率】 本题正确率为 21%,选项 C 为最大干扰项。

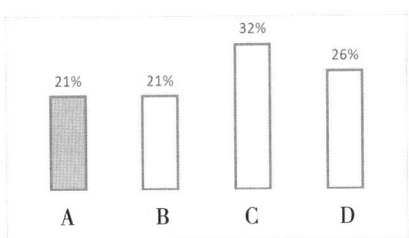

【解析】 该商品未浸涂药物，已制成零售包装，不需要重新包装，直接销售给医院、个人使用，符合品目 30.05 的注释描述。未经药物浸涂，供作敷料（通常为脱脂棉花）和绷带等用的软填料及纱布，倘若它们不需要重新包装，直接出售（例如，受所附标签或特殊折叠方式所限）给用户（个人、医院等）用于医疗、外科、牙科或兽医方面，则仍应归入品目 30.05。依据归类总规则一，应将其归入品目 30.05。本题正确答案为选项 A。

磁石贴片，贴片上的小磁铁产生的磁场，可改善血液循环，从而缓解疼痛、酸痛或僵硬，该产品不用于伤口处理。品目 35.05 的商品为仅限于用于实际医疗目的的物品。该商品以磁铁为基本特征，依据归类总规则三（二），应将其归入品目 85.05。

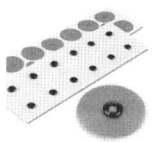

1. 品目 30.05 条文描述"软填料、纱布、绷带及类似物品……"，看上去比较简单，但难的是对"类似物品"的规则约束。根据列出的绷带、填料、纱布、敷料、橡皮膏、泥罨剂等来看，其直接适用于患病或受伤的身体组织。由此可知，品目 30.05 用于各种医疗、外科、牙科或兽医环境中伤口治疗。

2. 品目 30.05 的商品直接应用于患病或受伤的组织，例如用于保护伤口、固定、药物治疗等，不包括没有上升到医疗水平的产品，如磁性"治疗"产品（品目 85.05）、可以冷冻或加热的护腰带（品目 63.07）等。

3. 品目 30.05 的注释描述不要求进口商只向零售商销售，只要求进口产品为医疗用途的零售形式或包装，不包括未制成零售形式或包装。如需重新包装、贴标签或重新贴标签、特殊折叠等，都不能归入品目 30.05。

第 255 天 【答案】A

【正确率】 本题正确率为 48%，选项 B 为最大干扰项。

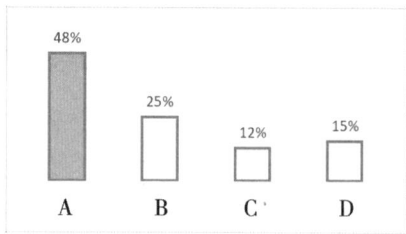

【解析】 该商品为可独立发挥功能的平板电脑,配以辅助附件(键盘),其特性符合品目 84.71 关于"平板电脑"的相关描述。根据归类总规则一、三(二)及六,应将其归入税号 8471.3010。本题正确答案为选项 A。

第 256 天 【答案】A

【正确率】 本题正确率为 17%,选项 D 为最大干扰项。

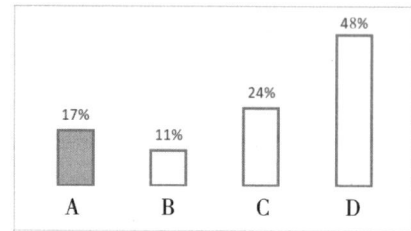

【解析】 该商品由鼠标、键盘、接收器组成,属于无线键盘鼠标套装。键盘构成其基本特征。运用归类总规则一、三(二)及六,应将其归入税号 8471.6071。本题正确答案为选项 A。

电脑游戏手柄,USB 接口,该商品为输入单元,可以连接到自动数据处理机的中央单元,并能够以系统可以使用的形式传递数据。品目 95.04 注释不包括符合第八十四章注释五(三)所列条件的选配外围设备[键盘、鼠标、盘(片)式存储部件等](第十六类)。该商品应归入税号 8471.6090。

乐器键盘,通过 USB 或蓝牙,与电脑、平板连接,主要用于将每个琴键输入的信号转换为计算机能够处理的信号输出给计算机等设备,属于自动数据处理设备的输入部件,符合第八十四章注释五(三)关于自动数据处理系统部件的定义。运用归类总规则一及六,应将其归入税号 8471.6090。

第 257 天 【答案】B

【正确率】 本题正确率为 32%，选项 C 为最大干扰项。

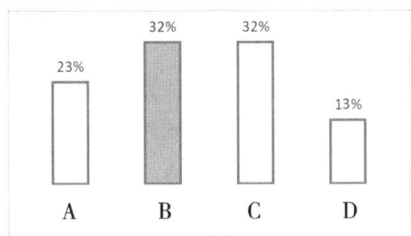

【解析】 该商品为无线鼠标、手写二合一产品，主要组成结构为接收器、无线鼠标，鼠标内部带有触控屏，可通过手写或者触控笔在屏幕上输入。该商品既具备鼠标的位置输入功能，同时也具备键盘的指令和数据输入功能，鼠标构成其基本特征。该商品符合品目 84.71 的描述。运用归类总规则一、三（二）及六，应将其归入税号 8471.6072。本题正确答案为选项 B。

本题归类总规则三（二）是在子目确认时运用的规则，根据规则六注释描述，规则一至五在必要的地方稍加修改后，可适用于同一品目项下的各级子目。

第 258 天 【答案】D

【正确率】 本题正确率为 66%，题目较容易。

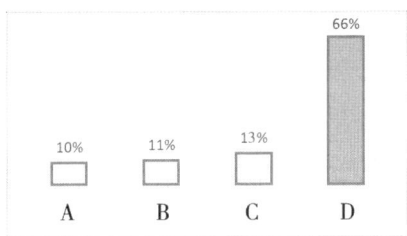

【解析】 该商品与发动机及三元催化器相连接，利用内部波纹状结构，起到使气体绕流、混合的作用，不属于三元催化器的功能（气体净化）部件，因此，不应按三元催化器的零件进行归类。该商品属于专用于车辆的零件，符合《税则》品目 87.08 的条文描述"机动车辆的零件、附件，品目 87.01 至 87.05 所列车辆用"。运用归类总规则一及六，应将其按车辆用其他零件归入子目 8708.99 项下。本题正确答案为选项 D。

【归类参考】 海关归类决定编号：Z2006-1513。

第 259 天 【答案】D

【正确率】 本题正确率为 35%，选项 C 为最大干扰项。

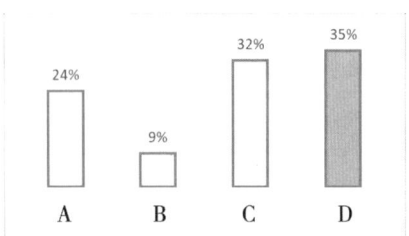

【解析】 该商品是一种手动机械设备,用于将空气吹到火上,使火势更猛烈地燃烧,其符合品目 84.14 的描述。根据归类总规则一及六,应将其归入子目 8414.59。本题正确答案为选项 D。

第三十八周

第 260 天　【答案】B
【正确率】　本题正确率为 27%,选项 D 为最大干扰项。

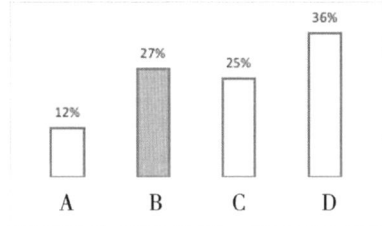

【解析】 该商品用于液晶显示屏背光组,尚未制成光学元件。根据归类总规则一及六,应将其归入品目 39.20。本题正确答案为选项 B。

第 261 天　【答案】D
【正确率】　本题正确率为 55%,选项 A 为最大干扰项。

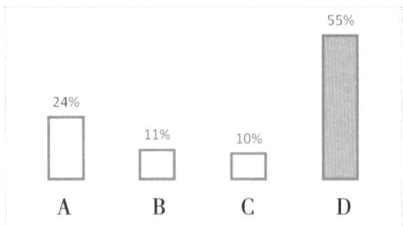

【解析】 该塑料凉鞋注塑一次成型,鞋底和鞋面都为塑料制,符合《税则》品目 64.02 条文的描述"橡胶或塑料制外底及鞋面的其他鞋靴",非运动鞋靴及用栓塞方法将鞋面条带装配在鞋底上的鞋。运用归类总规则一及六,应将其归入子目 6402.99。本题正确答案为选项 D。

【归类参考】 海关归类决定编号：D-1-0000-2021-0018。

第 262 天 【答案】 B

【正确率】 本题正确率为 50%，选项 D 为最大干扰项。

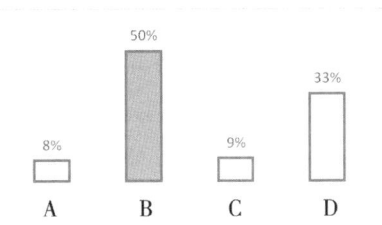

【解析】 该塑料凉鞋的鞋面和外底由塑料制成，符合《税则》品目 64.02 条文的描述"橡胶或塑料制外底及鞋面的其他鞋靴"。其鞋面由单根塑料带嵌入鞋底孔中用销钉固定，符合《税则》子目条文的规定"用栓塞方法将鞋面条带装配在鞋底上的鞋"。运用归类总规则一及六，应将其归入子目 6402.20。本题正确答案为选项 B。

第 263 天 【答案】 B

【正确率】 本题正确率为 31%，选项 D 为最大干扰项。

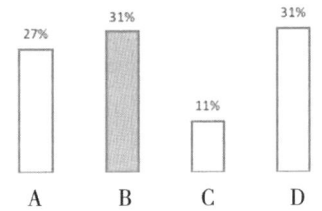

【解析】 根据品目 39.24 注释描述"四、卫生及盥洗用具（不论是否家用）"，该垃圾箱设计用于室外临时存放垃圾，属于卫生用具，应归入品目 39.24。本题正确答案为选项 B。

第 264 天 【答案】 D

【正确率】 本题正确率为 34%，选项 A 为最大干扰项。

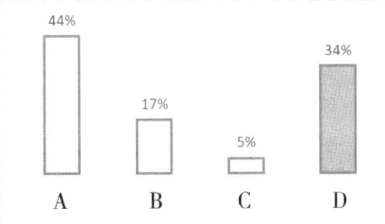

【解析】 该商品是一种安装在墙上或直立固定在一个水平面上的塑料家具，根据《税则》第九十四章注释二的规定"即使是悬挂的、固定在墙壁上

的或叠摞的,仍归入上述各品目",其符合品目 94.03 的条文描述"其他家具及其零件",应归入品目 94.03。本题正确答案为选项 D。

【归类参考】 海关归类决定编号:W2020-48。

第 265 天 【答案】A

【正确率】 本题正确率为 7%,选项 B 为最大干扰项。

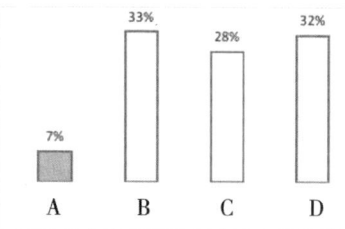

【解析】 该烟弹的烟油构成货品的基本特征。2022 年版《协调制度》新增品目 24.04"含烟草、再造烟草、尼古丁或烟草或尼古丁代用品,非经燃烧吸用的产品;其他供人体摄入尼古丁的含尼古丁的产品"。根据归类总规则一、三(二)及六,应将其归入子目 2404.12。本题正确答案为选项 A。

第 266 天 【答案】B

【正确率】 本题正确率为 34%,选项 C 为最大干扰项。

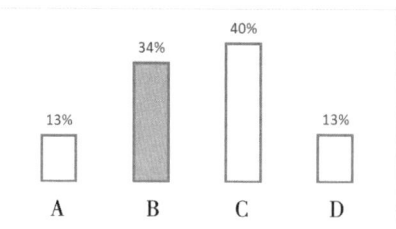

【解析】 该商品以再造烟草混合物为基本特征,符合品目 24.04 的描述"含烟草、再造烟草、尼古丁或烟草或尼古丁代用品,非经燃烧吸用的产品;其他供人体摄入尼古丁的含尼古丁的产品"。第二十四章注释三、品目 24.04 所称"非经燃烧吸用",是指不通过燃烧,而是通过加热或其他方式吸用。依据 2022 年版《协调制度》并运用归类总规则一及六,应将其归入子目 2404.11。本题正确答案为选项 B。

【归类参考】 海关归类决定编号:D-1-0000-2021-0012。

第三十九周

第 267 天 【答案】C
【正确率】 本题正确率为42%，选项D为最大干扰项。

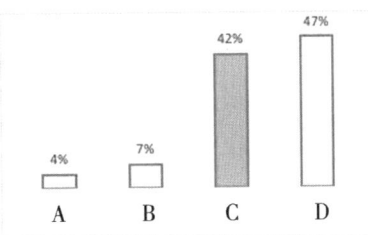

【解析】 该商品专为放置电子烟而设计，符合通常置于口袋或手提包内的物品，硅胶制。根据归类总规则一及六，应将其归入子目4202.32。本题正确答案为选项C。

第 268 天 【答案】C
【正确率】 本题正确率为22%，选项D为最大干扰项。

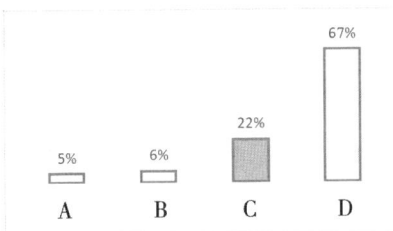

【解析】 该商品属于以茶为基本成分的制品，根据《税则注释》品目21.01的条文描述"四、以咖啡、茶、马黛茶为基本成分的制品，主要有……（二）茶制品，由茶、奶粉及糖混合组成"，其符合品目21.01的条文描述"咖啡、茶、马黛茶的浓缩精汁及以其为基本成分或以咖啡、茶、马黛茶为基本成分的制品"。运用归类总规则一，应将其归入品目21.01。本题正确答案为选项C。

案例&启发

2016年5月8日至2018年5月7日，当事人以一般贸易监管方式（除一票申报"货样广告品"监管方式外）向海关申报进口20票货物，申报品名为"草本浓缩柠檬、木莓口味茶粉"，申报税号为21069090.90（关税税率

20%），实际税号为21012000.00（关税税率32%）。当事人上述进口货物税号申报不实，涉案货物价值人民币22910472.6元，应缴税款人民币10939002.06元，漏缴税款人民币2816787.69元（漏缴税款占应缴税款25.7%）。最终科处罚款人民币98万元。

经查，导致上述税号申报不实行为的原因是，当事人关务在茶粉首次进口时查阅了《税则注释》，其中上述进口货物属于《税则注释》第二十一章杂项食品范畴。对应章节品目明确写明了品目21.01不包括"加香料的茶"，当事人关务认为其进口茶粉中含有糖精、香料等成分，不应归入品目21.01项下，而将其归在品目21.06项下（其他品目未列明的食品）。当事人上述申报进口的草本浓缩木莓口味茶粉、草本浓缩柠檬口味茶粉等食品，属于茶的精汁或浓缩品为基本原料制成的混合物，按照第二十一章注释，应归入2101200.00项下。

品目21.01注释中所谓不包括"加香料的茶"，是指品目09.02项下的茶属植物上直接获取的"茶"。直接获取的"茶"是初级农产品茶，茶粉类食品是茶经过再加工获取的茶精汁或者浓缩品。当事人关务人员因为专业知识不够，业务研究不精，凭字面意思片面理解《税则注释》，导致上述进口货物税号申报不实行为发生。

商品归类中，除了需要充分理解注释含义，还需要排除一些认知偏差，比如题目中的基本特征并非都以含量多少来确定，特别是奶茶一类的产品。在归类总规则三（二）解释中，对于不同的货品，确定其基本特征的因素会有所不同。例如，可根据其所含材料或部件的性质、体积、数量、重量或价值来确定货品的基本特征，也可根据所含材料对货品用途的作用来确定货品的基本特征。

第269天　【答案】B

【正确率】　本题正确率为30%，选项D为最大干扰项。

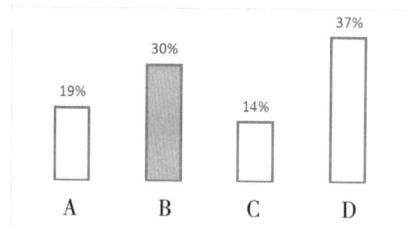

【解析】　该商品属于烟草代用品制成的"卷烟"，符合《税则》品目24.02的条文描述"烟草或烟草代用品制成的雪茄烟及卷烟"。运用归类总规则一及六，应将其归入子目2402.90。本题正确答案为选项B。

第270天　【答案】C

【正确率】 本题正确率为32%，选项B为最大干扰项。

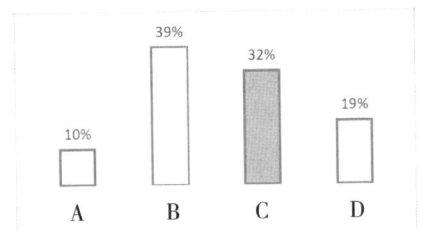

【解析】 该商品不属于药品，根据《税则》第三十章注释一排他条款的规定"（二）用于帮助吸烟者戒烟的制剂，例如，片剂、咀嚼胶或透皮贴片（品目24.04）"，运用归类总规则一，应将其归入品目24.04（2022年版《协调制度》新增品目24.04）。本题正确答案为选项C。

第271天 【答案】C
【正确率】 本题正确率为64%，题目较容易。

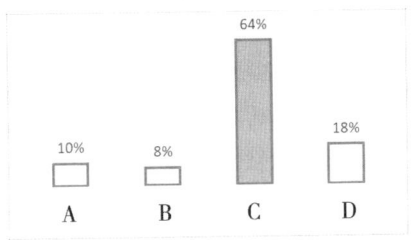

【解析】 根据第九十章注释三及其引用的第十六类注释三，该商品属于多功能机器，同时具备一氧化碳含量检测和废弃固体成分收集两种功能，模拟吸烟过程是实现上述两种功能必不可少的环节，不应视为独立的一种功能。该商品自带的设备实现的主要功能为一氧化碳检测，符合《税则注释》品目90.27"气体或烟雾分析仪"的描述，属于注释列名商品，且符合《税则》品目90.27及其子目条文的描述。根据归类总规则一及六，应将其按气体分析仪归入品目90.27。本题正确答案为选项C。

【归类参考】 海关归类决定编号：Z2010-0062。

第272天 【答案】A
【正确率】 本题正确率为26%，选项D为最大干扰项。

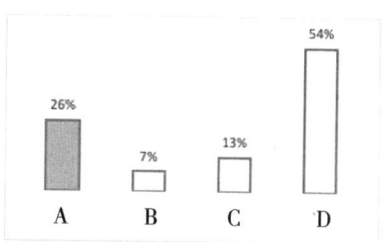

【解析】 第八十九章不包括单独报验的所有船舶或浮动结构体的零件（船体除外）及附件，该商品应按其材质归类。运用归类总规则一，应将其归入品目39.26。本题正确答案为选项A。

第273天 【答案】B
【正确率】 本题正确率为48%，选项D为最大干扰项。

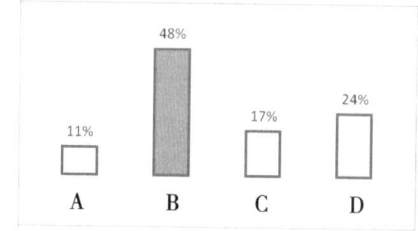

【解析】 皮划艇运动属于速度耐力项目运动，包括皮艇和划艇，都是两头尖小、没有桨架的船艇。划艇是桨手前腿成弓步，后腿跪着，两手握一支像铲子的单面桨，在艇的一侧划水。皮划艇桨由碳纤维制，属于碳纤维制品。根据《税则》第九十五章注释一"本章不包括：……（十五）运动用船艇，例如，轻舟、赛艇（第八十九章）及其桨、橹和类似品（木制的归入第四十四章）"。运用归类总规则一及六，应将其归入子目6815.99。本题正确答案为选项B。

第四十周

第274天 【答案】B
【正确率】 本题正确率为36%，选项D为最大干扰项。

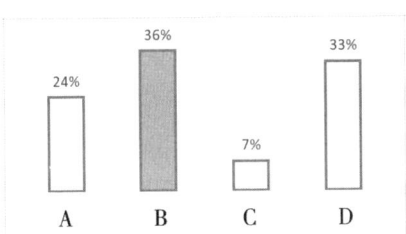

【解析】 该商品为万向桨，把手、连接件、桨叶材质为塑料，桨杆材质为铝合金。根据第八十九章总注释描述"本章不包括单独报验的所有船舶或浮动结构体的零件（船体除外）及附件；即使它们可明显确定为船舶或浮动结构体的零件及附件，也不包括在内。这些零件及附件应归入本协调制度其他适当的品目，例如：……（二）木制的橹及桨（品目44.21）"，该商品应按材质归类。根据归类总规则一、三（三）及六，应将其归入子目7616.99。本题正确答案为选项B。

第275天 【答案】C

【正确率】 本题正确率为55%，选项D为最大干扰项。

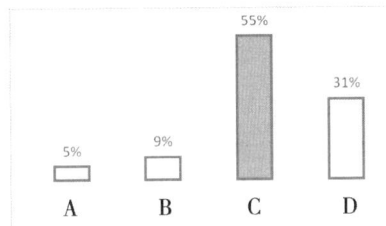

【解析】 该手摇小红旗旗帜为涤纶面料、旗杆为塑料制，其涤纶面料为商品的主要特征，应按涤纶旗帜归类，符合《税则》品目63.07的注释描述"旗帜（含三角旗及横幅），包括娱乐、节日庆典及其他方面用的旗布"。运用归类总规则一、三（二），应将其归入品目63.07。本题正确答案为选项C。

第276天 【答案】A

【正确率】 本题正确率为64%，题目较容易。

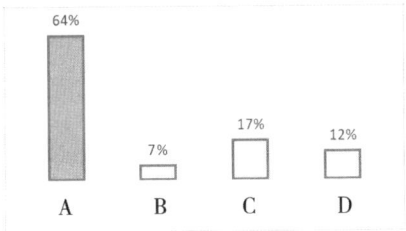

【解析】 该商品为由涤纶面料国旗和不锈钢可伸缩旗杆组成的套件，以国旗为基本特征。根据归类总规则一、三（二）及六，应将其归入品目

63.07。本题正确答案为选项 A。

案例&启发

对于旗杆和旗帜构成的成套货品的归类，需要根据归类总规则二（二）"品目中所列材料或物质，应视为包括该种材料或物质与其他材料或物质混合或组合的物品。品目所列某种材料或物质构成的货品，应视为包括全部或部分由该种材料或物质构成的货品。由一种以上材料或物质构成的货品，应按规则三的原则归类"，以及归类总规则三"当货品按规则二（二）或由于其他原因看起来可归入两个或两个以上品目时，应按以下规则归类"的描述，来进行判断。例如：

1. 手摇小红旗，PVC 塑料小旗杆，旗面材质为涤纶/春亚纺。

该商品为由 PVC 塑料小旗杆和涤纶/春亚纺旗帜构成的套件，纺织材料制成的旗帜构成其基本特征，符合品目 63.07 注释的描述"四、旗帜（含三角旗及横幅），包括娱乐、节日庆典及其他方面用的旗布"，应归入品目 63.07。

2. 户外不锈钢制旗杆、涤纶面料国旗套件，旗杆 6m 高。

该商品安装在户外广场，以伸缩旗杆为基本特征，应按旗杆的材质归入品目 73.26。

3. 办公室桌旗，由水晶底座、贱金属合金支架、纺织材料制国旗组成，用于车载、办公桌。

该商品属于多种材质构成的组合品。运用归类总规则一、三（二），应将其按照材质归入品目 63.07。旗帜套件，一般以旗帜为基本特征进行归类，根据其所属材料确定具体品目。如果出现组合部分的某个特征差别特别明显，则基本特征就会发生改变。

4. 室内落地旗、室外壁挂旗也考虑以旗帜为基本特征，可按照旗帜的材料归类。

5. 电动升旗儿童玩具，由旗杆、旗帜、电机、遥控器构成。该套件已经具有玩具特征，运用归类总规则一，应将其归入品目 95.03。

电动音乐升旗系统、不锈钢旗杆、旗帜套件，升旗时同步播放音乐，升旗完成时电动吹风系统可以吹风使得旗帜飘动。升旗系统的旗帜可以飘扬、音乐与升旗过程同步。电动升旗套件中的音乐播放只是辅助功能，包括吹风系统，主要还是以机械特征为主的装置。因此该电动升旗套件，应归入品目 84.79。

第 277 天 【答案】B

【正确率】 本题正确率为 32%，选项 C 为最大干扰项。

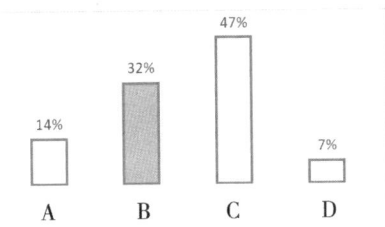

【解析】 该商品为发动机皮带轮，其内部有一个滚轮，可让皮带滑动并提供均匀且持续的张力。根据第十六类注释二（一）的规定，该商品符合品目 84.83 "飞轮及滑轮，包括滑轮组"的描述。根据归类总规则一及六，应将其归入子目 8483.50。本题正确答案为选项 B。

【归类参考】 海关归类决定编号：D-1-0000-2021-0065。

第 278 天 【答案】C

【正确率】 本题正确率为 61%，选项 D 为最大干扰项。

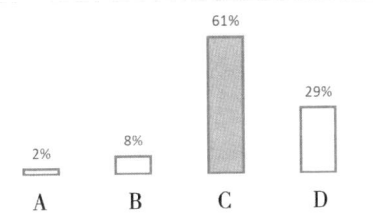

【解析】 该商品由带粗细度调节板的一套刀片和电动机组成，可将蔬菜加工成粗、中等和细的切片。其卷心菜切片加工能力为 120~200kg/h，用于工业化食品制备。其符合品目 84.38 注释的描述"八、水果、坚果或蔬菜的加工机器……（七）磨碎或切碎鲜果或干果、蔬菜、木薯等的机器"。运用归类总规则一，应将其归入品目 84.38。本题正确答案为选项 C。

【归类参考】 海关归类决定编号：D-1-0000-2021-0021。

第 279 天 【答案】C

【正确率】 本题正确率为 58%，题目较容易。

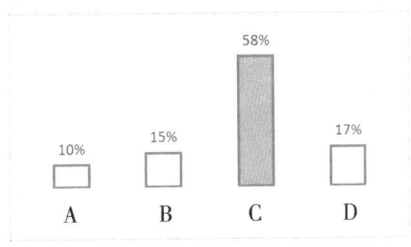

【解析】 该商品为钢制锥形滚子轴承内圈,根据第十六类注释二(二)的规定,其符合品目84.82注释的描述"本品目也包括滚珠轴承、滚子轴承或滚针轴承的零件……(四)环(套圈)、定位圈、固定座套等"。运用归类总规则一及六,应将其归入子目8482.99。本题正确答案为选项C。

【归类参考】 海关归类决定编号:D-1-0000-2021-0023。

第280天 【答案】C

【正确率】 本题正确率为14%,选项A为最大干扰项。

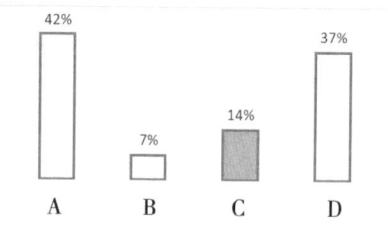

【解析】 该商品属于轮毂的零件,根据《税则》第十七类注释三的规定,其符合品目87.08的条文描述"机动车辆的零件、附件,品目87.01至87.05所列车辆用"。运用归类总规则一及六,应将其归入子目8708.50。本题正确答案为选项C。

【归类参考】 海关归类决定编号:W2020-73。

第四十一周

第281天 【答案】C

【正确率】 本题正确率为35%,选项B为最大干扰项。

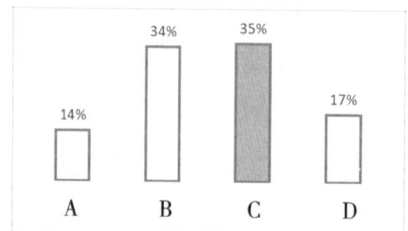

【解析】 该商品由中心轴、滚子、滚珠、保持架、外圈等组成,是将防止直线运动时摩擦的轴承和传递旋转动力的轴组合,将通过汽车发动机的曲柄皮带轮和皮带接收到的旋转动力传递到水泵叶轮的商品,符合品目84.83传动轴的描述。依据归类总规则一及六,应将其归入品目84.83。本题正确答案为选项 C。

电钻软轴、电机转子轴，均按传动轴归入子目 8483.10。

传动轴包括挠性轴，用以将动力从驱动装置传送到手工工具、测量仪器等（例如，转数表、速度表等）。速度计、转数计等用的软轴应归入品目 84.83。

软轴式装置的工具夹具，应归入品目 84.66；动力机及其软轴应酌情归入品目 84.07 或 85.01；外置电动机通过软轴驱动的家用电动器具，一般归入品目 82.10 或第八十四章；外置电动机通过软轴驱动的毛发推剪，应归入品目 82.14，其电动机（不论是否装有软轴）应归入品目 85.01；通常安装于台架上并配有软轴传动装置的动物用机械推剪，应归入品目 84.36。

第 282 天 【答案】C
【正确率】 本题正确率为 31%，选项 D 为最大干扰项。

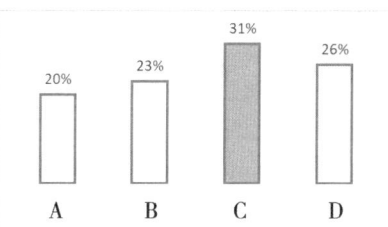

【解析】 该商品装有滚珠或滚子轴承的轴承座，其符合品目 84.83 条文的描述"轴承座及滑动轴承"。根据归类总规则一及六，应将其归入子目 8483.20。本题正确答案为选项 C。

第 283 天 【答案】C
【正确率】 本题正确率为 41%，选项 D 为最大干扰项。

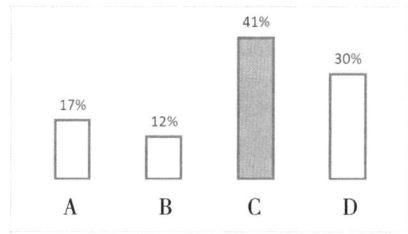

【解析】 该商品用于汽车的非驱动轮,外圈与法兰成为一体,已具备汽车专用零件的特征。根据《税则》第十七类注释三的规定,其符合品目87.08的条文描述"机动车辆的零件、附件,品目87.01至87.05所列车辆用"。运用归类总规则一及六,应将其归入子目8708.50。本题正确答案为选项C。

【归类参考】 海关归类决定编号:D-1-0000-2021-0075。

第284天 【答案】A

【正确率】 本题正确率为42%,选项B为最大干扰项。

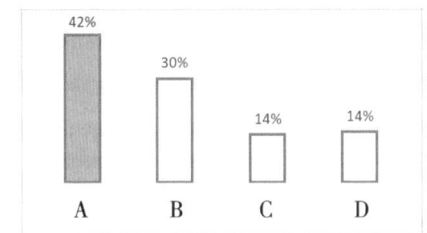

【解析】 该商品为滚珠轴承控制缆,同等适用于第八十四章的数种机器,同等适用于第十六类及第十七类的机器、装置、车辆、飞机或船只等。该商品不能确定专用于或主要用于特定的机器、装置或车辆,根据第十七类注释三,以及第十六类注释二(三)的规定,该商品符合品目84.87条文的描述"本章其他品目未列名的机器零件"。根据归类总规则一及六,应将其归入子目8487.90。本题正确答案为选项A。

【归类参考】 海关归类决定编号:D-1-0000-2015-0279。

第285天 【答案】D

【正确率】 本题正确率为39%,选项A为最大干扰项。

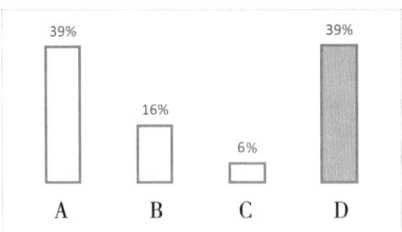

【解析】 该商品为滚珠轴承控制缆(Ball bearing control cables),不能确定专用于或主要用于特定机器、设备或车辆,同等适用于第九十章的数种仪器、设备。运用归类总规则一、三(三)及六,应将其按从后归类归入子目9033.00。本题正确答案为选项D。

【归类参考】 海关归类决定编号:W2014-332。

第 286 天 【答案】A
【正确率】 本题正确率为50%，选项D为最大干扰项。

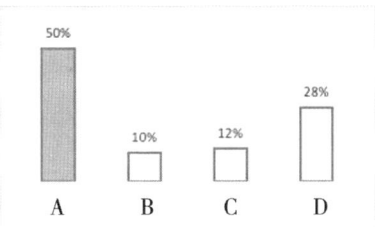

【解析】 该商品为便携式公文包，可供长期使用。运用归类总规则一及六，应将其归入子目4202.12。本题正确答案为选项A。

第 287 天 【答案】C
【正确率】 本题正确率为78%，题目较容易。

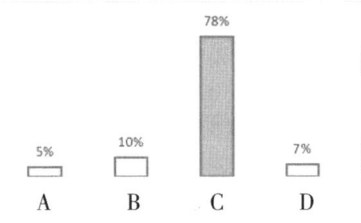

【解析】 该商品为便携式公文包，可供长期使用。运用归类总规则一及六，应将其归入品目42.02。本题正确答案为选项C。

第四十二周

第 288 天 【答案】B
【正确率】 本题正确率为63%，题目较容易。

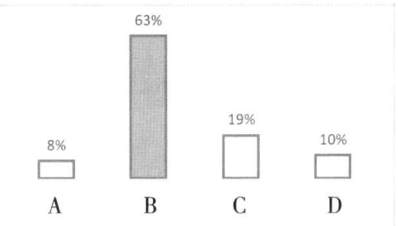

【解析】 该商品为汽车发动机曲轴用滑动轴承，由成套（一套分上、下两个）的轴瓦组成，用于支承曲轴，减少磨损。根据第十七类注释二（五）排他条款和第十六类注释二（一）的规定，该商品符合品目84.83条文的描

述。运用归类总规则一及六,应将其归入子目 8483.30。本题正确答案为选项 B。

第 289 天 【答案】 B

【正确率】 本题正确率为 46%,选项 D 为最大干扰项。

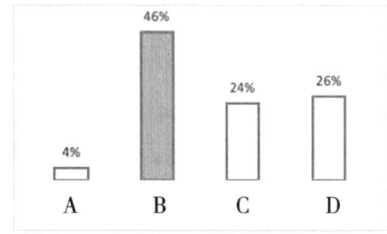

【解析】 该商品为一次性使用的化妆品容器,应归入品目 39.23。本题正确答案为选项 B。

第 290 天 【答案】 B

【正确率】 本题正确率为 56%,题目较容易。

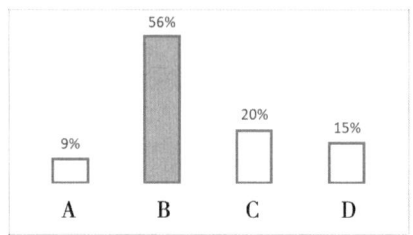

【解析】 该商品将塑料丝在笔体内经加热后通过前端的喷嘴挤出,被挤出的塑料几乎立即冷却成固体结构,从而可以手工创作三维物体。根据 2022 年版《协调制度》,第八十四章注释十、品目 84.85 所称"增材制造"(也称 3D 打印),是指以数字模型为基础,将介质材料(例如,金属、塑料或陶瓷)通过连续添加、堆叠、凝结和固化形成物体,而该商品并不是以数字模型为基础。根据归类总规则一,应将其归入品目 84.77。本题正确答案为选项 B。

【归类参考】 海关归类决定编号:D-1-0000-2021-0063。

第 291 天 【答案】 B

【正确率】 本题正确率为 59%,题目较容易。

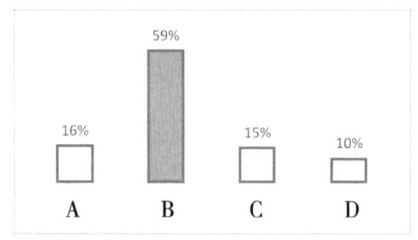

【解析】 该商品尺寸和规格适合用于机动车辆,具有聚乙烯醇缩丁醛制的中间层,内表面喷涂金属和金属氧化物薄膜,起到隔热和控制光线的作用,不带框架,属于层压的安全玻璃。其不符合品目87.08车身零件的注释描述,不属于带框玻璃窗、装有加热电阻器及电气接头的窗。运用归类总规则一及六,应将其归入子目7007.21。本题正确答案为选项B。

【归类参考】 海关归类决定编号:D-1-0000-2021-0040。

第292天 【答案】C

【正确率】 本题正确率为40%,选项D为最大干扰项。

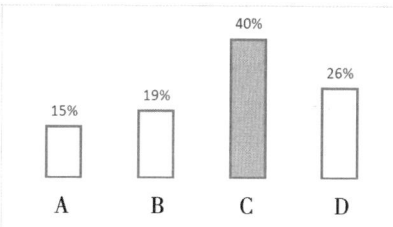

【解析】 该商品形成加热回路,具有加热电阻功能,超出了品目70.07、85.16的产品特征,其已制成特定形状,专用于汽车,符合品目87.08的条文描述"机动车辆的零件、附件,品目87.01至87.05所列车辆用"。运用归类总规则一及六,应将其归入子目8708.29。本题正确答案为选项C。

【归类参考】 海关归类决定编号:W2020-43。

第293天 【答案】A

【正确率】 本题正确率为55%,选项B为最大干扰项。

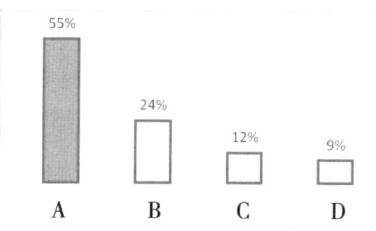

【解析】 该商品内部通孔两头带有内螺纹的弯管段,以便于螺纹拧紧连接管子,不锈钢制,非铸件,属于不锈钢制螺纹肘管。运用归类总规则一及六,应将其按其他不锈钢制螺纹肘管归入子目7307.22。本题正确答案为选项A。

案例&启发

圆形截面焊缝短管,长度为140mm,外径为24mm,材质为镀锌合金钢,两头经打磨,用于连接两根长度为5m、外径为25mm的钢管。连接方法是直接通过外力（如用锤子敲打等）将其与钢管套在一起，连成更长的钢管，用作塑料大棚的棚顶支架。

对此商品的归类有三种观点：

观点一：该商品外观和加工工艺符合《税则注释》第七十三章总注释一对"管"的定义，应归入品目73.06；

观点二：该商品作为两根管子的接头，符合品目73.07管子附件的注释描述，应归入品目73.07；

观点三：该商品最终构成塑料大棚的棚顶支架，属于钢铁结构体用已加工钢铁板、杆、角材、型材、异型材、管子及类似品，应归入品目73.08。

该商品作用为连接长钢管，用作塑料大棚的棚顶支架，已经明确有管子接头的用途，符合《税则注释》关于品目73.07的相关解释规定，应按管子附件归入品目73.07，而品目73.08的作为结构体用的管子，其加工工艺需超出管子附件的范围，即已明显成为制品的管子，比如在管子上焊接其他钢铁部件。

不能归入品目73.07的商品还包括：供安装管子用但不与管口成为一体的物品，例如，吊钩、撑条及仅将管子固定或支撑于墙上的类似支架，用以将软管夹紧于硬管、龙头、连接件等上的紧固带或安装环（软管夹）（应归入品目73.25或73.26）；恒温器的波纹管及膨胀接头（应归入品目83.07）；装有通电用接线柱的T形接头、十字接头等（应归入品目85.35或85.36）；内衬或内涂绝缘材料用于连接绝缘导管用的钢铁制接头，如直接头、弯接头、T形接头及十字接头（应归入品目85.47）。

第294天 【答案】B

【正确率】 本题正确率为54%，选项A为最大干扰项。

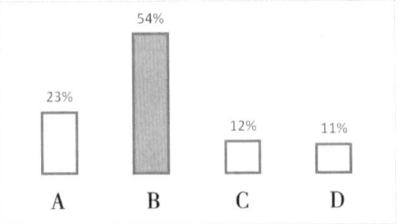

【解析】 该商品非铸件，不锈钢制，通过焊接法连接管子，属于钢铁制管子附件，符合子目7307.23对焊件的描述。运用归类总规则一及六，应将其按不锈钢无螺纹弯管归入子目7307.23。本题正确答案为选项B。

第四十三周

第 295 天 【答案】C
【正确率】 本题正确率为33%，选项 B 为最大干扰项。

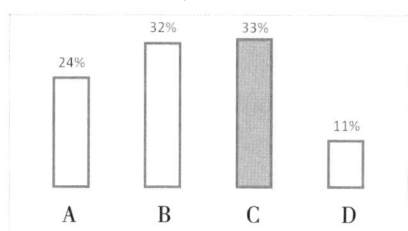

【解析】 该商品用于直角管道的连接，碳钢制，符合品目 73.07 钢铁制管子附件的描述，不带有螺纹接口，不属于螺纹肘管、弯管及管套，也不符合子目 73.07 对焊接的描述。运用归类总规则一及六，应将其归入子目 7307.99。本题正确答案为选项 C。

第 296 天 【答案】A
【正确率】 本题正确率为21%，选项 D 为最大干扰项。

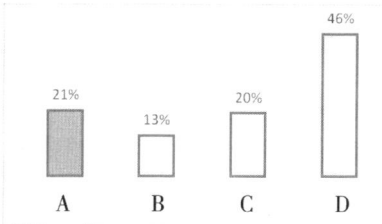

【解析】 该不锈钢法兰焊接连接管段，符合《税则注释》品目 73.07 的注释描述"法兰可带有肘管、弯管"。运用归类总规则一及六，应将其归入子目 7307.21。本题正确答案为选项 A。

第 297 天 【答案】A
【正确率】 本题正确率为20%，选项 D 为最大干扰项。

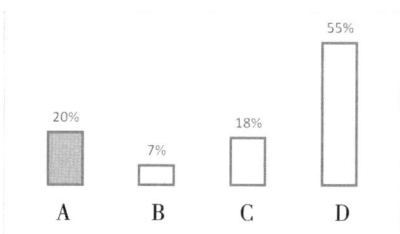

【解析】 该商品用于将管子连接于其他设备，符合《税则注释》品目73.07钢铁管子附件的注释描述。运用归类总规则一及六，应将其归入子目7307.99。本题正确答案为选项A。

【归类参考】 海关归类决定编号：Z2006-1292。

第 298 天 【答案】C

【正确率】 本题正确率为59%，选项D为最大干扰项。

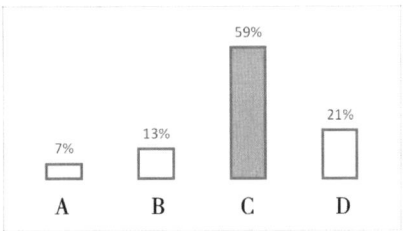

【解析】 该球头螺钉为碳钢制，起紧固作用，符合《税则注释》品目73.18其他螺钉及螺栓的注释描述"本品目包括各种类型的紧固螺栓及钢铁螺钉，不论其形状及用途如何"。运用归类总规则一及六，应将其归入子目7318.15。本题正确答案为选项C。

第 299 天 【答案】C

【正确率】 本题正确率为20%，选项D为最大干扰项。

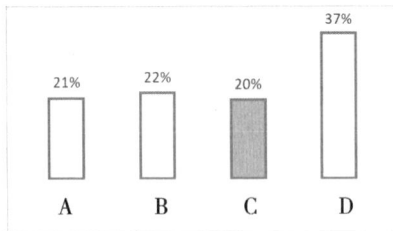

【解析】 弹簧柱塞，也叫球头柱塞或定位珠/柱，是在螺牙内部装设弹簧，通过控制旋入深度来调节预紧力并实现定位功能，适用于机械装置、夹治具、模具、自动化机械等。

品目84.79"独立功能"的描述如下：

1. 可独立于其他机器设备之外执行其功能的机械装置（不论是否配有发动机或其他动力装置）。

2. 必须安装在另一台机器或器具上，或安装在一套较复杂的设备中才能执行其功能的机械装置，但其功能必须是：

（1）不同于所装机器设备的功能；以及

（2）在上述机器设备操作中并不起必不可少的和不可分割的作用。

依据归类总规则一及六，应将其归入品目84.79。本题正确答案为选项 C。

第 300 天 【答案】D

【正确率】 本题正确率为 51%，选项 C 为最大干扰项。

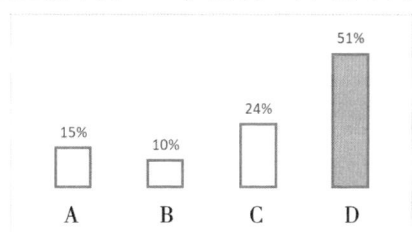

【解析】 根据该商品的基本特征并依据归类总规则一及六，应将其归入子目 9503.00。本题正确答案为选项 D。

【归类参考】 海关归类决定编号：J2015-0022。

第 301 天 【答案】A

【正确率】 本题正确率为 33%，选项 D 为最大干扰项。

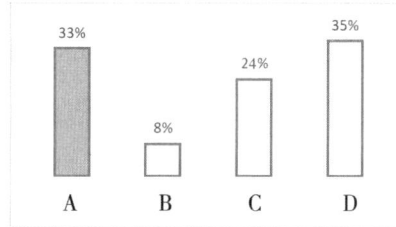

【解析】 化学荧光棒（又称化学发光棒、荧光棒、发光棒、亮棒），是一种依靠化学原理发光的器具。化学荧光棒主要由塑料外壳、玻璃管及发光用化学物质构成。其外部为塑料外壳，内置一个玻璃管，在玻璃管内部和玻璃管与塑料外壳之间的区域中分别存放着两种不同的化学物质，当两种物质相遇后即发生化学反应，产生荧光。上述两种化学物质最常见的搭配为：一种为含过氧化物成分的氧化剂，另一种为草酸酯和荧光染料溶液的混合物。使用者只需对化学荧光棒进行折弯、击打或揉搓等操作，并轻轻摇动化学荧光棒，使荧光棒内的玻璃管破裂，并使荧光棒内的两种化学物质充分混合发生反应，化学荧光棒即可发光。

荧光类商品（见下图），内有玻璃管及两种化学液体。玻璃管内的发光液，以草酸酯为主；玻璃管外的氧化液，以邻苯二甲酸二甲酯为主。使用时用手折弯荧光管，内部玻璃管破裂，发光液和氧化液混合后发生化学反应产生荧光。根据归类总规则一及六，图中商品应按玩具归入税号 9503.0089。

海关归类决定编号：D-1-0000-2017-0083。

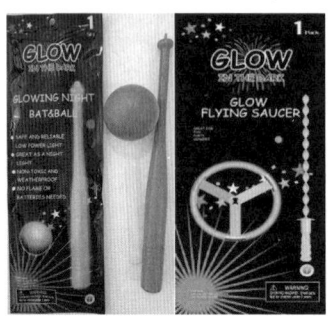

第四十四周

第302天 【答案】C

【正确率】 本题正确率为47%，选项A为最大干扰项。

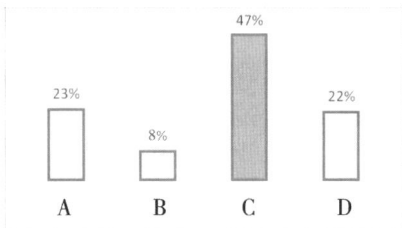

【解析】 该商品为絮胎制的洁净用品，非医疗用，不符合《税则》品目56.01注释排他条款"不归入本品目的絮胎制品（一）经过药物浸涂的或制成零售包装的医疗、外科、牙科或兽医用的絮胎及其制品（品目30.05）"。该商品棒头两端为棉絮，棒身为纸制，主要用于擦拭洁净，属于《税则注释》品目56.01纺织材料絮胎及其制品的商品范围。根据归类总规则一、三（二）及六，应将其归入子目5601.21。本题正确答案为选项C。

【归类参考】 海关归类决定编号：Z2009-028。

第303天 【答案】B

【正确率】 本题正确率为27%，选项D为最大干扰项。

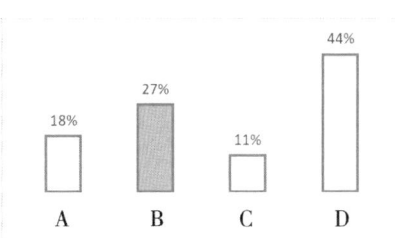

【解析】 该商品经高温灭菌,且在玉米芯内插入圆木棒,其加工程度已超出《税则》第十章的商品范畴,因此,不能归入品目10.05。其所经加工并未改变玉米原料的基本特性,因此不符合品目23.09所述的"配制的动物饲料"的商品范畴。该商品属于第十章的谷物经进一步加工的产品,其符合品目11.04的条文描述"经其他加工的谷物(例如,去壳、滚压、制片、制成粒状、切片或粗磨),但品目10.06的稻谷、大米除外"。运用归类总规则一及六,应将其归入子目1104.23。本题正确答案为选项B。

【归类参考】 海关归类决定编号:Z2009-088。

第304天 【答案】B

【正确率】 本题正确率为29%,选项D为最大干扰项。

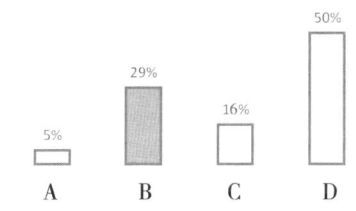

【解析】 该商品为拉拔碳钢制电极棒形状,表面电镀铜,用于保护高压电线、变电所、路灯、避雷针、天线等装置的接地,不属于《税则》品目85.36电路连接装置的注释范围,根据《税则》第十五类注释七复合材料制品的归类规则,"除各品目另有规定的以外,贱金属制品……如果含有两种或两种以上贱金属的,按其所含重量最大的贱金属的制品归类"。运用归类总规则一,该商品应按未列名钢铁制品归入品目73.26。本题正确答案为选项B。

【归类参考】 海关归类决定编号:D-1-0000-2008-0541。

第305天 【答案】C

【正确率】 本题正确率为35%,选项A为最大干扰项。

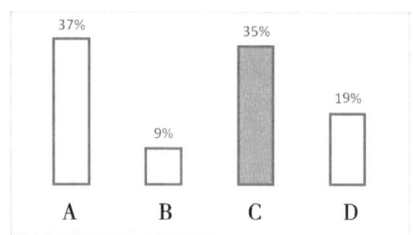

【解析】 该商品结构由多个部件组成,具有电路回路,属于电路连接装置。运用归类总规则一,应将其归入品目85.35。本题正确答案为选项C。

第306天 【答案】B

【正确率】 本题正确率为43%,选项C为最大干扰项。

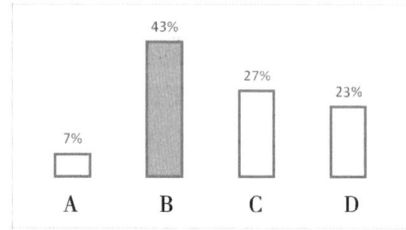

【解析】 该合金弹簧钢棒所含碳、硅、铬、锰元素含量均符合《税则》第七十二章注释一(六)其他合金钢的规定"经热轧工艺外未经进一步加工"。运用归类总规则一及六,应将其归入子目7228.30。本题正确答案为选项B。

【归类参考】 海关归类决定编号:Z2008-148。

第307天 【答案】C

【正确率】 本题正确率为68%,选项D为最大干扰项。

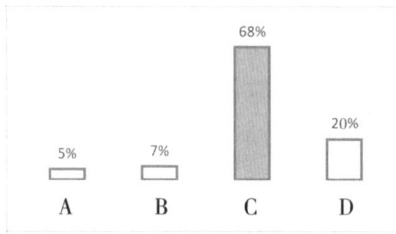

【解析】 从图片上看,该商品为感光鼓与碳粉盒一体设计,也包含了其他组成部件,与特定打印机的某些机械部件结合使用。其符合打印机零部件的基本特征,根据第十六类注释二(二)的规定,其符合品目84.43的描述。运用归类总规则一,应将其归入品目84.43。本题正确答案为选项C。

第308天 【答案】B

【正确率】 本题正确率为27%,选项D为最大干扰项。

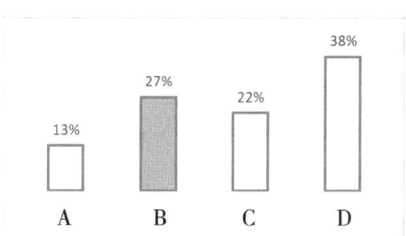

【解析】 该商品由墨水、外壳、保护盖组成,用于喷墨打印机。其以墨水为基本特征,符合《税则》品目 32.15 的条文描述"印刷油墨、书写或绘图墨水及其他墨类,不论是否固体或浓缩"。运用归类总规则一、三(二)及六,应将其归入税号 3215.9020。本题正确答案为选项 B。

【归类参考】 海关归类决定编号:J2017-0003。

第四十五周

第 309 天 【答案】D
【正确率】 本题正确率为 52%,选项 C 为最大干扰项。

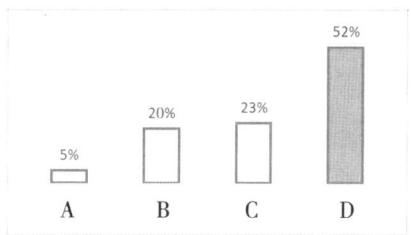

【解析】 该墨盒用于喷墨打印机,本身带有芯片,起监控和指示墨水余量、防止墨盒再充填的作用,符合打印机零部件的基本特征。根据第十六类注释二(二)的规定,其符合品目 84.43 的描述。运用归类总规则一及六,应将其归入子目 8443.99。本题正确答案为选项 D。

【归类参考】 海关归类决定编号:D-1-0000-2007-0721。

第 310 天 【答案】B
【正确率】 本题正确率为 21%,选项 D 为最大干扰项。

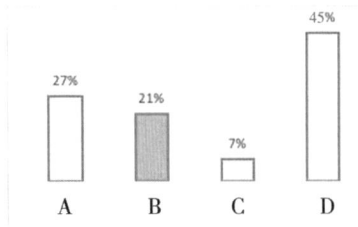

【解析】 该商品不具备打印机的零件特征，应按构成材质归类。运用归类总规则一及六，应将其归入品目39.26。本题正确答案为选项B。

第311天 【答案】B

【正确率】 本题正确率为38%，选项A为最大干扰项。

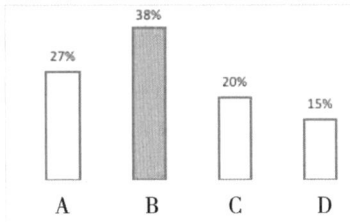

【解析】 该商品属于印刷电路制造用的感光型阻焊油墨，其工艺过程符合《税则》第三十七章的"摄影"定义。运用归类总规则一及六，感光性油墨应归入税号3707.1000。本题正确答案为选项B。

第312天 【答案】A

【正确率】 本题正确率为24%，选项B为最大干扰项。

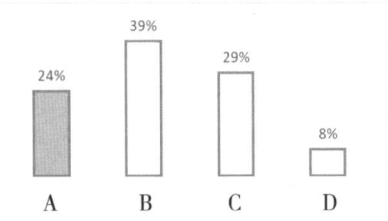

【解析】 该紫外光固型阻焊油墨属于一种印刷油墨，其符合《税则》品目32.15的条文描述"印刷油墨、书写或绘图墨水及其他墨类，不论是否固体或浓缩"。运用归类总规则一，应将其归入品目32.15。本题正确答案为选项A。

【归类参考】 海关归类决定编号：J2008-0004。

第313天 【答案】B

【正确率】 本题正确率为64%，题目较容易。

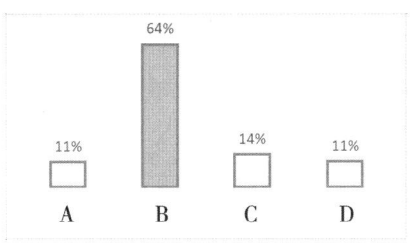

【解析】 《税则注释》品目27.10包括掺石墨油（浸于石油或沥青矿物油的石墨悬浮液）。该商品是掺有石墨的矿物油，其符合《税则》品目27.10的条文描述"以上述油为基本成分（按重量计不低于70%）的其他品目未列名制品"。运用归类总规则一，应将其归入品目27.10。本题正确答案为选项B。

【归类参考】 海关归类决定编号：W2014-047。

第314天 【答案】 D

【正确率】 本题正确率为17%，选项A为最大干扰项。

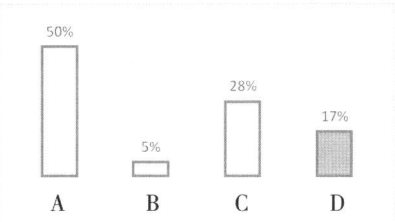

【解析】 该商品非真空吸尘器，而是蒸汽清洁器，利用高热能高压的蒸汽喷射在物体上，进行清洁及杀菌工作，属于一种电热器具。运用归类总规则一，应将其归入品目85.16。本题正确答案为选项D。

第315天 【答案】 D

【正确率】 本题正确率为35%，选项C为最大干扰项。

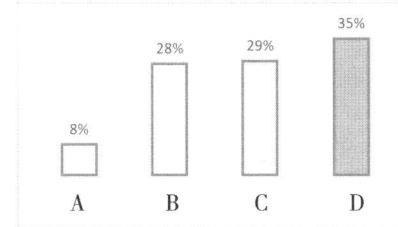

【解析】 该商品由手持推剪、独立电机、软轴构成，为分离式电机的毛发推剪，无论是否一同进口，分离式电机的手持毛发推剪应归入品目82.14，其电动机（不论是否装有软轴）应归入品目85.01。品目85.10的"电动"指的是内置式电机（Self-contained electric motor），其注释中带有独立电机的

描述，指的是分离式电机（外置式电机）(Separate electric motor)，两处表达的意思不一样。因此，该商品应分别归类。本题正确答案为选项 D。

第四十六周

第 316 天　【答案】C
【正确率】　本题正确率为 39%，选项 A 为最大干扰项。

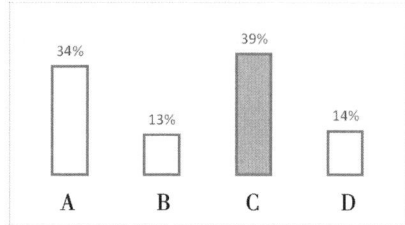

【解析】　该商品具有特定专用形状，属于手机专用零件。运用归类总规则一，应将其归入品目 85.17。本题正确答案为选项 C。

第 317 天　【答案】D
【正确率】　本题正确率为 37%，选项 B 为最大干扰项。

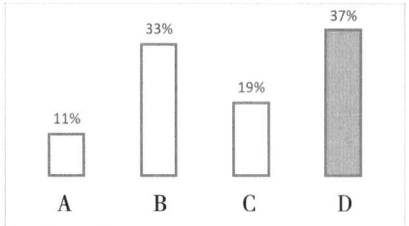

【解析】　品目 85.25 中无存储装置的相机，属于电视摄像机。而税号 9002.1910 的摄影机或放映机为品目 90.07 所述商品。运用归类总规则一及六，该镜头应按其他物镜归入税号 9002.1990。本题正确答案为选项 D。

第 318 天　【答案】C
【正确率】　本题正确率为 41%，选项 B 为最大干扰项。

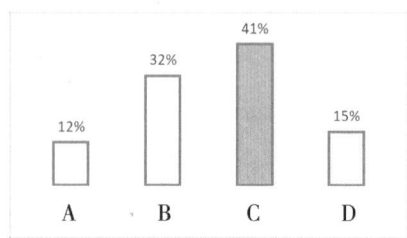

【解析】 该商品符合《税则注释》品目90.02"本品目包括已作固定装配,适于安装在仪器或装置上的品目90.01注释中第二、三及四款所列的物品"的描述。运用归类总规则一及六,应将其归入子目9002.90。本题正确答案为选项C。

【归类参考】 海关归类决定:Z2007-0091。

第319天 【答案】C

【正确率】 本题正确率为62%,题目较容易。

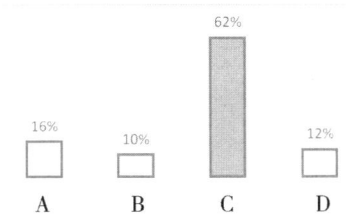

【解析】 该套管外观为成卷管状,用于电缆等绝缘和保护作用,根据《税则注释》品目85.47排他条款"本品目也不包括全部由绝缘材料制成的导管(例如,由橡胶、塑料、编织纱线或玻璃纤维制的导管),这类导管应按其构成材料归类",该套管主要材料为玻璃纤维,符合品目70.19"玻璃纤维(包括玻璃棉)及其制品(例如,玻璃纤维纱线及其织物)"的条文描述。运用归类总规则一,应将其归入品目70.19。本题正确答案为选项C。

第320天 【答案】D

【正确率】 本题正确率为20%,选项C为最大干扰项。

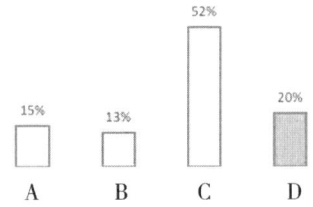

【解析】 该商品不具有子目3923.30"坛、瓶及类似品"所述的"应具有小口、细颈"的特征。根据归类总规则一,应将其归入子目3923.90。本题正确答案为选项D。

第321天 【答案】D

【正确率】 本题正确率为27%,选项B为最大干扰项。

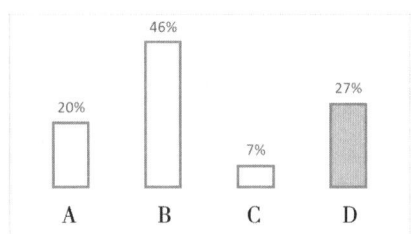

【解析】 虽然汽车簇绒地毯归入第五十七章,但制成特定形状的塑料制地垫并未在《税则》第十七类的商品中排除。根据第十七类注释三的规定,其符合《税则》品目87.08的条文描述"机动车辆的零件、附件,品目87.01至87.05所列车辆用",应按汽车的专用附件归入品目87.08。本题正确答案为选项D。

第 322 天 【答案】B

【正确率】 本题正确率为46%,选项C为最大干扰项。

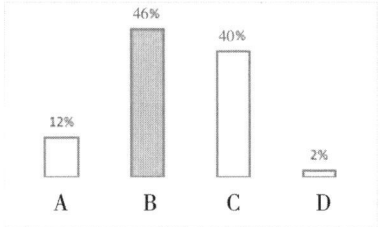

【解析】 该商品属于以某些化合物为基本成分的混合物,这些化合物的性质及所占比例按不同的催化化学反应而各不相同,应归入子目3815.90。本题正确答案为选项B。

第四十七周

第 323 天 【答案】D

【正确率】 本题正确率为54%,选项C为最大干扰项。

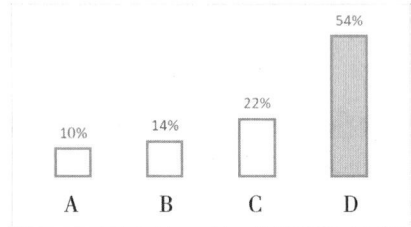

【解析】 根据《税则》第九十四章注释三(一)的规定"品目94.01

至 94.03 所列货品的零件，不包括玻璃（包括镜子）、大理石或其他石料，以及第六十八章及第六十九章所列任何其他材料的片、块（不论是否切割成形，但未与其他零件组装）"，运用归类总规则一及六，该商品应按坐具零件归入品目 94.01。本题正确答案为选项 D。

第 324 天　【答案】D

【正确率】　本题正确率为 62%，题目较容易。

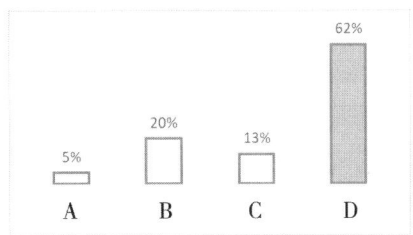

【解析】　该药丸盒为复合材质，成分含量为：锌 50%、钢 45%、铝 5%。根据第十五类注释七的规定"除各品目另有规定的以外，贱金属制品（包括根据'归类总规则'作为贱金属制品的混合材料制品）如果含有两种或两种以上贱金属的，按其所含重量最大的贱金属的制品归类"，该商品符合品目 79.07 的描述。运用归类总规则一，应将其归入子目 7907.00。本题正确答案为选项 D。

【归类参考】　美国海关归类决定编号：NY N220466。

第 325 天　【答案】A

【正确率】　本题正确率为 25%，选项 B 为最大干扰项。

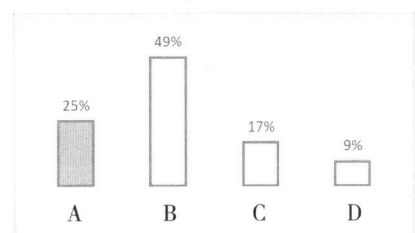

【解析】　该商品为铝合金制，其两头分别塞入铝型材末端的型腔，将两段铝型材连接固定在一起，使铝型材连接成一个固定直角形状，用于安装铝合金门窗边框。该商品为铝合金门窗的内部结构，是铝合金门窗必不可少的组成部分，因此不符合《税则注释》品目 83.02 项下第四条第六款中门窗附件的规定，其符合品目 76.10 的描述。根据归类总规则一，应将其归入品目 76.10。本题正确答案为选项 A。

【归类参考】　海关归类决定编号：R-2-3100-2018-0028。

第 326 天　【答案】B

【正确率】　本题正确率为 26%，选项 A 为最大干扰项。

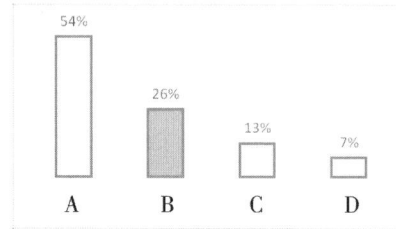

【解析】　天然气发电机组主要分为两种：一种是联合循环燃气轮机，一种是燃气内燃机。发动机分为内燃机与外燃机。将液体燃料或气体燃料和空气混合后直接输入机器内部燃烧产生热能，热能再转变为机械能的装置叫内燃机。内燃机包括活塞式内燃机和燃气轮机，燃气内燃机发电机组属于装有点燃式活塞内燃发动机的发电机组。比较品目 85.02 项下子目，该商品符合子目 8502.20"装有点燃式活塞内燃发动机的发电机组"的描述。依据归类总规则一及六，应将其归入子目 8502.20。本题正确答案为选项 B。

2020 年 9 月 25 日，当事人向海关申报进口一般贸易项下沼气发电机组 2 台，申报总价 C&F 人民币 5857280 元，申报商品编号 85023900.10，关税税率 5%。经查，上述货物实际商品编号为 85022000.00，关税税率 10%。经核定，上述货物漏缴税款共计人民币 331929.14 元，当事人被处罚人民币 266000 元。

本案例为海关行政处罚案例，处罚决定书分析也指出，当事人申报错误原因为商品归类错误。从《税则》分析，品目 85.02 项下子目排列为：

85.02　发电机组及旋转式变流机：
　　　　-装有压燃式活塞内燃发动机（柴油或半柴油发动机）的发电机组：
8502.11--输出功率不超过 75 千伏安
8502.12--输出功率超过 75 千伏安，但不超过 375 千伏安
8502.13--输出功率超过 375 千伏安
8502.20-装有点燃式活塞内燃发动机的发电机组
　　　　-其他发电机组：
8502.31--风力驱动的
8502.39--其他
8502.40-旋转式变流机

子目 8502.1 为装有压燃式活塞内燃发动机（柴油或半柴油发动机）的发电机组。

子目 8502.2 为装有点燃式活塞内燃发动机的发电机组。

子目 8502.3 为其他发电机组。

本案例中，沼气发电机组是以沼气为燃料燃烧的发动机，驱动发电机进行发电。沼气主要成分为甲烷。而点燃往复式活塞内燃发动机最常用的燃料是汽油，也有用煤油、乙醇、氢、煤气、甲烷等。甲烷在内燃机内需通过火花塞点燃，故而沼气发电机组属于装有点燃式活塞内燃发动机的发电机组。

第 327 天 【答案】D

【正确率】 本题正确率为 12%，选项 A 为最大干扰项。

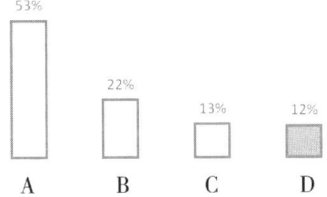

【解析】 该商品不符合《税则注释》品目 85.15 "硬钎焊或软钎焊机器"的描述。运用归类总规则一及六，该商品应按螺柱焊机整机的零件归入税号 8515.9000。本题正确答案为选项 D。

第 328 天 【答案】A

【正确率】 本题正确率为 32%，选项 D 为最大干扰项。

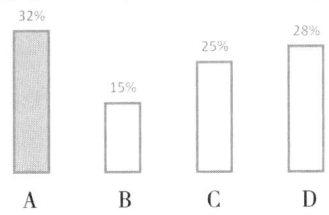

【解析】 该瓷制陶瓷刀刀身主要成分为二氧化锆，为厨房加工食品用，根据《税则》第八十二章注释一的描述，陶瓷制刀具不属于本章范畴。根据第六十九章总注释瓷器的规定，该商品符合品目 69.11 的条文描述"瓷餐具、厨房器具及其他家用或盥洗用瓷器"。运用归类总规则一、二（二）及六，应将其按瓷制厨房器具归入品目 69.11。本题正确答案为选项 A。

【归类参考】 海关归类决定编号：D-1-0000-2013-0137。

第 329 天 【答案】B

【正确率】 本题正确率为 19%，选项 A 为最大干扰项。

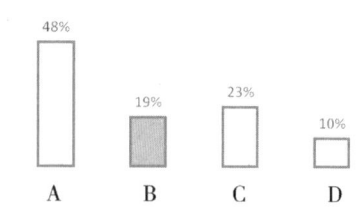

【解析】 该商品为铣削工具,用于木工机床,属于可互换工具,符合品目82.07的描述,应归入品目82.07项下。本题正确答案为选项B。

第四十八周

第330天 【答案】C
【正确率】 本题正确率为57%,选项D为最大干扰项。

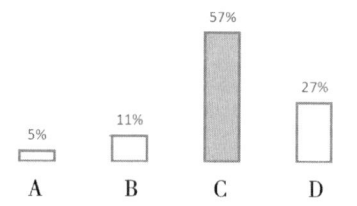

【解析】 该商品为飞龙挂饰,带金属挂链,整体产品为锌铝材质,全长7.6cm,刀片部分长2.5cm,锌铝刀片位于龙的尾部,飞龙的前中部位为刀鞘,可插入、拔出,刀片未开刃,刀背无齿,无血槽。其符合品目83.06条文的描述"非电动的贱金属铃、钟、锣及类似品;贱金属雕塑像及其他装饰品;贱金属相框或画框及类似框架;贱金属镜子"。根据归类总规则一,应将其归入品目83.06。本题正确答案为选项C。
【归类参考】 海关归类决定编号:D-1-0000-2013-0007。

第331天 【答案】C
【正确率】 本题正确率为46%,选项D为最大干扰项。

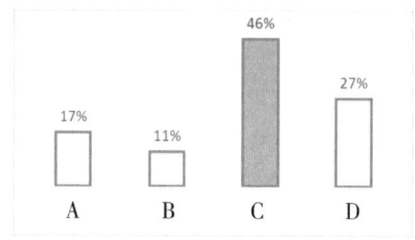

【解析】 该商品利用光学设备进行检测，其工作原理不符合《税则注释》品目 90.31 对轮廓投影仪的商品描述。轮廓投影仪用于检查各种物品（切削成形的工件、小型机械装置的齿轮及齿杆、螺丝、螺丝攻、螺纹梳刀等）的形状、尺寸或者表面。大部分这类投影仪是将光源发出的光通过聚光镜聚光，再照射到工作台的被测件上，经过数次反射的光束照射，被测件的轮廓影像最后通过一组棱镜被投射到通常安装在投影仪中的屏幕上。有些投影仪带有一个放置标准件的中间载物台。运用归类总规则一及六，应将其归入税号 9031.4990。本题正确答案为选项 C。

【归类参考】 海关归类决定编号：Z2013-0053。

第 332 天 【答案】B

【正确率】 本题正确率为 11%，选项 C 为最大干扰项。

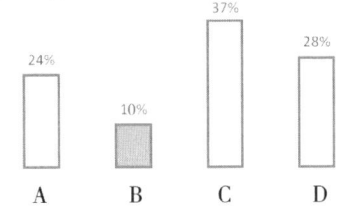

【解析】 该刀轮为人造金刚石制品，不符合《税则注释》中第八十二章注释一的规定"本章仅包括……（三）装于贱金属、硬质合金或金属陶瓷底座上的宝石或半宝石（天然、合成或再造）"。根据《税则注释》第十六类注释一（六）的描述"本类不包括：品目 71.02 至 71.04 的宝石或半宝石（天然、合成或再造）或品目 71.16 的完全以宝石或半宝石制成的物品……"，运用归类总规则一，应将其归入品目 71.16。本题正确答案为选项 B。

第 333 天 【答案】C

【正确率】 本题正确率为 43%，选项 A 为最大干扰项。

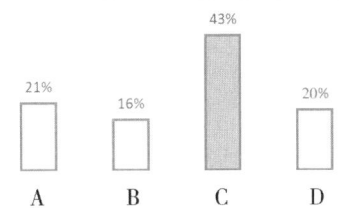

【解析】 该商品由刀盘、齿轮箱、油压马达、离合器、电磁阀等部件组成，安装在数控机床的鞍座滑板上，可以沿机床的 X 轴方向前后移动，属于进行刀具转换的一个部件，起到固定切削刀具、带动刀具完成车削加工，以及变换刀具的作用。该商品符合数控机床专用零件的特征，根据第十六类注

释二（二）的规定，其符合品目84.66的描述。运用归类总规则一及六，应将其归入税号8466.9310。本题正确答案为选项C。

第334天 【答案】B
【正确率】 本题正确率为27%，选项D为最大干扰项。

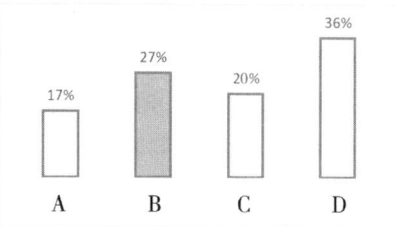

【解析】 该商品为自动换刀刀柄，一端与主动轴相连，另一端根据预先编好的数控程序，连接相应的刀具。该商品属于数控机床自动换刀刀库系统的核心部件，符合其专用零件的特征。根据第十六类注释二（二）的规定，其符合品目84.66注释的描述"（一）工具夹具，用以夹持、导行、操纵工具，并可将工具更换"。运用归类总规则一及六，应将其归入税号8466.1000。本题正确答案为选项B。

第335天 【答案】C
【正确率】 本题正确率为48%，选项B为最大干扰项。

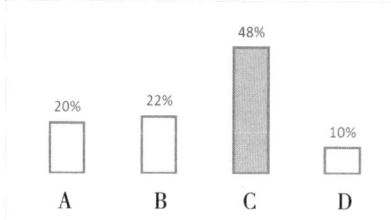

【解析】 根据GB/T 5751—2009《中国煤炭分类》，$V_{daf}>37.0\%$且$P_M>50\%$的煤为烟煤；$30\%<P_M\leqslant50\%$的煤，若恒湿无灰基高位发热量（$Q_{gr,maf}$）>24MJ/kg（5736大卡/kg），为长焰煤，否则为褐煤。该煤炭恒湿无灰基高位发热量为5783大卡/kg，不符合褐煤标准。根据《税则》第二十七章子目注释，子目2701.11所称"无烟煤"，是指含挥发物（以干燥、无矿物质计）不超过14%的煤。子目2701.12所称"烟煤"，是指含挥发物（以干燥、无矿物质计）超过14%，并且热值（以潮湿、无矿物质计）等于或大于5833大卡/kg的煤。该商品不符合无烟煤和烟煤的定义，其符合品目27.01的条文描述。运用归类总规则一及六，应将其归入子目2701.19。本题正确答案为选项C。

煤炭是由植物遗体经煤化作用转化而成的富含碳的固体可燃有机沉积岩，含有一定量的矿物质，相应的灰分产率小于或等于50%（干基质量分数）。

用于表征煤化程度的参数如下：

1. 干燥无灰基挥发分：符号为 V_{daf}，以质量分数表示，其测定方法参见 GB/T 212；

2. 干燥无灰基氢含量：符号为 H_{daf}，以质量分数表示，其测定方法参见 GB/T 476；

3. 恒湿无灰基高位发热量：符号为 $Q_{gr,maf}$，单位为兆焦每千克（MJ/kg），其测定方法参见 GB/T 213；

4. 低煤阶煤透光率：符号为 P_M，以百分数表示，其测定方法参见 GB/T 2566。

用于表征煤工艺性能的参数如下：

1. 烟煤的黏结指数：符号为 $G_{R.I}$（简记 G），其测定方法参见 GB/T 5447；

2. 烟煤的胶质层最大厚度：符号为 Y，单位为毫米（mm），其测定方法参见 GB/T 479；

3. 烟煤的奥阿膨胀度：符号为 b，以百分数表示，其测定方法参见 GB/T 5450。

第 336 天　【答案】D

【正确率】　本题正确率为27%，选项 C 为最大干扰项。

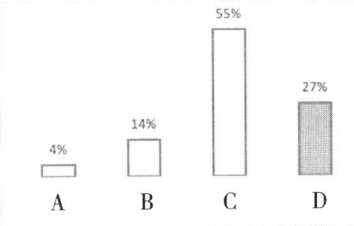

【解析】　该商品不符合品目 38.12 "配制的橡胶促进剂"描述，通常以有机产品为基本成分，并常与无机活化剂化合。应将其归入品目 38.24。本题正确答案为选项 D。

第四十九周

第 337 天 【答案】C
【正确率】 本题正确率为 68%，题目较容易。

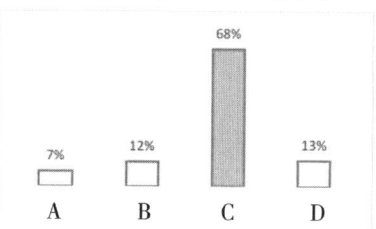

【解析】 该商品属于环形同步带，根据其周长 120cm，横截面非梯形，应将其按同步驱动带归入子目 4010.35。本题正确答案为选项 C。

第 338 天 【答案】B
【正确率】 本题正确率为 21%，选项 A 为最大干扰项。

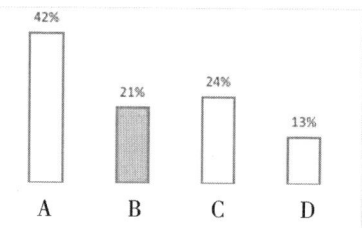

【解析】 该商品横截面为梯形，为齿形 V 带，不属于环形同步带，不符合 V 形肋状的定义，根据其周长 120cm，应将其归入子目 4010.32。本题正确答案为选项 B。

第 339 天 【答案】D
【正确率】 本题正确率为 63%，题目较容易。

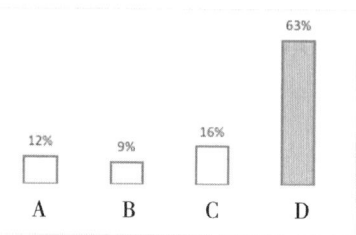

【解析】 该商品非梯形截面，不属于环形同步带，根据其周长 180cm，应将其归入子目 4010.39。本题正确答案为选项 D。

第 340 天 【答案】D

【正确率】 本题正确率为 25%，选项 A 为最大干扰项。

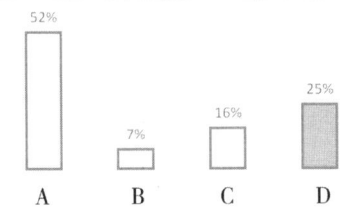

【解析】 该商品具有加湿、吹风、暖风、可拆卸暖手宝等多功能，主要功能为加热产生暖风，应按其主要功能家用电热器具归入品目 85.16。本题正确答案为选项 D。

第 341 天 【答案】C

【正确率】 本题正确率为 23%，选项 A 为最大干扰项。

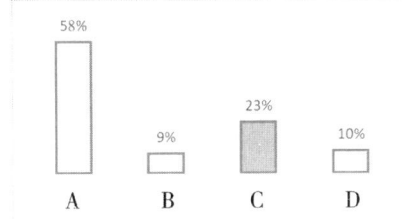

【解析】 该商品是一种束缚电缆、电线、空压管及油压管以方便其转动及运动的装置，其非专用于某种机器，属于非电气零件，不符合第十六类注释一（七）的描述。根据第十六类总注释二的规定，该商品应归入品目 84.87。本题正确答案为选项 C。

【归类参考】 海关归类决定编号：D-1-0000-2015-0278。

第 342 天 【答案】C

【正确率】 本题正确率为 29%，选项 D 为最大干扰项。

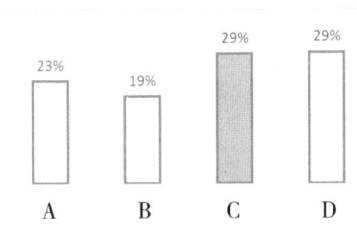

【解析】 从图片看，该商品为履带链节，同等适用于推土机或其他第十六类机器及第十七类车辆。根据第十七类注释三的规定"第八十六章至第八十八章所称'零件'或'附件'，不适用于那些非专用于或非主要用于这几

章所列物品的零件、附件",以及第十六类注释二(三)的规定"所有其他零件应酌情归入……如不能归入上述品目,则应归入品目 84.87 或 85.48",该商品符合品目 84.87 的描述。运用归类总规则一,应将其归入品目 84.87。本题正确答案为选项 C。

第 343 天　【答案】D

【正确率】　本题正确率为 78%,题目较容易。

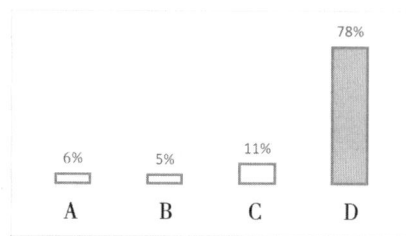

【解析】　该商品专用于或主要用于品目 87.01 至 87.05 车辆的履带,根据第十七类注释三的规定,其符合《税则》品目 87.08 的条文描述"机动车辆的零件、附件,品目 87.01 至 87.05 所列车辆用",应将其归入品目 87.08。本题正确答案为选项 D。

【归类参考】　海关归类决定编号:W2014-316。

第五十周

第 344 天　【答案】C

【正确率】　本题正确率为 42%,选项 A 为最大干扰项。

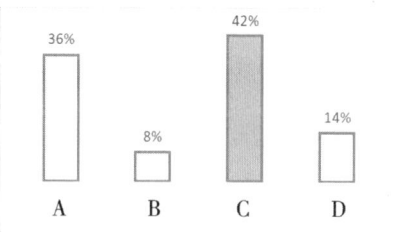

【解析】　该商品为钢铁制的履带销,设计用于挖掘机履带,将履带片之间连接起来。根据第十六类注释二(二)的规定"专用于或主要用于某一种机器或同一品目的多种机器(包括品目 84.79 或 85.43 的机器)的其他零件,应与该种机器一并归类,或酌情归入品目 84.09、84.31、84.48、84.66、84.73、85.03、85.22、85.29 或 85.38",该商品符合品目 84.31 的描述。运用归类总规则一,应将其归入品目 84.31。本题正确答案为选项 C。

案例&启发

本题最大干扰项为 A（品目 73.18），错误的归类思路为根据其材质,考虑将其归入子目 7318.24 列名的销及开尾销。但是,并非商品名称中带有"销"字,就要根据材质将其归入相应的品目。

根据《税则注释》品目 73.18 的注释描述"四、销及开尾销 开尾销通常是叉形的,用于固定在锭子、转轴、螺栓等的孔洞内以防止装在孔洞内的物体移动。销及锥形销,用途与开尾销相似,但通常较大,开口位置更小；它们可以像开尾销一样用以穿过孔洞（这时常制成楔形）,或用以装于绕心轴等开的沟槽上,在这种情况下,它们可制成各种形状",通用零件描述的"销"一般是固定件,如果其用途和功能超出固定件的范畴,即按照设备零件归类。

例如：活塞销,材质为合金钢；专用于内燃机,安装在活塞的裙部位置；用途：用来连接活塞和连杆；功能：把活塞承受的气体作用力传递给连杆,带动连杆运动。

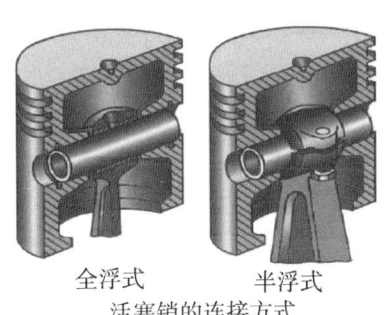

全浮式　　半浮式
活塞销的连接方式

从活塞销的结构和功能来看,其并不符合品目 73.18 项下"销"的描述,因此不属于第十六章注释一或第八十四章注释一排除的商品,应按内燃机专用零件归入品目 84.09。

第 345 天　【答案】A 39.21

【正确率】　本题正确率为 55%,选项 B 为最大干扰项。

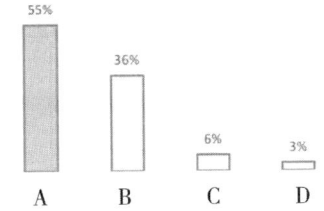

【解析】　品目 39.26 是指环状、裁成一定长度并首尾相接或用紧固件连

接的传动带、输送带或升降机带。该商品尚未连接，应归入品目39.21。本题正确答案为选项A。

成卷的聚氨酯制同步带。

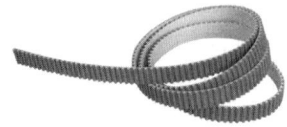

观点一：应归入品目39.21；
观点二：应归入品目39.26。

该商品为聚氨酯制同步带，成卷，不符合品目39.26注释七的描述。其为开口带，属于半成品，加工程度已经超出品目39.21的描述，依据归类总规则一，应将其归入品目39.26。

关于塑料制的传动带、输送带或升降机带的归类，需从成品或半成品的角度进行分析，半成品从加工程度上进行分析，成品则从用途来分析。

1. 成品。

"环状或一定长度首尾相连"符合品目39.26的描述，税号3926.9010中所称"机器及仪器"，是指《税则》第八十四、第八十五及第九十章品目所列的商品。

（1）如果确定专用或主要用于第八十四、第八十五、第九十章的商品，则归入税号3926.9010。

（2）如果确定专用或主要用于非第八十四、第八十五、第九十章的商品，则归入税号3926.9090。

（3）如果不确定专用或主要用途，既有第八十四、第八十五、第九十章的商品，又有其他章的商品，则按从后归类归入税号3926.9090。

2. 半成品。

（1）筒状，不同于品目39.26传动带环状的描述，根据其加工程度，按其他未列名塑料制品归入税号3926.9090。

（2）开口带，不同于品目39.26传动带环状的描述，可根据其加工程度，归入品目39.21或39.26。

第346天 【答案】B

【正确率】 本题正确率为30%，选项A为最大干扰项。

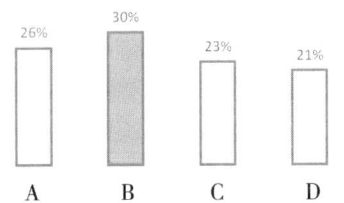

【解析】 该商品进口后根据客户要求进行裁剪，制成洗衣机刹车带，非洗衣机的专用零件，其成分及用途符合《税则》品目68.13的商品范围。运用归类总规则一，应将其归入品目68.13。本题正确答案为选项B。

第347天 【答案】B

【正确率】 本题正确率为36%，选项C为最大干扰项。

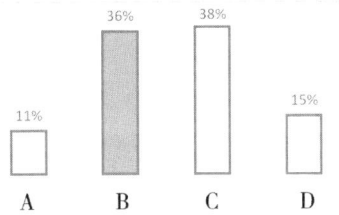

【解析】 该商品符合《税则》品目59.10的条文描述"纺织材料制的传动带或输送带及带料，不论是否用塑料浸渍、涂布、包覆或层压，也不论是否用金属或其他材料加强"。运用归类总规则一及六，应将其按纺织材料制传动带归入品目59.10。本题正确答案为选项B。

【归类参考】 海关归类决定编号：D-1-0000-2015-0200。

第348天 【答案】B

【正确率】 本题正确率为42%，选项C为最大干扰项。

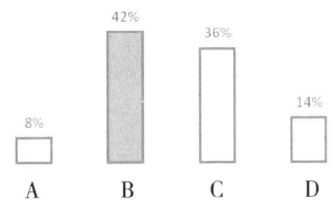

【解析】 层压带，环状，厚度小于3mm，用于传送动力，根据《税则注释》品目59.10的注释描述"根据本章注释六的规定，厚度在3mm以下的带料不归入本品目……但传动带或输送带（即切成一定长度尺寸，两端首尾相接或装有扣件以便连接的），不论其材料厚度多少，一律归入本品目"，运用归类总规则一，应将其归入品目59.10。本题正确答案为选项B。

案例&启发

关于品目59.10"纺织材料制的传动带或输送带及带料,不论是否用塑料浸渍、涂布、包覆或层压,也不论是否用金属或其他材料加强",理解如下:

1. 传动带或输送带。

即切成一定长度尺寸,两端首尾相接或装有扣件以便连接的,不论其材料厚度多少,一律归入本品目。

2. 带料。

厚度在3mm及以上的,归入本品目;厚度在3mm以下的,不归入本品目,而应归入第五十章至第五十五章,或作为狭幅织物(品目58.06)、编带(品目58.08)等归类,如经塑料涂布、包覆或层压,归入品目59.11。

3. 层压(Laminated)。

层压是指用树脂黏合或浸渍叠加层并在加热下压缩。

第349天 【答案】A

【正确率】 本题正确率为22%,选项D为最大干扰项。

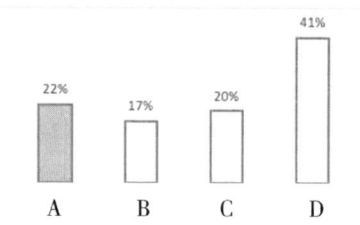

【解析】 该商品具有记事本、充电电源、U盘等功能,其中以记事本为基本特征。运用归类总规则三(二),应将其归入品目48.20。本题正确答案为选项A。

第350天 【答案】D

【正确率】 本题正确率为52%,选项C为最大干扰项。

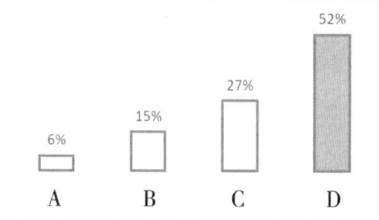

【解析】 该商品为含可可食品,松露形,非条状或块状,其符合《税则》品目18.06的条文描述"巧克力及其他含可可的食品"。运用归类总规则一及六,应将其归入子目1806.90。本题正确答案为选项D。

第五十一周

第 351 天 【答案】B
【正确率】 本题正确率为 25%，选项 A 为最大干扰项。

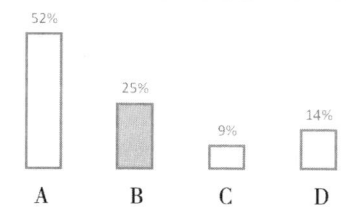

【解析】 该商品属于具有独立功能的电气设备，应将其归入品目 85.43。本题正确答案为选项 B。

第 352 天 【答案】C
【正确率】 本题正确率为 43%，选项 D 为最大干扰项。

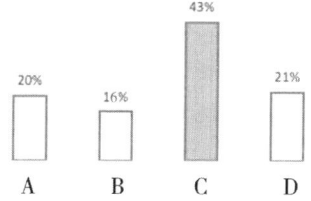

【解析】 该商品通过刮开涂层后，输入密码激活使用，不属于品目 85.23 的"智能卡"，应按"其他印刷品"归入品目 49.11。本题正确答案为选项 C。

第 353 天 【答案】B
【正确率】 本题正确率为 20%，选项 A 为最大干扰项。

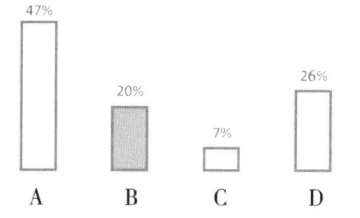

【解析】 该商品属于零售成套货品，应按加热杯垫归类，符合《税则》品目 85.16 的描述。运用归类总规则一、三（二）及六，应将其归入子目

8516.79。本题正确答案为选项 B。

第 354 天 【答案】D

【正确率】 本题正确率为 27%，选项 A 为最大干扰项。

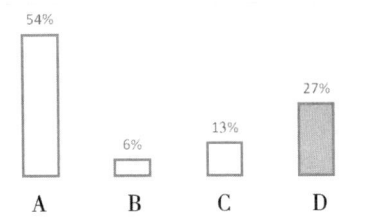

【解析】 该商品的磁体构成其本质特征，如果缺少磁体，将导致磁体电缆扎带安装架无法按预期运行。运用归类总规则三（二），该商品应按其基本特征磁铁归入品目 85.05。本题正确答案为选项 D。

第 355 天 【答案】C

【正确率】 本题正确率为 56%，选项 B 为最大干扰项。

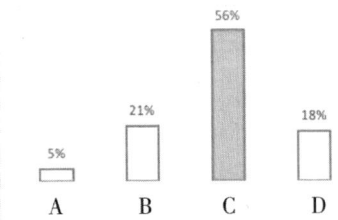

【解析】 该商品为推入式扎带，设计用于将导线固定在汽车变速箱线束中，应将其归入税号 3926.9090。本题正确答案为选项 C。

第 356 天 【答案】C

【正确率】 本题正确率为 62%，题目较容易。

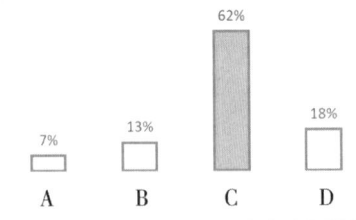

【解析】 该商品酒精度≥1.5Vol，由糯米发酵加入桂花制得，属于一种发酵酒，符合《税则》品目 22.06 的条文描述"其他发酵饮料（例如，苹果酒、梨酒、蜂蜜酒、清酒）"。运用归类总规则一及六，应将其归入税号 2206.0090。本题正确答案为选项 C。

第 357 天 【答案】A
【正确率】 本题正确率为 21%，选项 B 为最大干扰项。

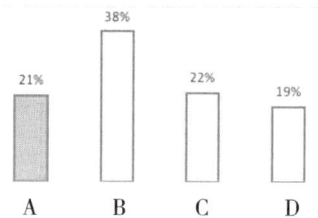

【解析】 该商品属于固定装于门窗、楼梯、墙壁或建筑物其他部位的附件及架座。运用归类总规则一，应将其归入品目 39.25。本题正确答案为选项 A。

第五十二周

第 358 天 【答案】A
【正确率】 本题正确率为 31%，选项 C 为最大干扰项。

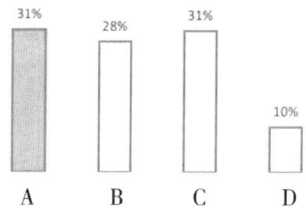

【解析】 该商品属于固定装于门窗、楼梯、墙壁或建筑物其他部位的附件及架座。运用归类总规则一［第三十九章注释十一（九）］，应将其归入品目 39.25。本题正确答案为选项 A。

第 359 天 【答案】A
【正确率】 本题正确率为 21%，选项 D 为最大干扰项。

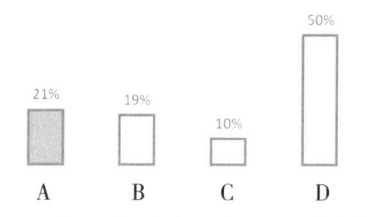

【解析】 该商品由优质水晶玻璃、锌合金、水钻模制而成，其水钻的主

要成分也是水晶玻璃,根据品目70.18注释排他条款"用于室内装饰和类似用途的铸制或模制玻璃花、叶和果实不归入本品目(品目70.13)",且该水晶玻璃符合《税则》品目70.13的注释描述,属于室内装饰用玻璃器。运用归类总规则一,应将其归入品目70.13。本题正确答案为选项A。

第360天 【答案】D

【正确率】 本题正确率为81%,题目较容易。

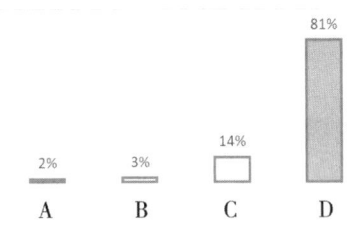

【解析】 当启动底部的开关时,该商品内置LED发光源使圣诞树里的光纤丝束发光,用于圣诞节烘托节日气氛。该商品带有圣诞节标识,其基本特征不是灯具,应为圣诞节用品,符合品目95.05的条文描述"节日(包括狂欢节)用品或其他娱乐用品,包括魔术道具及嬉戏品"。运用归类总规则一及六,应将其归入品目95.05。本题正确答案为选项D。

第361天 【答案】A

【正确率】 本题正确率为27%,选项C为最大干扰项。

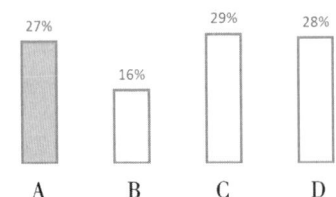

【解析】 该商品经干燥加工,主要特征体现在其药用价值上,属于一种主要用作药料的植物,其符合《税则》品目12.11的条文描述"主要用作香料、药料、杀虫、杀菌或类似用途的植物或这些植物的某部分(包括子仁及果实),鲜、冷、冻或干的,不论是否切割、压碎或研磨成粉"。运用归类总规则一及六,应将其归入税号1211.9039。本题正确答案为选项A。

【归类参考】 海关归类决定编号:D-1-0000-2010-0090。

案例&启发

甜味剂(罗汉果提取物和赤藓糖醇的混合物),制造方法:罗汉果→粉碎→水提→过滤→浓缩→甜苷提取→与赤藓糖醇混合→干燥→包装;性状:淡黄色粉末；包装：1kg/袋。该商品属于品目38.24化学产品及化学制剂或其他制剂，应归入品目38.24。

赤藓糖醇（CAS：149-32-6），应归入子目2905.49，属于第三十八章注释所述"食物或其他营养物质"。

尽管第三十八章注释不包括化学品与食品或其他营养物质的混合物，配制食品用的一般归入品目21.06，但混合物中含有"食物或其他营养物质"不一定就不能归入第三十八章。例如，食品添加剂或加工助剂，如具有的某种营养价值仅为附属于化工产品自身功能的，不应视为此注释所称的"食物或营养物质"。

罗汉果甜苷是一种甜味剂。罗汉果提取液归入品目13.02，经过浓缩等粗加工后的罗汉果甜苷归入品目38.24，经过纯化工艺的罗汉果甜苷归入品目29.38。

第362天　【答案】B

【正确率】　本题正确率为22%，选项A为最大干扰项。

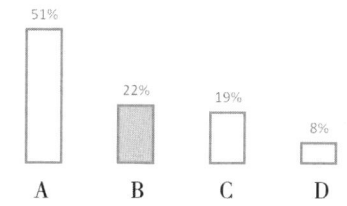

【解析】　该商品为手工使用，属于未列名手工工具，符合《税则》品目82.05的描述，应归入子目8205.59。本题正确答案为选项B。

第363天　【答案】B

【正确率】　本题正确率为18%，选项A为最大干扰项。

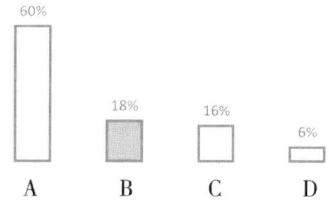

【解析】　该商品为银制成品，具有特定形状和用途，是电气设备的零件。根据《税则注释》品目71.15的排他条款（四）"第十六类的机器、机械用具及电气设备，以及明显用于这些货品的零件（例如……电触点等）"，其不能归入品目71.15。根据第十六类注释二关于零件的归类原则，该商品符合品目85.36电气连接装置及其子目条文的描述。运用归类总规则一及六，应将其归入品目 85.36。本题正确答案为选项 B。

电池弹簧，钢铁制，即使用于电池连接导电，但仍然按材质归入品目 73.20。

品目 73.20 注释包括各种类型的钢铁弹簧，不管其用途如何，但品目 91.14 的钟表发条除外。由此可见，商品编码的确定，应以具体的条文注释、归类决定等依据为准。

如果是带电池弹簧的电池盒，则属于品目 85.36 的电路连接装置，品目 73.20 注释不包括"弹簧与其他物品组装后制成的，明显为机器的零件（第十六类）或明显为第九十章、第九十一章等所列仪器设备的零件"。

第 364 天　【答案】A

【正确率】　本题正确率为 57%，选项 D 为最大干扰项。

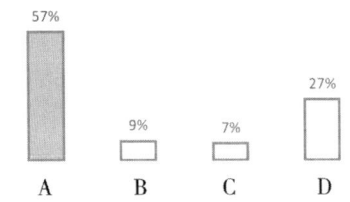

【解析】　该商品是单独报验的活马，动物园用，根据《税则注释》品目 95.08 排他条款"如果这些附属设备（例如，帐篷、动物、乐器、发电机、马达、灯具、座位、武器及弹药）单独报验，则应归入协调制度的其他品目"，其符合《税则》品目 01.01 的条文描述"马、驴、骡"。运用归类总规则一，应将其归入品目 01.01。本题正确答案为选项 A。

2019 年 4 月 24 日，A 公司向海关申报进口 29 匹种马，报关单号 06032019×××，申报商品编号：01012100.90，其中 5 匹马因不符合检疫要求被扑杀并销毁。经海关稽查发现，上述进口马匹不能提供中华人民共和国农业农村部核发的相关证明，应归入商品税号 01012900.90。A 公司上述行为违反海关监管规定，构成税号申报不实，经计核漏缴税款 56154.18 元人民币。

2021年2月26日，A公司提交申辩意见。经满洲里海关复核，决定维持原行政处罚告知单相关内容。最终科处罚款人民币5万元整。

根据子目0101.21注释所称，"改良种用动物"，仅包括由本国主管部门认定为"纯种"的种用动物。

由此可见，没有本国主管部门认定，案例中的马显然不能归入子目0101.21，只能归入子目0101.29。

在确定商品编码时，应以《协调制度》的归类依据为准。第一章注释不包括品目95.08的动物。这也是有特定条件的，例如，游乐场、流动马戏团、流动动物园及流动剧团，只要其带有正常开业所必需的关键项目，就可归入本品目。本品目还包括与上述游乐场等同时报验并作为它们的一个组成部分的附属设备。如果这些附属设备（例如，帐篷、动物、乐器、发电机、马达、灯具、座位、武器及弹药）单独报验，则应归入《协调制度》的其他品目。

也就是说，只有同时报验并作为附属设备，才可以归入品目95.08，如果单独报验，应归入《协调制度》的其他品目。

第365天 【答案】A

【正确率】 本题正确率为23%，选项C为最大干扰项。

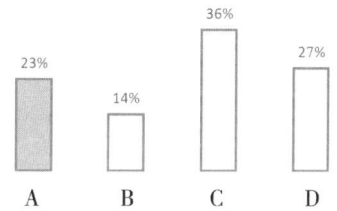

【解析】 该商品为安装在卡车上的清雪用盐沙撒布机，由盛放盐和沙砾的储槽、盐块粉碎搅拌器、带撒布盘的液压喷射装置构成。该商品功能独立，且未在《税则》其他品目具体列名，根据第十七类注释二（五）排除条款的规定，其符合品目84.79注释的描述"6. 可安装在卡车上，用于清除积雪的撒盐和沙砾的机器，包括一个盛放盐和沙砾的储槽，配有可以粉碎、碾磨盐块的粉碎搅拌器，以及一个带撒布盘的液压喷射装置。该机器的各种功能可在卡车驾驶室内进行遥控操作"。根据归类总规则一及六，应将其归入子目8479.10。本题正确答案为选项A。

【归类参考】 海关归类决定编号：D-1-0000-2008-0503。

04

编者寄语

编者寄语

商品归类作为一门学科，涵盖的内容十分广泛，涉及日常生产、生活中的各个领域。对于初学者而言，想要在短时间内学习掌握《税则》各类商品的归类和各个章节的规定，是很困难的，也是不切实际的，因为每类商品单独来看，都能算作一门学科。

对商品进行归类，离不开对商品本质属性的理解和对商品归类基础知识的掌握。商品本质属性包括品名、品牌型号、成分含量、工作原理、功能、用途、报验状态等。商品归类基础知识包括《税则》《税则注释》《本国子目注释》以及海关总署发布的行政裁定、商品归类决定等。这两者对于商品归类而言，是相辅相成、缺一不可的。

商品归类涉及行业广泛，一般人不可能学习到方方面面的知识。因此，归类基础知识的学习往往是枯燥乏味的，甚至晦涩难懂，有时，我们可以阅读外文原文来加深对商品的理解，必要时向行业专家请教。当然，学习理论知识的同时，也需要多加实践，只有在实际运用中才能加深对理论知识的理解。

不断学习，不断积累，假以时日，定能有所收获。

——徐善锋

商品归类是一门综合性学科，需要不断地将自我学习与向人学习相结合。自我学习包括研究《税则》条文，灵活运用总规则，学习各学科基础知识，了解海关公布的归类决定等；向人学习包括阅读别人的归类文献，请教行业专家了解商品知识，请教归类高手探讨疑难商品的归类等，取长补短，集思广益。

　　商品归类也是一项"望、闻、问、切"的实践性工作。望，是多观察商品图片、视频，初步了解其外观特征、报验状态等信息，所谓一图胜千字；闻，是多聆听客户（或工程师）对商品的详细介绍，以客观的态度全面了解各类商品的属性特征；问，是多反问自己的归类是否正确，培养一种否定再否定等于肯定的思维方式，避免一些先入为主的归类差错；切，是多翻阅《税则》条文、多查阅海关公布的归类决定，通过案例引证确保归类的准确性。

　　传统中医学流传一个观点，要学好中医，除了研习现代白话的中医书籍外，更需要以追本溯源的思维去研读古代医学典籍，才能更好地继承中医文化的精髓。同理，商品归类是一门商品分类体系的学科，在归类实践中，我们常常需要以追本溯源的思维去领悟和掌握商品归类的规律。

——袁宝桦

本人从事进出口通关服务工作十五载，其中归类工作十余载。商品归类是确定进出口货物商品编码的行为，是整个通关工作中最重要和核心的环节，商品归类的准确性直接影响货物进出口时各项税收以及监管规定，影响进出口货物是否能够顺利通关。

从事这么多年的商品归类工作，本人总结了商品归类经验"三部曲"：

首先，了解整个商品归类的基础知识，如归类总规则及《税则注释》《税则》列目结构，熟悉商品归类原则的运用，避免产生低级错误或逻辑差错。

其次，在确定商品归类前，初步判断商品的属性，根据归类要求收集商品资料，了解商品属性，进行记录，以免后续通关过程中遇到海关核查商品编码时，商品信息与通关前收集的产品信息不一致或矛盾，造成前期归类和后期核查不一致。

最后，根据所了解的商品信息，结合商品归类原则和要求，确认商品编码，做好归类依据的记录，争取商品归类有理有据。日复一日地积累总结和反复学习，定能提升商品归类水平。

——吴小明

要想成为归类师，首先需要通过商品归类考试，取得商品归类服务证书。目前，商品归类服务证书分为机电类和非机电类，机电类涉及的范围为《税则》第八十四至九十三章，非机电类涉及的范围为《税则》第一至八十三章和第九十四至九十七章。

《协调制度》将商品属性大致分为食品、化工、纺织、机电、车辆、杂项类。作为归类新手，我们可以根据自己所学专业，选择主攻的归类方向。例如，如果学习的专业与机械相关，那么可以主攻机电类商品归类方向；如果学习的专业与化工相关，那么可以主攻化工类商品归类方向。学习商品知识是学习归类的基础。作为有专业所长的归类新手，根据所学专业选择商品归类方向，相比没有专业所长的归类新手，可谓"赢在了起跑线上"，可以更好地将商品知识与归类理论结合，运用在归类实战中。对于没有专业所长的归类新手，可以根据自己的爱好和能力，选择适合自己的主攻方向。

但是，主攻某个商品归类方向，不代表不用学习其他方面的归类知识。《协调制度》是国际贸易中的一门独特的语言，经过100多年的演变而成，是多个专业领域的协调统一，其内部存在着复杂的逻辑关系。而且，《税则注释》中的归类总规则、类注释、章注释、子目注释之间又有着千丝万缕的联系，切不可孤立地学习商品归类的某个方向。所以，不管是"特长生"，还是"普通生"，都要在归类学习过程中，善于总结，善于思考，勤于笔记。

商品归类是个复杂的过程，没有固定可循的流程，需要我们在工作实践中不断学习、不断总结，探索出适合自己的方法。归类学习也是循序渐进的过程，必须不断地积累和更新商品知识，尤其是机电类产品的归类，产品层出不穷，更新换代频繁，如果不能坚持主动学习、更新知识，定会被行业淘汰。

——苏婷婷

编者寄语

商品归类是一门需要长年累月去学习、积累的学科，许多人从事或学习了数年，也只是略懂皮毛。学习归类的过程是枯燥的，就拿两本厚厚的《税则注释》来说，让人从头到尾看一遍已不是容易的事，更别说把里面的知识点看透，研究明白。因此，保持对这门学科的兴趣以及新鲜感，是坚持学习归类的动力。

本书是归类爱好者的一个不错的选择，从一个个小案例出发，答案解析再进行引申、发散到其他相关的知识点，读者可以有针对性地练习、学习，这是一个非常有趣的过程。解题后的每一次恍然大悟，都能推动你持续学习、进步。365天，每天学习不同的案例，也是一个让你保持新鲜感的过程。

讨论是学习商品归类的一个重要方法，在一个团队里，哪怕只是一个讨论小组里，可以就相关的案例进行讨论，各抒己见，哪怕最后谁都说服不了谁，最后少数服从多数，这也能够很大程度上保持学习的热情。我的归类团队经常被戏称为《西游记》"五师徒"，各司其职，各有所长，各自负责并完成所擅长的某类商品归类，然后展开讨论学习。即便团队的归类生涯超过了10年，我们还是保持学习，保持讨论，保持每天"打鸡血"的状态，相信我们最终会取得"真经"的！

——梁雪梅

参考文献

[1]《一本书读懂2022年版〈协调制度〉》编委会.一本书读懂2022年版《协调制度》[M].北京：中国海关出版社，2021.

[2] 海关总署关税征管司.进出口税则商品及品目注释[M].北京：中国海关出版社，2017.

[3] 海关总署关税征管司.2021年中华人民共和国进出口税则[M].北京：中国海关出版社，2020.

[4] 温朝柱.机电商品归类方法与案例评析[M].北京：中国海关出版社，2019.

[5] 宗慧民，赵怡.进出口商品归类（第二版）[M].北京：中国海关出版社，2018.

[6] 宗慧民.进出口商品归类习题集[M].北京：中国海关出版社，2015.

[7] 陈征科.商品归类精要[M].上海：复旦大学出版社，2019.

[8] 中国报关协会开放经济研究院.中华人民共和国进出口税则本国子目注释（2019年汇编版）[M].北京：中国海关出版社，2019.

[9]"海关眼·商品归类系列"编委会.轿车零部件归类指南[M].北京：中国海关出版社，2018.

[10]"海关眼·商品归类系列"编委会.机电商品归类指南[M].北京：中国海关出版社，2017.

[11] 天津海关.出口退税商品归类差错案例选[M].北京：中国海关出版社，2014.

[12] 天津海关.疑难商品归类解析[M].北京：中国海关出版社，2014.